税收理论研究

RESEARCH ON TAXATION THEORY

曹静韬 郝如玉 ◎ 编著

中国财经出版传媒集团
经济科学出版社
Economic Science Press

图书在版编目（CIP）数据

税收理论研究／曹静韬，郝如玉编著．—北京：经济科学出版社，2018.3（2019.7重印）

ISBN 978－7－5141－9013－7

Ⅰ.①税… Ⅱ.①曹… ②郝… Ⅲ.①税收理论－研究 Ⅳ.①F810.42

中国版本图书馆CIP数据核字（2018）第019201号

责任编辑：崔新艳
责任校对：刘　昕
版式设计：齐　杰
责任印制：李　鹏

税收理论研究
曹静韬　郝如玉　编著
经济科学出版社出版、发行　新华书店经销
社址：北京市海淀区阜成路甲28号　邮编：100142
经管中心电话：010－88191335　发行部电话：010－88191522
网址：www.esp.com.cn
电子邮箱：espcxy@126.com
天猫网店：经济科学出版社旗舰店
网址：http://jjkxcbs.tmall.com
北京季蜂印刷有限公司印装
710×1000　16开　18.5印张　320000字
2018年3月第1版　2019年7月第2次印刷
ISBN 978－7－5141－9013－7　定价：40.00元
（图书出现印装问题，本社负责调换。电话：010－88191510）

前言

PREFACE

随着社会主义市场经济的不断完善与发展，我国的经济社会发展也逐渐步入了新的时代，经济保持平稳增长，人民生活水平不断提高，以现代信息技术为代表的科技发展对经济社会生活的影响越来越重要。与经济社会发展的新时代相伴随，我国的税收事业也进入了一个全新的发展阶段。一方面，随着我国新时代经济社会发展环境的不断变化，我国的税收体系也在不断进行相应的调整与完善。“营改增”的全面推开、企业所得税优惠政策的改革、消费税征税范围的调整以及个人所得税的改革等，对于我国经济结构的调整、收入分配的调节发挥了重要的作用。另一方面，随着信息网络技术的不断进步，我国的税收征管工作也发生了质的飞跃，“金税工程”等现代信息技术的应用极大地提高了我国的税收征管效率。

新的时代在带动我国税收事业发展的同时，也带来了严峻的挑战。在新的历史时期、新的经济形势下，我国经济社会发展面临着不断变化的国际环境，微观经济社会主体的生产经营环境更是瞬息万变，新情况、新问题层出不穷，这为我国构筑适合新时期经济社会发展的税收体系带来了前所未有的难度。在这种情况下，完善税制结构、强化税收征管，努力构建适应新时期发展特点、适应我国国情的完善的税收体系，就成为我们面临的一项重要课题。

要做好这一课题，开展税收理论研究是必不可少的前提和基础。这就要求我们加强调查研究，从理论上把一些新情况、新问题搞清楚。只有把理论问题搞清楚了，税收事业发展才能明确方向，才能增强工作的预见性，减少盲目性，才能使税收工作符合新历史时期、新经济形势的要求。为此，一方面，理论研究要以研究现实问题作为出发点，不能脱离现实为理论而研究理论。理论无论多么抽象，都是源于实践并服务于实践的，一旦脱离实践，理论便失去了意义而成为空谈。税收科学理论来源于税收工作实践，同时又对整个税收工作具有重大的指导作用。综观我国社会主义税收事业发展过程中正反两个方面的历史经验与教训，我们倍感加强税收理论研究的重要性。随着税收事业的发展和税收理论研究水平的不断提高，税收理论对税收实践的指导作用会越来越明显。另一方面，税收理论研究又必须具有预见性和前瞻性，特别是在经济全球化程度不断加深、经济发展环境变化更加剧烈、市场竞争更为激烈的今天，更需要我们认真研究税收理论、税收征管和税制发展的趋势和走向。此外，深入研究世界各国税收理论与实践的经验和教训，进行深入的比较和鉴别，也是当前开放的世界、开放的中国对我们税收理论工作者的要求。因此，本书写作的原则就是要做到基本理论充实，兼顾不同观点的介绍，尤其突出新历史时期税收理论与实践中新的发展动向，如国际税收的发展、税制改革动态等，这些理论反映了税收理论研究的最新成果，也是本书的一个重要特点。

本书由首都经济贸易大学曹静韬教授和郝如玉教授主编，首都经济贸易大学博士研究生李呈豪、张淑静与硕士研究生吴程军、郑新楠、郭梦哲、石安妮、刘珂、樊晓奕、薄文、王家其、葛海玥、王子豪参与了资料的搜集和部分内容的完善工作。

目录

CONTENTS

第一章 税收的概念

第一节 税收的定义

税收是最早出现的一个财政范畴，随着国家的产生，它就产生了。在奴隶社会、封建社会、资本主义社会以及社会主义社会，税收始终存在，并且随着社会的发展，其作用显得日益重要。

一、税收的定义

税收的定义表述如下：税收是国家凭借政治权力，无偿地征收实物或货币，以取得财政收入的一种工具。对于税收的定义，可从以下几个方面来理解。

（一）税收是国家取得财政收入的一种重要手段

从最直观的角度来看，税收就是国家的一种财政收入，或者说是国家取得财政收入的一种工具、一种手段。国家取得财政收入的手段，可以多种多样。从历史上看，奴隶制国家有王室收入，封建制国家有官产收入、特权收入、专卖收入，资本主义国家有债务收入、发行纸币收入；从新中国成立以后看，国营企业上缴利润、国债、货币发行、罚款及各项收费都是国家的财政收入。税收在不同的历史时期，在各种不同的国家里，都普遍存在，并且在国家财政收入中占有重要的地位。税收随着国家的产生而产生，经历了几千年的历史，经久不衰，至今仍然发挥着重要作用，显示了它旺盛的生命力。目前，税收收入在我国国家财政收入中已占90%以上，在日本占91%，英国占96%，美国占98%。

马克思主义理论认为，税收是国家的经济基础。国家为了维持其正常活动，行使其政治、经济等职能，需要耗费大量的物质资料，因此必须采取一定的方式来取得财政收入。国家取得财政收入的形式虽然多种多样，但税收自身的特点决定了税收是国家一种重要的财政收入。

（二）税收的缴纳形式是实物或者货币

从古至今，税收的缴纳形式无非是实物或者货币。从这个角度来看，税收的物质形态就是实物或货币，只不过作为税收的实物或货币，是国家用特殊方式取得的。所以我们也可以说，税收是国家用特殊方式取得的实物或货币。

税收最早是以实物形式缴纳的，如英国的羊毛税、法国的兽皮税、瑞士的麻布税、北美的牦牛税以及我国古代所谓的“布缕之征，粟米之征”等。据史书记载，我国周代的九贡都是实物征收形式，包括吃的、穿的、用的和祭祀物品等。宋代实物征收的内容更加广泛而具体，分为谷、帛、金铁、物产四大类：谷类包括粟、稻、麦等71种；帛类包括绫、罗、绸、绢纱等10种；金铁类包括金、银、铁等；物产类包括牲畜、茶、盐、竹、木等6种。在自给自足的自然经济条件下，社会再生产过程包括生产、分配和消费等环节，交换只是偶有发生。因此，那时作为连接生产与消费的中间环节的分配，还只能是实物形态的使用价值的分配，从而用于缴纳税收的也只能是实物。随着商品货币经济的发展，税收的货币缴纳形式产生了。起初，货币还只是限于用来缴纳各种次要的杂税，正税仍旧征收实物。我国从周代开始对商税、市税（“关市之征”），征收布钱，战国广行圆钱。自从明朝开始实行正税折银征收以后，我国货币税的基础才正式奠定下来。在一个漫长的历史时期里，税收缴纳形式都是实物和货币并存。我国农业税在1985年以前还是采取实物缴纳的形式。在商品货币普遍存在的今天，世界上大多数国家的税收都普遍实行了货币缴纳形式。从上述历史过程来看，税收缴纳形式的发展经历了以下的过程：实物缴纳——实物和货币二者兼有缴纳——货币缴纳。

税收的实物缴纳形式是一定历史条件下的产物，是税收的低级形式；货币缴纳形式的发展有利于财政统一结算，方便了人民缴纳并能够避免运途损耗。货币缴纳形式的发展，使税收的作用范围扩大了。税收缴纳形式的发展过程，是税收从低级向高级发展的过程。

二、税收名词的演进

我国历史上税收有过各种各样的名称。除“税”这个词外，还称作赋、租、捐、课、调、算、庸、粮、榷布、钱等，有时它们之间还发生混用或联用的现象。在中国历史上混用或联用最多的词是“赋税”、“租税”和“捐税”。

（一）税

“税”字最早出现在《春秋》所记鲁宣公十五年的“初税亩”（公元前594年），这是春秋时期鲁国对农业赋税制度的改革。实行“初税亩”后，土地所有者只要交税，全部收获就可以归自己支配，首次以法律形式承认了土地私有。“税”字是由“禾”、“兑”两个字组成。“禾”指农产品，“兑”有送达和交换的意思，因而送交农产品的为税。当然在现代，税的范围决不仅限于对农产品的征收，而是国家对整个社会产品和国民收入再分配的一种手段。

（二）租税

租在现代与税的含义是不同的。租是指财产的所有者，在一定时期内让渡财产使用权而取得的报酬。租是经济利益的有偿交换，税是国家无偿的征收，二者的概念是有区别的。从这个角度看，把租和税合起来（称为租税）概括税收这种特殊分配形式，显然是不合适的。但是在古代，税与租是通用的。这是因为在我国奴隶社会时期有一种土地国有制的概念，即“普天之下，莫非王土，率土之滨，莫非王臣”。在这种观念下，国家向诸侯、公卿、大夫征税，同天子以土地所有者的身份向诸侯、公卿、大夫收租是等同的。这就是所谓的租税合一，在很长一段时期里人们一直使用“租税”这个名称。现在看来，使用这个名称是不科学的。

（三）捐税

捐与税的含义本来是不同的。捐是一种自愿的交纳。捐亦称捐纳、捐输，始于战国时代。捐最初是国家授爵的一种方式，是自愿的、临时财政收入。以后各代政府除了利用捐纳授爵以外，还经常以捐的形式征集财源，满足特定用途的需要，如筹措军饷、赈济灾民、举办工程等，从而使捐纳带有强制性。明代以后，捐纳盛行，逐渐成为政府的经常性财政性收入；并且各级地方政府往往巧立名目，征收苛捐，以至捐与税难以划分，故统称为捐税。

（四）赋税

赋在古代有特定的含义。税收产生初期用来满足军事需要征收的军需品叫作赋。如征用的兵车、武器、衣甲等，所以赋字由“贝”加“武”二字组成，即货币用于战争的意思。而中国古代的税最早是指对土地产品和工商业的征收，用于国家一般经费。正如《汉书·刑法志》的记载：有税有赋，税以足食，赋以足兵。鲁国实行“初税亩”以后，各国的军赋改为按田亩征用，如鲁国的丘甲规定：方一里为井，十六井为丘，每丘出戎马一匹，牛三头。由于按田亩征收军赋，赋和税的名称才逐渐混用，统称赋税。

（五）课税

课税有两种含义：一是将“课”作为名词，即指某种税，是我国旧时税收的一种。如我国历史上的芦课、渔课、盐课及灶课，分别是我国旧时历代政府对芦田、渔业、矿业、食盐产制运销及食盐生产者盐户所征的税。二是将“课”作为动词，是“征收”的意思，“课税”则为一动宾短语，即“征税”。

三、税收与税法、税制的关系

（一）国外学者对税收所下定义

日本神户正雄：“赋税为统治团体，以财政收入之目的，对于团体成员立于同一地位者，依非报偿关系而课之有形财产，普通以货币为方便。”

美国塞里格曼：“赋税是政府对于人民之一种强制征收，用以支付谋公共利益所需要之经费，此种征收，并无给付特种利益与否之关系存在。”

德国瓦格纳：“由纯财政的意义言之：租税者，国家及其他强制团体，以支给一般经费之故，用其主权，在一方的所定之方法及程度内，并以对于国家给付全部之一般报酬及经费代偿之意，根据一般原则及标准，而由个人经济（个人）强制的令其分担，所征收之公课也。”

英国亚当·斯密：“官有地及资本收入，对于支付给大文明国之必要经费，非徒不当，且亦不足，故此必要费用之大半，必出自租税，即人民贡其私的收入之一半，以作君主或共和国之公共收入也。”

以上是西方经济学家给税收所下定义，其最主要的特点就是把满足国家需要，作为满足“公共需要”放在第一位。

（二）国内对税收定义的不同观点

国内对税收的表述，归纳起来有四种不同观点：手段论、收入论、活动论和分配关系论，实际上是从不同角度，对税收问题做出的阐述，反映了我国当前的几种税收思想。

1. 手段论

这种观点认为税收是“国家为了实现其职能，凭借政治权力，按照预先规定的标准，强制地参与国民收入分配与再分配，取得财政收入的一种手段”。税收的这一定义，包含了丰富的内容，它表明：

（1）税收是一种手段，也可称为工具或方式，这是税收定义的核心。税收这种手段的目的是为国家取得财政收入，从而实现国家职能。

（2）税收与国家有本质的联系。国家是征税的主体，税收这种手段的掌握者和运用者是国家，而且也只能是国家，只有国家才享有和行使征税权。国家征税凭借的是政治权力，而不是财产权力，任何其他主体单位都没有这种政治强权，因而也就没有征税权。

（3）制定税法并依法征税是国家行使征税权的体现，从而使税收这种手段具有强制性、无偿性和固定性的特征。手段论是税收理论界比较权威的一种观点，它包含了征税主体、课税依据、税收本质、课征目的等几个方面的内容，是一种较全面的观点。

2. 收入论

收入论的核心是把税收看成“财富”、“货币和实物”、“财政收入”，即把税收看作是一种物。有代表性的表述有以下几种：

《赋税论》中：“赋税是国家公共机关，谋共同之利益，根据于国家之总制权，遵照国家之经济政策，布定适当的方法，所征国民之财富。”

《辞海》的定义：“国家对有纳税义务的组织和个人所征收的货币和实物”。

《财会知识手册》的定义：“国家为了实现其职能，凭借政治权力，按照法定标准和程序，强制地、无偿地取得的财政收入。”

收入论的观点，旨在说明税收是“财政收入”，但没有反映出税收作为取得财政收入的工具这一现象，也没有反映出税收是调节经济的杠杆这一特性，因而也难以准确地、全面地反映税收范畴的外部表象。

3. 活动论

活动论的核心是把税收看作一个动态的过程或一种活动。有代表性的观点是将税收表述为：“国家按法律规定对经济单位和个人无偿征收实物或货币”，并认为该定义表明了“税收是对实物和货币的征收，是一个过程，一种活动”。

活动论的观点更适用于给税务工作下定义。从活动论的角度看，税收是国家取得财政收入的工具，是对经济活动进行间接调控的杠杆。国家制定税法、依法征税的一系列活动就构成了全部税务工作，因此，税务工作就是依据税法进行征税的活动或过程。

4. 关系论

关系论的核心是把税收看作一种分配关系。其代表性的表述是：“税收是国家凭借政治权力，按照预定标准，无偿地征收实物或货币所形成的特定分配关系。”

关系论的观点与其说是给税收下定义，不如说是对税收的本质进行界定。税收的定义与税收的本质是两个既有联系又有区别的概念，前者说明税收是什么，反映范畴的现象，后者说明税收所反映的经济关系，反映范畴的本质。把现象与本质合二为一，往往会造成一些不合逻辑的解释，并把概念抽象化。总之，给税收下一个正确的定义，要结合税收的整体概念来理解，包括税收的本质、形式特征等，重要的是掌握税收的整体概念。

第二节 税收的本质

从直观上看，国家征税和纳税人纳税只是一种货币或实物的转移形式，但透过现象深入考察，就可以发现在这种货币或实物转移的后面，深藏着一定的社会产品分配关系。税收本质上就是凭借国家政治权力实现的特殊分配关系。分配问题就是解决社会产品归谁占有、归谁支配，以及占有多少、支配多少的问题。只要存在征税，在不同的所有者之间，就必然会发生占有、分配社会产品和份额上的变化。征税的过程就是国家把一部分国民收入和社会产品以税收的形式转变为国家所有的分配过程。税收分配所具有的特殊性决定了这种社会产品分配关系不是一般的分配关系，而是一种特殊的分配关系。

一、税收是对社会产品的分配

物质资料的生产活动是人类最基本的实践活动。从生产到消费的循环往复构成社会再生产过程。分配是将社会产品划分为不同份额，并决定各份额归谁占有的一种活动，分配环节是社会再生产的一个重要环节。尽管分配的具体形式很多，但就分配的对象来说，不外乎对社会产品使用价值的分配和对社会产品价值的分配两种。在市场经济条件下，分配主要是指对社会产品价值的分割和其归属的确定。

社会产品价值按最终用途划分，可分为补偿基金、积累基金和消费基金。补偿基金是弥补生产过程中已消耗的生产资料部分，它是简单再生产赖以继续进行的保证。积累基金是扩大再生产的追加部分，它是社会发展和进步的物质前提。消费基金包括劳动者及其家属的个人消费和社会消费两部分。它也是社会再生产赖以进行的内在和外在前提条件。从分配方面看，补偿基金部分，在一般情况下由生产者自行分配，即生产经营单位直接从社会产品价值中扣除归其自己支配使用。消费基金中的个人消费部分，大部分也由生产者自行分配，即生产经营单位通过劳动报酬的形式分配给劳动者，或者由劳动者直接从生产经营的产品价值中扣除。积累基金中的一部分也可以由生产经营者根据国家政策、法律规定进行分配。但积累基金的大部分、社会消费基金的全部和个人消费基金的小部分则要由国家以社会管理者的身份或生产资料所有者的身份来进行集中性分配。这种以国家为主体所进行的社会产品集中性分配就构成了财政。就财政分配的过程来看，包括收入分配和支出分配两方面，税收则是财政收入分配方面的一种最主要的分配形式，所以说税收属于分配范畴。税收是国家取得财政收入的工具，国家通过税收取得财政收入。国家征税，纳税人纳税，在这样一个征税过程中，就必然产生对社会产品的分配关系。“国家征税，纳税人交税”就意味着这部分原来属于纳税人占有或支配的实物或货币，纳税人失去了它的占有权和支配权，而国家得到了它的占有权和支配权。这样，不同的阶级、阶层和不同经济部门占有和支配社会产品的比例和份额都会发生变化。比如，新中国成立初期，我国对资本家征较高的税，资本家占有和支配社会产品的比例和份额都会减少，限制了资本主义经济的发展，而对国营企业，税收上采取优惠的政策，国营经济不断发展壮大。由此可以看出，只要征税，就必然发生不同所有者占有、支配社会产品和份额上的变化。所以说，征税的过程，就是国家把一部分国民收入和社会产品，以税收的形式转变为国家所有的分配过程。税收作为一种财政收入，在社会再生产的总过程中，是一个分配范畴。

税收分配是以社会产品为对象的。社会产品价值由 C、V、M 三个部分组成。C 是生产中被消耗掉的产品价值补偿部分；V 是必要产品，用来满足劳动者及其家属的生活、学习和劳动力再生产的需要；M 是剩余产品价值，是劳动者的剩余劳动时间创造的那部分社会产品，称作剩余产品，用来满足社会或统治者的需要。税收是要用来维持公共权力，实现国家职能的，显然，它主要应以剩余产品为分配对象。但是，由于劳动者及其家属自身各种需要的水平有较大的可伸缩性，在必要产品和剩余产品之间，并无确定的数量界限。特别是在现实生活中，随着经济的发展，人们收入水平的提高，直接对劳动者的劳动报酬征收所得税的情况，已日益普遍，并在税收收入总额中，日益占据重要地位，甚至在某些情况下，还会出现向补偿生产资料 C 的部分征税，如规定的固定资产折旧率标准较低，不足以补偿消耗掉的生产资料时的征税；对提取的折旧基金，按预定标准采取税的形式集中等。对于这种征税，我们没有理由否认它不是税收，因而税收的实际分配对象，包括了全部社会产品，最低限度也是包括了国民收入组成的 V 和 M 两个部分。

如前所述，从直观的角度来看，税收是国家取得财政收入的一种重要方式；税收收入是国家用特殊方式取得的实物或货币。但是，从本质上来看，税收体现了一种特殊的分配关系。

二、税收是凭借国家政治权力实现的特殊分配

税收是个分配范畴，但是税收不是一般的分配，它是一种特殊的分配。它是以国家为主体，凭借国家政治权力，以实现国家职能为目的的一种分配形式。

（一）税收分配是以国家为主体的分配

税收是国家向企事业单位及社会成员征收的实物和货币。在税收分配关系中国家始终是占据主体地位的一方，纳税人总是居于从属及被决定的地位。征税的过程就是国家进行的集中性分配，也是国家对社会产品初次分配后的一次再分配。各项税收法规的制定和修改都是国家意志的体现，从制度上决定了国家在税收分配中的主体地位。

（二）税收分配是凭借国家政治权力的分配

社会产品的分配和交换是不一样的。交换只解决具体使用价值的问题，在价值量上不存在此失彼得的问题，交换双方的利益实质上是均等的。因此，交换只要遵循等价交换的原则，就可以进行了。分配就不一样了，分配是解决社会产品归谁占有，归谁支配，以及占有多少，支配多少的问题。分配的结果就会发生社会产品所有权或支配权的单方面转移，一方有所得，则另一方就会有所失。这就决定了社会产品分配的实现，是要依据一定的权力的。在我们面前有两种权力：一种是财产权力，也就是所有者的权力，另一种是政治权力，即国家的权力。凭借财产权力，即生产资料占有权而进行的分配，是社会再生产中的一般分配，比如：在奴隶社会，奴隶主占有生产资料和奴隶本身，他们就占有奴隶的全部劳动成果；在封建社会，地主占有土地，向农民收取地租，占有农民的剩余劳动；在资本主义社会，资本家凭借他们占有的生产资料，占有工人创造的剩余价值。所有这些分配形式，都是以生产资料占有为前提的。税收不同于这种一般的分配形式，税收是一种特殊的分配形式，其所以特殊，就在于税收是凭借国家政治权力，而不是凭借财产权力实现的分配。国家征税不受所有权的限制，对不同所有者普遍适用。

那么税收是怎样凭借国家政治权力来参与社会产品的分配呢？具体来说，国家是通过制定法律征税的，法律是国家意志的体现，一切税收都是站在国家的立场上，按照国家的意志行事的。税收事项均为立法事项，由于课税权只是一种抽象的权力，要想将其具体化而付诸实施，必须要由国民全体选出代表，按立法程序将其制定为法律。国家通过制定法律征税，纳税人则依照法律纳税，不依法纳税就会招致法律制裁。国家机器（如警察、法庭、监狱等）的存在，保证了法律的实施。总之，税收就是国家在国家机器的保证下，通过法律体现国家意志，强制地取得财政收入，从而参与社会的分配。

（三）税收分配是为了实现国家职能

国家是阶级矛盾不可调和的产物，是阶级统治的工具。国家的职能包括对内职能和对外职能两个方面，其中对内职能是主要的，对外职能从属于对内职能，是对内职能的延续。国家的对内职能主要表现在三个方面。其一，政治职能。即对本阶级实行一定范围内的民主，对敌对阶级实行镇压，以保持统治阶级的利益不受侵犯。其二，经济职能。即运用政权的力量巩固和发展自己的经济基础，组织、调节、干预经济生活；维护统治者的利益。其三，社会职能。即维护社会秩序，协调社会矛盾，把阶级斗争控制在一定范围之内，不使社会陷于崩溃。国家的对外职能主要是加强国防，抵御外来侵略，调节国与国之间的关系，保护本国利益不受侵犯。税收的一个本质属性是为实现国家职能服务的，国家取得税收收入的最终目的就是为实现本国的国家职能提供充足的资金保证。

作为一种社会产品的分配关系，税收本身无疑是属于经济基础的范畴，而不属于上层建筑的范畴。其一，税收这种分配，虽以国家为主体，以实现国家职能为目的，但从本质上讲税收是一种分配关系，而不是国家的组成部分。我们不能将税收同它的产生条件、主体、服务对象、最终目的等概念相混淆。其二，税款的征收，虽然凭借的是国家强制力，但这并不能改变税收作为一种分配范畴而体现分配关系的实质内涵。其三，我们必须要把税收分配本身同规范和约束税收分配的规章制度、法律法规区分开来。税收法律法规，是统治阶级在特定的历史时期，特定的政治经济条件下，出于自身利益的考虑，主观制定出来的。它虽然是上层建筑的一部分，但与税收分配本身却是截然不同的两个范畴，它与税收分配的关系是一种辨证统一的关系。这种辨证统一关系，正是税收这个特殊分配形式的体现。

三、税收是人们为享受政府（国家）提供的公共服务而支付的价格

根据现代财政理论，国家的基本职责是向国民提供诸如国防、法律、基础设施等公共产品和公共服务。一部分的公共产品可以通过向使用者收费的方式弥补其成本（如高速公路收费和教育收费），但更多的商品无法如此收费。因为大多数公共产品（如国防）具有不可分割性，难以将产品或服务在物理上分割开来销售给使用者，而且收益对象和收益数量在计量上存在困难。因此，在这种情况下，政府强制地向所有受益者征税的必要性就得以显现出来。政府通过税收的方式筹集公共产品和服务提供所需的资金。

从个体上讲，公民享受了公共产品和服务带来的好处，如安全稳定的环境等。税收可以看作是公民向政府“购买”这些公共服务所支付的价格。由于政府在提供公共产品和服务的时候是无偿的、在一定时期内是相对固定的，因此，公民缴纳税款也相应地具有无偿性和固定性。

第三节　税收的形式特征

一、税收的形式特征

税收作为一种凭借国家政治权力所进行的特殊分配，必然具有其自身的鲜明的特征。税收同国家取得财政收入的其他方式相比，具有三个特征，即无偿性、强制性和固定性。这也就是人们通常所说的“税收三性”。这三个形式特征是税收本身所固有的，是一切社会形态下税收的共性。

（一）税收的无偿性

税收的无偿性是指国家征税以后，其收入就成为国家所有，不再直接归还纳税人，也不支付任何报酬。税收的无偿性特征是从直观的角度对具体的纳税人来说的。税收这个特征，是国家财政支出的无偿性决定的。从税收的产生来看，国家为了行使其职能，需要大量的物质资料，而国家机器本身又不进行物质资料的生产，不能创造物质财富，只能通过征税来取得财政收入，以保证国家机器的正常运转。这种支出只能是无偿的，国家拿不出任何东西来偿还公民缴纳的税收。当然，国家征税也只能是无偿的，正如列宁所说：“所谓赋税，就是国家不付任何报酬而向居民取得的东西”。税收的无偿性，使得国家可以把分散的资财集中起来统一安排使用。这种无偿的分配，可以贯彻国家的政策，改变国民收入使用额的构成和比例，正确处理积累和消费的比例关系；同时也能改变财产分配状况，在阶级存在的情况下，改变阶级占有财富的状况。可见税收的无偿性是至关重要的，它体现了财政分配的本质，是税收“三性”的核心。

（二）税收的强制性

税收的强制性是指国家依据法律征税，而并非一种自愿缴纳，纳税人必须依法纳税，否则就要受到法律的制裁。国家征税的方式之所以是强制的，就是由于税收的无偿性这种特殊分配形式决定的。国家征税就必然要发生社会产品所有权或支配权的单方面转移，国家得到这部分社会产品的所有权，纳税人失去了对这部分社会产品的所有权。特别是这种所有权或支配权的单方面转移又是无偿的，国家征税以后，既不向纳税人支付任何报酬，也不直接归还纳税人，所有这一切就决定了国家征税只能凭借政治权力，把分散在不同所有者手里的一部分社会产品无偿集中起来，满足国家行使职能的需要。具体来看，国家是通过法律规定，依靠法律的强制作用来征税的。法律是由国家机关制定或认可，并用国家权力保证执行的一种行为规则。法律告诉人们应该做什么，不应该做什么。纳税人必须依法纳税，否则就要受到法

固定性的特征，它是依法按预定标准征收，纳税人必须及时、足额地交纳税款，否则要加收滞纳金或罚款，特别是对流转额的征税，不论企业盈亏与否，只要发生纳税行为就要依法纳税，具有及时、稳定的特点，是国家可靠的财政收入来源。而上缴利润是以企业实现的利润为依据，利润多的多交，利润少的少交，无利润的不交。作为财政收入，其固定性和强制性远不如税收那样明显。

税收与上缴利润比较，由于二者征收的依据不同，国家所处的身份不同，其形式特征不同，二者作用的范围也不同。它们都有其存在的客观依据，不能以一种形式否定另一种形式。特别是上缴利润的特点是弹性大，它可以依据不同企业的利润水平和不同资金需要来分别确定分成比例。因此，调节企业尤其是大中型企业千差万别的利润水平是适宜的。

（二）税收与国债的比较

国债即国家信用，是指国家以债务人的身份，运用信用方式筹集财政资金的一种形式。国债包括内债和外债。通常内债是以发公债、国库券方式取得，外债是以发行国际债券、贷款方式取得。税收与国债都是国家取得财政收入的形式，但二者具有明显的区别。

1. 财政作用不同。国家通过信用方式筹集资金虽然可以暂时解决一定时期的财政困难，表现为该时期的财政收入，但必须用以后年度的收入来偿还，实际上是税收的预支，马克思称之为“税收的预征”；而税收则不同，税收是国民收入的一部分，是当年财政的实际收入，不存在“寅吃卯粮”的问题，税收反映的是国家的真实财力。

2. 形式特征不同。从无偿性来看，国债的认购与国家是一种债权债务关系，国家有偿取得财政收入，国家作为债务人，到期要还本，还要付息。这种有借有还的原则，与税收的无偿性显然不同；从强制性来看，国债作为一种信用关系，发行国债者与认购国债者双方，在法律上处于平等地位，只能坚持自愿认购的原则，不能强制推销。而税收是国家凭借其政治权力的强制征收，国家与纳税人双方在法律上分别处于执法者与守法者的不同地位，不管纳税人是否自愿，都必须依法纳税，否则要受到法律的强制；从固定性来看，认购国债既然是出于自愿，债权人与债务人双方本着协商办事的原则，当然不可能具有像税收那样固定性的特征。

（三）税收与货币财政发行的比较

货币财政发行是国家为了弥补财政赤字而发行货币的行为。同税收一样，国家通过财政发行也能取得财政收入而弥补财政赤字，虽然这时发行的货币不是广大人民愿意接受的，但是国家运用政治权力强制流通，以达到弥补财政赤字的目的。由于国家通过发行货币取得收入，是通过隐蔽手段来实现的，没有缴纳收入的具体对象，所以也不存在返还的可能，所以说财政发行也具有强制性和无偿性的特征，人们称它为“发行税”，又称之为“隐蔽的税收”，但是它与税收有着根本的区别。

税收与财政发行最大的区别在于：税收有物资保证，而财政发行没有物资保证。税收是凭借国家政治权力对社会剩余产品的分配，这就决定了税收参与国民收入的分配，也是国民收入的一部分，税收取得的货币，都有一部分物资与其相对应。而财政发行是国家为了弥补财政赤字而发行的货币，赤字是支出大于收入的差额，这时分配的财政支出已经大于创造的国民收入，为了弥补这个差额而发行的货币已不再是国民收入的一部分了，它是超过国民收入以外的虚空的部分，这虚空的部分当然没有物资与其相对应。在商品数量和货币流通速度不变的情况下，货币多少与物价高低成正比例关系，滥发纸币造成的虚假购买力，必然导致货币贬值、物价上涨，甚至导致社会经济紊乱。

因此，税收具有固定性，而财政发行不具有固定性。税收预先规定征税对象和征收比例，而且在征收时间上具有连贯性。在纳税人和征税对象的规定上，有极强的选择性，以体现国家的奖励和限制政策。财政发行在时间及数额上都不固定，它是根据国家财政收支的差额来执行，一旦出现赤字，又没有其他方式来弥补时，就只有多印货币，搞财政发行，但发行时间、数额都无法固定，也无法体现一定的政策。

货币的财政发行是国家在迫不得已情况下采取的临时方法。虽然增发货币取得财政收入方法最简单，收款也最快，但其后果却很严重。从整个社会来说，物价上涨，通货膨胀，必然破坏社会经济秩序，影响人民生活，危害社会治安，所以，一般国家都不敢贸然使用这种方法，税收才是国家及时、稳定、可靠的收入来源。

（四）税收与罚没收入的比较

罚没收入是罚款没收收入的简称，是指国家主管部门和机关（如公安、司法、工商、税务、海关、物价等部门）对违反有关法规的单位和个人课处的罚款及没收财物的惩罚性措施，是国家财政收入的来源之一。

罚没收入同税收一样具有无偿性特征，国家对不法分子罚款和没收财产，这也是对不法分子的法律制裁，不可能再返还给他们；罚没也具有强制性，而且比税收具有更为明显的强制性，税收法规中就有罚没的条款。

但是，罚没收入与税收不同，不具有固定性。税收的固定性包括征收时间上的连续性和征收比例上的限度性。罚没收入是在对不法分子进行制裁的过程中取得收入，在这个过程中，罚没是对被处罚人的一次性处分，不存在固定连续取得收入的特征；而且罚没的数额也要受被处罚人的表现、不法行为的程度等因素的影响，在数额和比例上也都不具固定性。

由此可见，税收与罚没收入的特征不同，其作用也不同。罚没收入比税收的强制性更加明显，罚没的主要目的是禁止违反法律、法规的行为，特别是在经济领域打击严重经济犯罪活动方面，罚没这种手段威力较大，作用较强，但财政作用不大。而税收固定性特征十分明显，是固定、及时、稳定、可靠的财政收入来源，是国家取得财政收入的重要工具，而罚没只能作为行为管理和财政管理的辅助手段。

（五）税与费的比较

费是指一方当事人向另一方当事人提供某种劳务或某种资源的使用权，而向受益人收取的代价。费大体上可以分为两大类：一类是经济活动中，由于相互交换劳动而向受益人收取的费用。如企业支付的运输费、保管费、专利费等，这些费用有的属于经济生活中的报酬性质，有的直接属于业务经营费用。由于这类费用收取的主体是单位和个人，所以与税收是完全不同的，不会与税收混淆起来。另一类是国家机关为单位和居民提供特定服务或履行特定职能而收取的费用，它属于国家财政收入的一种形式。目前国家机关对企业和居民的收费主要有三种：一是事业收费，包括房管部门收取的房租、城建部门收取的地段租金、环境保护部门收取的排污费等；二是规费，主要包括公安、民政、司法、卫生和工商管理等部门，向单位和居民收取的手续费、工本费、诉讼费、化验费、商标注册费和市场管理费等各项费用；三是资源管理费，主要包括石油部门收取的矿区使用费，集体企业经批准开采国家矿藏等资源，向国家管理部门交纳的矿山管理费、沙石管理费等项费用。这类收费不仅名目繁多，而且有些税费之间还发生重复。社会上许多人也分不清税与费，认为只要交钱就是交税。这种税费不分的情况，与当前社会上乱收费的现象交叉在一起，对税收工作干扰很大。因此，分清税与费的基本界限十分必要。一般来说，税与费的界限有三点。

1. 看征税主体是谁。属于代表政府所属的各级税务机关、海关等征收的一般是税；由其他机关、经济部门和事业单位收取的一般是费。

2. 看是否具有无偿性。税收具有无偿性，税收是纳税人单方面向国家所履行的义务缴纳，国家不必为此向缴纳者提供任何对等的服务，国家征税遵循无偿原则；而收费则是遵循有偿的原则，收费是国家为单位和居民提供某种劳务或资源使用权而向受益者收取的报酬，是有偿的。无偿征收的是税，有偿收取的是费，这是两者在性质上的根本区别。

3. 看是否专款专用。税款一般是由税务机关征收以后，统一上缴国家，纳入国家预算，由国家通过预算统一支出，用于社会公共需要，不采取专款专用的原则。而收费则不同，多用于满足本身义务支出的需要，一般具有专款专用的性质。

税与费是完全不同的两个经济范畴，税费不分，把税与费混为一谈，在当前各地乱收费现象十分严重的情况下，对税收工作干扰极大，这势必会影响税收工作的正常开展，也不利于税法宣传和提高公民的纳税意识。因此，正确认识税与费的基本界限，对我国税收事业的健康发展很有必要。

税收、国营企业上缴利润、国债、货币的财政发行、罚没收入和收费，都是国家取得财政收入的手段，是相互联系的经济范畴，它们之间存在着相互交错的部分，同时，它们之间又有区别，各自在经济中发挥着不同的作用。但是，从财政作用来看，由于税收自身特点所决定，税收在国家财政收入中占有举足轻重的地位，是国家及时、稳定、可靠的财政收入来源。

第二章　税收的职能和作用

第一节　税收的职能

税收职能是指税收固有的职责和功能，即税收所具有的满足国家需要的能力。它所回答的是税收能够干什么的问题。税收职能的特征在于它的内在性和客观性。所谓内在性，是指税收职能是税收本质的具体体现，它存在于税收的本质之中，又是税收本质最集中、最具体的体现；所谓客观性，是指税收职能不以人的主观意志和客观经济条件为转移。一般来讲，税收具有两大职能，即财政职能和经济职能，这是相互联系的两个职能。税收的财政职能亦称“收入手段职能”，是指国家为了实现其职能，需要大量的财政资金，而税收作为国家依照法律规定参与剩余产品分配的活动，成为各国筹集财政收入的最主要方式。税收的经济职能亦称“调节手段职能”，是指国家有目的地利用税收体现其经济政策，通过对各类经济组织和社会成员之间经济利益的调节，使其经济行为符合国家预期的经济发展方向，从而使税收成为国家调节社会经济活动的重要经济杠杆。

一、财政职能

税收的财政职能是指税收具有组织财政收入的功能，即税收作为参与社会产品分配的手段，能将一部分社会产品由社会成员手中转移到国家手中，形成国家财政收入的能力。税收的财政职能是税收首要的、基本的职能。税收之所以具有财政职能，是因为税收是一种以国家的政治权力为依据的，具有强制性和无偿性的分配形式，可以将一部分社会产品从分散的社会成员手中转移到国家手中，形成可供国家支配的财政收入，以满足国家行政职能的需要。税收自产生之日起，就具备了筹集财政收入的职能。在漫长的发展过程中，税收经历了由实物到货币的演变形式，但始终作为国家取得财政收入的重要手段而存在，并将随着国家的存在而存在下去。

税收的财政职能有以下三个特点。

（一）适用范围的广泛性

由于税收是国家凭借政治权力向纳税人进行的强制征收，因此从纳税人看，包括国家主权管辖范围内的一切企业、单位和个人，没有所有制、行业、地区、部门的限制。从征税对象看，征收范围也十分广泛，既包括流转额、所得额，也包括财产额，还包括对某些特定目的和行为的征税。

（二）取得财政收入的及时性

由于税法中明确规定了纳税义务成立的时间和纳税期限，保证了税收收入及时、均衡地入库。如流转税以纳税人实现销售收入为纳税义务发生时间，纳税人只要有销售收入的实现，不论是否盈利都要依法纳税；又比如纳税期限及申报纳税时间的规定，纳税人必须严格按照规定的期限内完成税款缴纳，否则将被征收滞纳金和罚款。

（三）征收数额的稳定性

由于税法明确规定了各税种的纳税人、征税对象和税率，确定了各税种在国民收入分配中的相对比例。并且由于税收固定性特征，使税收在征收时间上具有连续性，保证了国家财政收入的稳定性。

税收财政职能的特征，决定税收在国家财政收入中占有举足轻重的地位，它是国家取得财政收入最重要的工具，为国家行使其职能发挥着重要的作用，这是税收经历了几千年的历史而经久不衰的重要原因。

二、经济职能

税收的经济职能是指税收调节经济的功能，即税收在组织财政收入的过程中，必然改变国民收入在各类社会成员及经济组织之间的分配比例，影响其经济利益。有效的税收经济政策可以引导纳税人的微观经济行为，使之尽可能符合国家的经济发展方向。因此国家必须认识到税收的经济职能，自觉地运用税收这个经济杠杆调节经济。税收调节经济的职能主要表现在以下三个方面。

（一）税收对总需求与总供给平衡的调节

实现总供给与总需求的平衡，对于经济的稳定发展，保证充分就业和物价稳定，意义十分重大。相反，社会总供给与总需求失衡，无论是总供给大于总需求，还是总需求大于总供给，发展到一定程度，都会严重破坏经济的正常运行。

在封闭的经济状态下，国民收入均衡公式为：

总需求 = 消费 + 投资 + 政府支出

总供给 = 消费 + 储蓄 + 税收

总需求 = 总供给

投资 + 政府支出 = 储蓄 + 税收

国家可以运用税收和财政支出手段，直接调节社会消费总量和投资总量，使总需求与总供给达到均衡：

当社会总需求大于总供给、出现总需求膨胀时，国家可采取紧缩性财政政策，通过增加税收，使社会消费减少，致使企业削减投资，从而总需求水平下降，以助于消除通货膨胀。或者，通过减少财政支出，压缩居民消费和限制企业投资，降低总需求水平来消除通货膨胀。

当社会总需求严重低于总供给、出现总供给过剩时，国家可采取扩张性财政政策，通过减税（包括免税、退税），使社会消费增加，使企业增加投资，从而总需求水平上升，以助于克服经济衰退。或者，通过扩大财政支出，增加居民消费和企业投资，提高总需求水平来克服经济衰退。

（二）税收对资源配置的调节

税收对投资产生影响，进而会影响资源的配置。投资的目的总是在于取得收益，根据收益取得的保险程度不同，可以将投资区分为安全性投资和风险性投资。就安全性投资和风险性投资而言，税收对这些投资收入处理方式不同会引起资本向不同方向的流动。例如，如果规定在计算投资应税收入时，不允许将发生的损失作为费用扣除，即国家只分享投资者的利润而不分担投资者的损失，投资者就会将资本投于安全部门，而不愿去承担较大的风险，因为税收减少了风险性投资的预期收入。如果允许投资损失冲减收入而不纳税，即国家既分享投资者的利润也要承担其损失，这就有利于投资者向风险性投资投入资本。

从各类风险性投资来看，资本总是向那些风险小收益大的地方流动。有些投资风险大、预期收益高，人们还是乐于投资，是因为税收具有很大的影响作用。例如，对具有低风险的某一行业或某一地区的投资利润加成征税，而对具有高风险的另一行业或另一地区的投资利润减税、免税，或给予其他税收优惠措施，资本就会向后者流动。可见，税收对投资的优惠处理，不仅会使投资的风险性减少，而且会给投资者带来很大利益，这与上述的对损失处理的后果是一样的。

在市场经济中，理性经济人的投资以谋求自身利益最大化为目的。这种仅凭获利动机而驱使的资源流动对国家对整个社会来说并不一定有利，有时这种资源配置也并不一定有效率。因此国家有必要加以调整，利用税收对经济资源进行配置。税收对部门之间资源流动的影响，主要在于部门之间的税负不同而引导投资者资本的投入或取出。有些行业私人是不愿投资的，税收可以采取某些特惠措施吸引资本流入，甚至采取负税（补贴）的方式来吸引投资。税收对地区间资源流动的影响在于地区之间的税负不同而引导资本投入或取出，税负较轻的地区总是会吸引更多的资源流入，有些地区还被称为避税地，其吸引力更大。对经济发展落后的地区，仍可以实行低税或补助，以使地区经济发展平衡。一些国家的经验也证明，通过财政税收手段使不发达地区发达起来是可以实现的。

不同税种对资本投资的影响也是有所不同的。直接税，主要是各种所得税，直接影响投资报酬率，由投资报酬率的不同导致的资本流动，会影响投资倾向；间接税直接影响的是消费水平，消费水平的变化进而影响投资规模的变化，同样影响投资倾向。因此，政府应该充分运用税收手段，制定合理的税收政策，以维持投资水平的合理性和资源配置的有效性。

（三）税收对社会财富分配的调节

财富的分配由生产要素的占有决定。在这种条件下，由于人们对生产要素的占有不同，财富分配必然是贫富悬殊，极不公平的。这是一个十分严重的社会问题，因此必须加以调整，使社会财富分配公平。公平分配财富不能采取剥夺的办法，因为在存在私有制的情况下，私人财产是不可以侵犯的，同时采取这种办法会对生产、就业产生影响，所以只能采取一种较温和的办法，即征税，通过税收制度来影响分配。

由于不同类型的税收采用了不同形式的税率结构，因此它们对公平分配财富具有不同的效果。人头税是一种定额税，人人一份，实际上与不均税对均衡财富无所差别，因此被认为是一种最不公平的税收形式之一；累退税是一种收入越高、税率越低、纳税越少的一种税制，这种税不但不能平均财富，反而更加剧了财富的不平均，也是一种很不公平的形式，因此上述两种形式一般不为各国所采用。同它们相比，比例税和累进税具有公平分配财富的作用。其中累进税更为有效，因为纳税人财富越多，他应交纳的税也就越多，他从总财富中应拿出交给国家的份额也就越大；相反，收入不多，税率就低甚至免税，自己保留着更大的份额。这样，就全社会范围来看，财富的分配是趋于公平的。

此外，大部分国家实行的是多种税并存的税收制度，各种税对社会财富分配的影响也不同。一般认为所得税、财产税等直接税，由于都具有累进性质，对于财富的分配，有促进公平分配的作用；而消费税、增值税等间接税，大多具有累退性质，对于财富的分配，有增加不平均的趋势。国家应当根据它们的不同特点，加以调整，确定一个合理的税制，使社会财富分配趋于公平。

三、税收的监督职能

税收的监督职能是指国家在向纳税人征税过程中对国民经济发展状况的反映，是对纳税人生产经营活动的制约、督促和管理的功能。

税收是国家实施的一种强制分配手段。在微观方面，税收的监督职能表现在督促企业依法纳税，发现企业在纳税过程中存在的经营、生产和财务管理等方面存在的问题，及时地通过税源和收入的变化把这些信息反映出来，并督促企业与单位及时纠正；在宏观方面，全国和各地区的各种税收收入、总量、增长水平及速度结构和税源等多方面的变化，可以及时地反映全国和各地区财政经济活动状况和存在的问题，为政府决策机关提供科学信息。

税收的监督包括反映和监督两方面，通过对税收收入状况和税源的分析，可以及时、准确地反映微观和宏观全局，各经济部门，各地区经济活动的状况和整个国民经济的运行状况；通过税法和其他相关的经济法规的贯彻及各项税务征管制度的执行，监督纳税人认真执行税法和财会法规，并同违法行为作斗争。

同税收调节经济职能相同，税收的监督职能也是在税收产生以后，伴随着社会生产力的发展日渐完善起来的。

四、有关税收职能的不同观点

（一）有关税收职能数量的不同观点

税收的职能问题，是税收的一个基本理论问题，应该肯定的是，税收的职能是不以人们的意志为转移的客观存在。对于税收究竟有几大职能问题，长期以来一直是个有争议的问题，大体概括起来有四种观点。

第一种：一职能说，此种观点认为，税收只具有一种功能，即分配功能。

第二种：二职能说，该观点认为税收有两种职能。其中又包括两类观点，其一认为，税收具有财政职能和调节经济职能，财政职能是税收产生以后就有的，而调节经济职能是在资本主义社会以后的社会才有的，是同生产的复杂化与社会化相联系的。其二认为，税收具有分配职能和调节经济职能，分配职能是基本职能，调节经济是派生职能，税收的这两个职能是不同社会制度国家税收所共有的职能，是各国税收的共性。

第三种：三职能说，认为税收具有三种职能。这其中又有三种观点，其一认为，税收职能应分为一般职能，即收入手段职能，是指税收为满足国家行使其职能的需要筹集大量财政资金的职能；特殊职能，即调节经济的职能，是指税收在一定政治经济条件下所具有的职能；附属职能，即监督职能，属于保证一般职能和特殊职能实现的职能。其二认为，税收自产生之日起，客观上就同时存在着组织收入、调节经济、监督管理三大职能，只是在税收产生的初期，人们对后两个职能认识不足，主观上不能去运用。其三认为，税收的职能为组织收入、调节经济、维护国家权益，并且后两个职能是随着商品经济的出现和发展而产生的。

第四种：四职能说，即税收除具有组织收入、调节社会经济、监督管理三大职能外，还具有社会功能，即通过一般征税过程或通过特别税收政策，达到社会的公平、稳定、文明和发展。

（二）有关税收职能之间关系的不同观点

我国经济和财政理论界不仅对税收具有几个职能存在不同观点，而且对各职能的看法也有很大分歧。税收作为一个历史范畴，它的职能是随着客观经济条件的变化而变化，经过漫长的演变，它由一个职能发展成为两个主要职能，进而发展为税收是三大职能的统一体。对上述问题的认识，大体有以下几种观点。

1. 唯一论。有人认为，税收职能有主次之分和先后之分。税收的财政职能是基本的、原生的，是第一位的，而其他的职能是派生的，是第二位的。因为税收同国家的本质有联系，税收从其产生之日起，它的基本职能就表现为财政职能，成为国家获得财力的最直接、最可靠的手段，可见，税收的产生，就是为国家的活动提供物质保证。也有人认为，在社会主义社会，特别是在社会主义初级阶段，在考虑税收问题时，首先应把税收看成是重要的经济杠杆，即把税收的调节职能放在第一位。

2. 两职能并重论。持这种观点的人认为，税收的财政职能和调节经济的职能相互依存，相互制约，相辅相成，不可偏废，两者没有主次之分，居于并重地位。从税收发展的历史过程来看，随着税收表现为财政职能，税收的经济职能也随之表现出来。即使是在私有制国家，取得财政收入也是不能不考虑对经济发展的影响的。税收的这两个职能，实际是相互联系的两个方面。讲财政职能，是讲经济决定财政的一面，经济强大，财政充裕，否则财政枯竭。讲调节经济的职能，是讲财政反作用于经济的一面，当税收政策适宜于经济发展时，它对经济的发展起促进作用，反之，则起阻碍作用。可见，税收取得收入的过程，就是税收反作用于经济的过程，税收的财政和调节经济的职能是相互联系同时存在的。如果考虑职能的主次，会因各个时期国家的经济方针、政策的不同，而得出不同时期职能的主次关系不同的结论，使固有的功能具有人为的可塑性，从而导致不利的社会效果。

3. 三大职能统一论。持这种观点的人认为，在三大职能之间，存在相互依存、相互制约的关系。三大职能关系中，组织收入职能是最基本的职能，是首要的职能，调节经济和监督管理职能是从属的、派生的。只有在组织收入的前提下，才存在其他两个职能，也就是说，税收的财政职能是税收发挥作用的起点，也是税收发挥作用的最直观表现，如果国家不需要税收收入，也就不能单纯为调节经济和监督管理而采取税收手段。调节经济和监督管理的职能寓于组织收入的职能之中，在财政职能实现的同时税收的其他两个职能也表现出来了，即国家在设置某种税收时除首先考虑它能为国家筹集多少收入外，必然还要考虑它对社会经济产生的某种影响。税收调节经济的职能是实现国家经济政策的重要手段，同时也体现了国家的财政和政治目的，换句话说，这一职能的存在是国家运用税收杠杆的前提条件，而税收的监督职能则是前两个职能得以实现的保证。只有监督职能的充分发挥，税收才能为国家筹集更多的财政资金，才能更好地发挥调节经济的杠杆作用，税收的基本职能和派生职能只是说明税收职能之间的关系；并不是说明两者哪个重要。在现代社会里，税收的调节经济和监督管理两大职能，也是十分重要的，这两个职能的充分发挥能更好地保证组织收入。但必须指出的是这两个大职能再重要，也改变不了它的从属地位，当然，就某一具体税种而言，有的税种财政职能体现的较明显，有的税种经济调节职能较明显，有的税种这两大职能都体现的较明显，有的又都不大明显。但是不论哪个税种，都不能离开税收的监督和管理。总之，就税收总体而言，不能机械地将税收的三大职能割裂开来，否则，不仅会带来永无休止的争论，而且还会给实践带来不利的影响，只有把税收的几个职能看成一个完整的统一体，才有利于它们之间的相互配合、相互促进。

第二节　税收的作用

税收作用是税收职能在一定经济条件下所具体表现出来的效果。税收的职能是税收本身固有的长期属性，是客观存在的。而税收的作用是主观见之于客观的东西，是人的主观能动性的反映。由于人的主观能动性不同，税收职能所反映出来的效果也不一样。国家通过制定税法来体现国家的意志，国家对税收职能的认识程度直接影响着经济的发展。从中华人民共和国成立至今，国家对经济规律、对税收职能的认识不同，因而税收所起的作用也是不同的。在不同的历史时期、不同的经济条件下，税收的作用也不尽相同。在商品经济不发达、税收采用实物交纳的情况下，税收作用的范围小，而在商品经济发达的社会里，税收全部采用货币缴纳形式，税收的作用范围就大大地扩大了。在不同的社会制度下，社会的经济基础与上层建筑不同，税收的作用也不同。如在我国社会主义市场经济条件下，国家可以直接运用税收杠杆来调节经济，促进经济发展，税收的作用可以比以往任何私有制社会发挥得更加充分。

一、税收的作用机制

（一）税收的微观作用机制

税收的微观作用机制，是指征税对纳税人所产生的效应，主要反映在税收对纳税人的劳动投入、储蓄、消费和投资的影响。税收的经济影响一般通过两个基本效应来发挥其作用，即收入效应和替代效应。税收的收入效应是指由于征税导致了纳税人可支配收入的减少，从而产生对纳税人的影响。税收的替代效应则是指由于征税改变了一种经济行为相对于另一种经济行动的机会成本而产生的影响。

1. 税收对纳税人劳动投入的影响

税收对纳税人劳动投入的影响主要通过个人所得税来发挥其作用。现代福利经济学认为，个人的福利总水平不只是由个人收入所决定的，而且包括个人所享受闲暇的多少。因此，在劳动投入的决定过程中，我们就不得不引进闲暇这个与劳动相对立的“商品”。个人所得税的征收，直接减少了纳税人劳动投入后的收益，从而发生了上面我们所说的收入效应和替代效应。对纳税人劳动收入的征税，不仅使得劳动的收入减少，而且也降低了劳动相对于闲暇的“价格”。由于劳动收入的减少，个人可支配收入也随之减少（税收的收入效应），个人在劳动投入的决定时就不得不因此而增加劳动投入，以此来弥补由于征税而损失的个人收入，增加自己的总收益。同时，由于劳动和闲暇这两个“商品”的相对“价格”发生了变化（税收的替代效应），使得纳税人在两种商品的选择上更加倾向于选择“价格”较低的闲暇，而减少对劳动的投入。

对个人劳动征税所带来的总效应是增加了纳税人对劳动的投入还是减少了对劳动的投入，取决于个人的收入水平和税制的形式。一般地说，在个人收入较高的前提下，收入边际效用较小，税收产生的替代效应更加明显，人们更加乐意选择减少对劳动的投入；在个人收入较低时，收入边际效应较大，税收产生的收入效应更加明显，人们更加乐意增加对劳动的投入。税制的形式也是一个重要的影响因素。如果税制采取了累进的形式，那么随着个人劳动收入的增加，劳动的边际收益会出现大幅度地减少，从而使得劳动增加收入的作用逐渐降低，而相对于闲暇的“价格”则逐渐升高。税制的累进程度越大，税收的替代作用越明显，人们对闲暇的喜好程度就越来越大。当然，在个人劳动投入的选择，还要受到个人的偏好、劳动供求状况及社会的传统思想、价值观念等众多因素的影响。因此，我们判断税收对劳动投入的总效应应当建立在对收入水平等多种因素的综合分析的基础上。

2. 税收对储蓄的影响

储蓄处理的是当前消费和未来消费的关系。储蓄是把个人的经济资源转移到未来某个时期以便在未来得到满足的活动。从某种意义上讲，它是推迟了的消费，是未来的消费。税收对储蓄的影响也是通过收入效应和替代效应来完成的。

为了简化分析，我们假定：（1）时间分为两期，即第一时期和第二时期，第一时期的储蓄在第二时期全部用于消费；（2）第二时期只有储蓄的利息收入，而无其他经济收入来源；（3）个人所得税采取的是比例税率的形式；（4）个人的边际消费倾向和边际储蓄倾向固定不变。

在对储蓄的利息收入不征收所得税的情况下，对个人收入的征税会产生一个收入效应，即对个人收入的征税减少了个人的可支配收入。由于边际储蓄倾向和边际消费倾向均是固定不变的，因此随着个人的可支配收入的减少，纳税人必然会相同程度地减少第一时期的消费和储蓄。这是税收对个人储蓄决定的第一个收入效应，降低了个人的储蓄水平。

如果对储蓄的利息收入征收所得税，或将利息收入纳入了个人所得税的征收范围，则会产生一个收入效应和一个替代效应。首先，由于对利息收入的课税，减少了第二时期的收入，影响了纳税人对第二时期收入的预期。为了保证第二时期的正常生活，纳税人减少第一时期的消费，并增加第一时期的储蓄，从而增加第二时期的可支配收入。这是税收对个人储蓄的第二个收入效应。其次，对利息收入的课税，降低了储蓄的收益率，影响了消费和储蓄的“相对价格”，促使纳税人在进行个人储蓄决定时，更加倾向于增加“购买”消费，而放弃储蓄的念头。

从上面的论述，我们看出，税收对储蓄的影响是积极的还是消极的，取决于税收对储蓄的收入效应和替代效应的对比。一般地，税收对储蓄的收入效应的大小主要取决于所得税的平均税率水平；而其替代效应的大小主要取决于所得税的边际税率水平的高低。

以上论述了税收对个人储蓄的影响，但在现实生活中，个人的储蓄行为要受到个人维持当前消费水平意愿，储蓄动机等多因素的影响。例如，有些人可能希望维持第一时期的消费水平，而另外有些人则可能希望保证第二时期的消费水平。那么，税收对个人储蓄行为决定的影响就会表现得不明显了。

3. 税收对消费的影响

纳税人可支配收入从用途上看，可分为消费和储蓄，纳税人用于消费的收入额等于纳税人的总收入减除用于储蓄的部分后的余额。所以，税收对消费总量的影响实际上同税收的储蓄效应是反向的，增加储蓄的效应就是减少消费的效应，减少储蓄的效应就是增加消费的效应。因此，税收对消费总量的影响下面就不再累述，主要介绍一下税收对消费结构的影响。税收对消费结构的影响主要是通过商品税的形式来实现的。

税收对某种商品征税后，将影响此种商品与其他商品的相对价格，进而影响消费者商品的抉择，这实际上是税收替代效应的一种典型表现。由于政府对某些商品课税之后，这些商品相对于其他未被课税商品的价格就因课税而发生了上涨，从而造成了消费者在选购商品时，减少了此类商品的购买量，相应地增加了非税商品的购买量，实现了非税商品对被课税商品的替代。

但我们应当注意税收的消费替代效应并不是对于任何商品都有同样的效果，其效果还要受到商品需求弹性的约束。一般地，对需求弹性较低的商品征税，税收的消费替代效应并不明显；对需求弹性较高的商品征税，税收的消费替代效应会比较明显。例如，对于食盐等生活必需品征税，纳税人并不会因为食盐的价格升高而放弃或减少对食盐的购买，从而税收的消费替代效应就不能明显地显现出来。

4. 税收对投资的影响

纳税人的投资行为从形式上看，包括两个方面：实际项目投资和证券投资。实际项目投资是指纳税人将闲置的资金用于工业、商业等行业的生产经营；证券投资则是指纳税人将闲置的资金用于购买股票、债券等有价证券来实现投资的方式。由于实际项目投资是资本形成的先决条件，对经济增长与发展具有重大影响，因此，我们主要探讨税收对实际项目投资的影响（下文中的投资如无特殊说明，即系实际项目投资的略称）。

我们知道，投资取决于投资收益的多寡程度，投资收益高，投资意愿就必然会随之上升；而投资收益如果较低，则投资意愿就会随之下降。纳税人投资的最根本目的是赚取投资利润，因此，只要投资利润存在，即投资边际成本小于投资边际收益，纳税人就会不断地追加投资，直到投资利润为 0 为止。对投资征税后，由于投资的收益率就会因征税而降低。投资收益率的下降，减少了纳税人的投资净利润，降低了投资对纳税人的吸引力，抑制了纳税人进行投资的意愿，直接减少纳税人对投资的投入，并最终减少总的投资额。

另外，税收还会影响投资的结构。如果对各种不同的投资项目采取统一的税收政策制度，那么税收只影响投资者的投资水平，而不影响投资者的投资方向，投资方向只由市场供求而决定；如果对不同的投资项目采取不同的税收政策制度，那么税收不仅会影响投资者的投资水平，也会影响投资者的投资方向。不同的投资项目，在税率、课税依据、税收优惠等方面规定不统一的情况下，会造成各投资项目在税收负担上的不一致，有的项目税负高，有的项目税负低。在其他条件相同的情况下，投资者就会将资金投入到税负低的行业（部门、项目），向税负高的行业（部门、项目）投资的意愿将会受到抑制，最终造成投资由税负高的行业（部门、项目）流向税负低的行业（部门、项目）。

（二）税收的宏观作用机制

税收的宏观作用机制，是指税收对整个国民经济的影响和作用。在市场经济中，市场机制可以自动地调节市场供求，合理地配置资源，从而对经济发展具有重要的积极作用。但由于市场机制所固有的种种缺陷和不足，它并不能自动地实现宏观经济总量的平衡和稳定，在解决一些社会效益重于经济效益的问题时无法达到预期的社会目标。因此，在市场经济中只依靠市场机制是远远不够的，还需要通过国家运用财政政策、货币政策等“看得见的手”对经济进行调控。税收作为国家对经济进行调控的重要手段之一，在国家宏观经济调控中发挥着重要的作用。

1. 税收的乘数效应

乘数的概念最早是由英国经济学家R·卡恩提出的，后来凯恩斯加以发挥。乘数又称为倍数，其一般含义是用来说明国民收入变动量与引起这种变动量的最初注入量之间的比例。税收乘数则是指，由于税收引起的国民经济的变化量同税收变化量之间的比例。

税收之所以能够产生乘数效应，关键在于它的变动会影响个人和企业的可支配收入，而个人和企业的可支配收入又是影响消费和投资的决定性因素。如果国家采取增税的措施，将会减少个人和企业的可支配收入，从而减少个人的消费和企业的投资，使得整个社会的消费总量和投资总量萎缩，进而导致了国民收入的减少；如果国家采取减税的政策，将会增加个人和企业的可支配收入，从而促进个人扩大自己的消费，企业追加投资，使得整个社会的消费总量和投资总量扩张，进而导致了国民收入的增加。

政府税收的增加（减少），会引起国民收入的减少（增加），但国民收入因此而导致的减少（增加）额必定会大于最初的政府税收的增加（减少）额。我们以政府增税为例来说明，如果政府采取增税的措施，政府每增加1元的税收收入，就会减少纳税人（个人或企业）1元的可支配收入。由于纳税人可支配收入的减少，他的消费或投资就必然会随之而减少。我们假设这些纳税人的边际消费（投资）倾向为4/5，那么纳税人的可支配收入每降低1元，其消费（投资）额就会减少0.8元。第一轮的消费（投资）的减少，又导致了生产此类消费（投资）品的生产者的可支配收入，从而进一步减少其消费（投资）额，此轮的减少额为0.64（0.8×0.8=0.64）元。如此下去，下一轮的减少额为0.512（0.64×0.8=0.512）元……总的减少额等于0.8+0.64+0.512+……通过数学公式计算可得，国民收入会因为税收的增加而减少5［1/(1-4/5)］元。这就是税收的乘数效应，即税收的变动会带来国民收入的成倍的变动。增税是这样，减税亦然。

2. 税收的内在稳定器作用

内在稳定器，是指经济政策在经济活动周期中能够自动地随着经济的波动而进行与经济的波动逆向调节的一种经济调节机制。税收的内在稳定器作用，是指税收制度本身能够对经济波动有较强的适应性，税收随着经济的波动而自动地增加或减少，以此来达到缓和经济波动和“熨平”经济波动幅度的效果。具体地说，当经济处于高速增长时期，税收因为纳税人收入的增加，商品流转额的增长而随经济的增长不断递增，从而减少纳税人的可支配收入，缩减纳税人的消费和投资，并自动地发挥抑制社会总需求的作用；当经济处于衰退时期，税收因为纳税人收入的减少，商品流转额的下降而随经济的衰退不断递减，从而增加纳税人的可支配收入，扩大纳税人的消费和投资，并自动地发挥刺激社会总需求的作用。税收的内在稳定器作用主要是就个人所得税和企业所得税而言的。

个人所得税一般实行累进税制，当经济萧条时，纳税人的收入减少，其适用的个人所得税税率档次随之降低，纳税人的税收负担减少，缓和了其可支配收入下降的趋势，从而阻止了消费需求的过度萎缩，有力地推动了经济的复苏；当经济高涨时，纳税人的收入增加，其适用的个人所得税税率档次随之升高，纳税人的税收负担增加，抑制了其可支配收入上升的趋势，从而阻止了消费需求的过度膨胀，有力地控制了经济的过热增长。

在一定程度上，企业所得税也采取了一些累进的措施（如我国对于中小企业在企业所得税上的优惠）。在此种情况下，当经济萧条时，企业的利润不断下降，当下降到一定程度后，其适用的企业所得税税率档次会有所降低，企业的税收负担减少，缓和了其可支配收入下降的趋势，从而阻止了投资需求的进一步萎缩，有力地推动了经济的复苏；当经济高涨时，企业的利润会不断增长，其适用的企业所得税税率档次随之升高，纳税人的税收负担增加，抑制了其可支配收入上升的趋势，从而阻止了投资需求的过度膨胀，有力地控制了经济的过热增长。

此外，增值税等流转税由于大多设有一定数额的免征额（或起征点）的规定，也在一定程度上具有了内在稳定器的作用，只不过流转税的内在稳定器作用不可与所得税同日而语罢了。

需要注意的是，税收的内在稳定器作用并不是绝对的：它并不能全部“熨平”经济的波动，只是减缓和降低经济波动的幅度；它并不能完全消除经济制度的不稳定因素，而仅仅是减弱经济制度的不稳定作用。要想完全消除经济制度的不稳定因素，还必须与货币政策等其他宏观调控手段，一起斟酌适用。

二、我国现阶段税收的作用

（一）组织财政收入，保证国家实现其职能的资金需要

税收组织财政收入的作用是与税收财政职能相对应的，是指通过税收收入的筹集，来满足国家执行其职能对资金的需要。税收的这一作用在任何社会形态下都是共同的，只不过因经济发展水平、经济运行机制、财政收支状况的不同，其作用的程度也不同而已。我国现阶段处于社会主义市场经济的初级阶段，在这一阶段，税收组织财政收入的作用更显重要，因为在转换机制培育市场方面，如企业机制的转换、分配格局的变化、人民生活的提高、社会安定的巩固等，都要以雄厚的资金作基础。同时在社会主义市场经济条件下，税收的聚财作用也更为复杂。从聚财范围来看，我国在计划经济体制下的聚财范围，一般都是在生产、流通领域里，随着市场经济体制的确立，新的领域不断开拓，例如发展迅猛的证券业、快速发展的房地产业、科技信息等现代服务业，使聚财的覆盖面大大地拓宽了；从聚财对象来看，由于经济的多元化，聚财对象不仅有国有企业，还有大量的集体企业、股份制企业、私营企业、外资企业和个体工商业户等，其规模大到跨国集团，小至个人摊点，类型庞杂多样，使得税收的聚财作用的发挥更加复杂。

进入21世纪以来，随着我国经济增长方式的转变以及征管工作的不断加强，我国的税收收入呈现出快速增长的态势，带动了国家财政实力的不断增强。2015年，全国税收收入实现124 892亿元，较上年增长4.8%，同年财政收入实现152 217亿元，同比增长8.4%，税收收入占财政收入的

82%；2016 年，全国税收收入实现 130 354 亿元，较上年增长 4.3%，同年财政收入实现 159 552 亿元，同比增长 4.5%，税收收入占财政收入的 81.7%；2017 年第 1 ~ 第 3 季度，全国税收收入累计完成 113 101 亿元，较上年同期增长 12.1%，财政收入实现 134 129 亿元，同比增长 9.7%，税收占财政收入的 84.3%。由上可见，我国的税收收入占财政收入的比重一直保持在 80% 以上，已经成为我国财政收入最主要的来源，为促进全国经济和社会的发展，保障国家安全，满足人民群众日益增长的物质文化方面的需要提供了强大的财力保障。[①]

（二）作为重要的经济杠杆，对经济进行宏观调控

在我国社会主义市场经济条件下，税收延伸到社会经济生活的各个领域，通过税收调节经济更加必要、广泛和深入，税收是国家对经济实行宏观调控的重要经济杠杆。通过税收的调控，可以实现总供给和总需求的平衡，资源的优化配置和收入分配的公平。

1. 调节社会总需求与总供给的平衡。市场经济条件下社会总需求主要有投资需求、消费需求、政府行政开支和发展公共事业的需求以及出口需求；社会总供给主要有财政资金、信贷资金、企业资金、个人投资和进口。社会总供给与总需求的平衡就是从各种渠道提供的资金、物资与社会需求是一致的，这个一致不仅是总量上的一致，而且是结构上的一致。如果总供求失衡，会出现两种情况：一种是总需求小于总供给，出现经济萧条和失业；另一种是总需求大于总供给，出现通货膨胀和物价上涨。这两种情况出现，政府都可以使用税收来进行调节。税收调节总供求平衡：一是用税收总量调节，二是运用税收政策进行调节。当总需求小于总供给时，一方面减少税收总量，压缩供给，另一方面运用税收政策鼓励投资。当总需求大于总供给时，一方面增加税收总量加大供给，另一方面运用税收政策限制投资。在我国发展社会主义市场经济的过程中，市场制约机制的建立需要一个过程，市场的缺陷也不可能一下子得到有效的控制，因此，强化税收的调节作用，加大税收的调节力度，调节社会总供给与总需求的平衡十分必要。

2. 实现资源的优化配置。资源配置是指通过对现有的人力、物力、财力等社会经济资源的合理分配，实现资源结构的合理化，使其得到最有效的使用，获得最大的经济效益和社会效益。市场经济下的资源配置主要是发挥市场的基础性作用，但是市场调节有一定的盲目性，需要国家从全社会的整体利益出发，通过宏观调控实现资源的合理配置。

---

① 数据来源：中华人民共和国财政部，www.mof.gov.cn.

合理的产业结构对提高宏观经济效果，促使国民经济的良性循环具有重要意义。调整产业结构不外乎有两条途径：一是调整投资的结构，因为产业结构是由投资结构形成的，增加对某种产业的投资就会加快该产业的发展；反之，减少对某种产业的投资就可以延缓其发展；二是改变现有产业的生产方向，即调整资产存量结构，促使一些企业转产或淘汰。在这两个方面，税收都能够发挥调节作用，就调整投资结构来看，通过征税可以引导投资方向，鼓励企业向短线生产投资，对长线投资进行限制。例如，在投资过热时期规定企业所得税对不同的产业制定不同的折旧率，对短线生产部门实行税收优惠等措施，可以起到引导投资方向的作用。另外，通过征收消费税，可以引导消费方向，从而间接引导投资方向。在调整资产存量结构，改变现存企业的生产方向上，过去我国主要靠行政手段来实现。如今则主要根据市场经济的要求，通过市场竞争、优胜劣汰来进行。在这方面，采取有利于竞争和对不同产业的区别对待的税收政策，可以发挥一定的调节作用。

3. 实现收入分配公平。分配公平是指通过调节国家、企业、个人以及地区之间的分配关系，以实现社会主义“共同富裕”的目标，也给企业创造一个公平竞争的外部环境。

（1）税收调节企业利润大体均衡。所谓大体均衡就是使企业在同等条件下，经过同样努力可以取得水平相等的利润，给企业创造一种大体均衡的外部条件，使企业在同一水平上开展竞争。在我国现实的经济生活中，由于客观外部条件不均衡，有时给企业造成利润悬殊、苦乐不均的现象。如果企业间不能在同等条件下展开竞争，就会挫伤企业生产积极性，影响企业的活力。税收就可以调节客观外部条件不均衡给企业利润水平带来的差异。如税收可以调节自然资源条件不同形成的差异；可以调节地理、交通等条件形成的差异；可以调节技术装备不同形成的差异；给企业创造一个公平竞争的外部环境。

（2）税收调节个人收入水平。近些年来，我国居民收入差距呈不断扩大的趋势。无论是全国居民的收入差距，还是城乡居民的收入差距，以及城市居民和农村居民内部的收入差距，其不均等程度都在逐年扩大。这一问题如果不能得到正确解决，不仅会影响经济发展，而且还会带来社会的不安定。税收作为调节个人收入分配的最后手段，作用十分重要。个人所得税在这方面的作用尤为突出，因为它拥有众多的调节手段，如累进税率、免征、生计费用扣除等手段的运用，都提高了个人所得税调节收入的有效性；财产税对社会财富的调节作用也较大，我国现行的房产税、车船税都具有这方面的作用。今后，随着个人财富的增多，这些税种的收入会有较大增长，调节作用会更强。

(3) 税收调节地区之间收入差距。地区发展不平衡是世界各国，尤其是大国的普遍现象，我国也不例外。改革开放以来，我国各个地区都取得了很大的发展，但地区发展不平衡的状况却改变甚微。从经济总量看，2005年我国东部地区 GDP 占全国比重 55.5%、中部地区占 18.8%、西部地区占 17.1%、东北地区占 8.6%。从 2015 年的统计来看，中部地区和西部地区分别上升至 20.2% 和 18.8%，东部地区和东北地区分别下降至 54% 和 6.9%，起伏均为 1 个百分点，十年间东部地区始终占据全国 GDP 总量一半以上的份额，地区发展不平衡的现状依然严峻。在这种情况下，协调地区之间经济的发展，逐步缩小地区发展差距，不仅是一个重大的经济问题，而且具有重要的社会政治意义。要承认发展不平衡的规律，允许和鼓励有条件的地方发展得更好更快些，以此来带动全国的发展；同时要实施有利于缓解差距扩大的政策，积极朝着缩小差距的方向努力。在这方面，要积极发挥税收的调控作用，运用税收政策和财政转移支付等手段，加快落后地区的发展，缩小地区间的差距。

(三) 维护国家权益，促进对外经济交往，有利于我国经济的发展

我们党制定的对外开放政策，是我国经济建设的重要决策，促进了我国对外经济交往的日益发展。税收在我国对外经济交往中的作用主要表现在以下几个方面。

1. 税收是维护国家权益的重要工具。税收的权力是国家主权的一部分，每一个主权国家都应该行使这个权力。我国在对外经济交往中，通过税收行使国家主权，争取在平等互利基础上开展国际经济交往，并对外商在我国取得的收入征税，防止我国经济利益外溢，维护了国家权益。

2. 通过关税，对进口的不同商品，规定差别较大的税率，体现国家鼓励和限制的政策，以此来调节进出口产品的品种和数量，达到既保护国内工农业生产，又有利于引进我们所需要的商品的目的。

3. 通过对鼓励出口商品的免征税和实行消费税、增值税的出口退税，使我国出口商品以不含税的价格进入国际市场，加强我国商品在国际市场上的竞争能力，以扩大出口，取得更多的外汇收入。

4. 通过涉外税种的各种优惠待遇，吸引外国向我国国内投资，引进资金，引进先进技术，引进先进的管理。

今后，随着对外经济交往的日益频繁和扩大，税收在贯彻对外开放政策，有利于本国经济发展方面将会发挥更大的作用。

(四) 为国家管理及企业经济提供信息，对各项经济活动实行监督

在现代化、社会化大生产的今天，信息是经济管理的关键因素，信息本

身就是生产力。税收深入社会再生产过程的生产、分配、交换、消费各个阶段，在反映信息方面具有广泛性、及时性和可靠性的特点。税收一方面可以为国家的宏观经济决策提供经济信息；另一方面可以给企业传递经济信息，加强横向联系，促进企业的生产。

税收监督管理是社会监督管理和财政监督管理的重要组成部分。社会主义市场经济是法制经济，以法律来约束市场主体的经济行为，市场经济才能健康发展。税收是以法律或行政法规形式颁布和实施的，具有强制的约束性。建立科学、规范、严密的税收实体法和税收程序法是发展社会主义市场经济不可缺少的法律手段。尤其是税收程序法不仅规定了纳税人如何履行纳税义务，同时也规定了违反税收法律和税收行政法规，要受到经济制裁，情节严重的要承担法律责任，所以税收征管法对于维护社会主义市场经济秩序有重要的意义。税务机关通过税收征收管理，可以及时了解纳税人的经营思想、经营方向、经营状况和纳税情况，这就为加强监督管理提供了信息。税收征管要加快推进科学的管理制度、管理形式，要采取现代化的管理方法，规范化的管理程序和管理机构，保证税收政策和税收制度的正确执行，防止税款流失，保证国家财政收入的稳定增长。总之，通过税收日常的征收管理，可以对国民经济中的各项经济活动、对企业的经营活动进行有力的监督，监督企业执行财经纪律、税收制度的情况，打击经济领域里的犯罪活动，维护社会主义经营秩序。

第三章　税收原则

税收原则即税制建立原则，是一个国家在设计税收制度时应遵循的基本准则，它是判断税收制度是否合理的标准，制定科学的税收原则始终是设计税收制度的核心问题。在不同的国家、不同的历史发展时期、不同的社会经济条件下，税收的原则是不同的。税收原则不是人们抽象的主观意志的臆想，而是在具体的社会经济历史条件下，根据客观需要从实践中总结概括的，其发展演变既可反映经济理论和财政思想的演变过程，更能够反映出各个历史阶段的时代要求。

第一节　税收原则的发展

西方税收原则的发展已有几百年历史，且在发展过程中经历了各种不同经济学派的激烈争论，对西方税收理论发展、税收制度的发展及税收政策的制定等都有着重要的指导意义，对我国税收理论的形成与发展也有参考和借鉴的意义。

一、古代税收原则

古代的税收原则亦即存在于19世纪以前的税收原则，其间，一些经济学家提出了一些关于税收原则的观点，其中最具有代表性的有英国资产阶级古典政治经济学的创始人威廉·配第、德国官房学派的代表尤斯迪和英国古典经济学派的代表人物亚当·斯密。

（一）威廉·配第的税收原则

威廉·配第（1623～1687年）是英国资产阶级古典政治经济学的创始人，之所以称他为创始人，是因为他最先从生产过程来探讨资本主义生产的发展规律，为古典政治经济学的创立奠定了基础，也正因为如此，马克思称他为“现代政治经济学的创始者”。不仅如此，配第还在他的代表作《赋税论》、《政治算术》中集中探讨了财政税收问题，并首次提出了税收原则理论（他自己称为税收标准）。

威廉·配第在讨论税收标准问题时，是通过对当时英国税制紊乱、政府对人民勒索过重、政府支出过多等问题的分析来间接论证的。在他看来，为什么英国政府公共经费增加过多、人民负担过重，主要原因有六条，其中三条是："第一，人民不愿意缴纳这些经费，是由于他们总是怀疑课征过多或者征收的税款被人贪污或浪费了，或者课征得不公平。第二，强迫人民在一定时期用货币缴纳税款，而不允许人民在最适宜的季节用实物缴纳。第三，征收含糊不清，模棱两可。"在《政治算术》中，他又指出，英国的各种税收"并不是依据一种公平而无所偏袒的标准来课征的，而是听凭某些政党或是派系的一时掌权来决定的，不仅如此，这些赋税的征税手续既不简便，费用也不节省。"

由上可见，威廉·配第提出了三条税收标准：公平、简便、节约。他认为，公平标准就是课税对任何人都没有偏袒，而且税负不能过重；简便标准就是征税时手续不能太复杂，也不能模糊不清或模棱两可，应当明了清楚，而且还应给人民以便利，即在纳税形式的选择和纳税日期的确定上应给纳税人以方便；节省标准就是征收费用不能过多，应注意尽量节约。另外，他还反对包税的做法。

威廉·配第虽然提出并初步解释了税收标准（即税收原则），但遗憾的是他没有系统地进行必要的论述，因而可以说他只提出了问题，而把归纳和阐述的任务留给了后人。

（二）尤斯迪的税收原则

尤斯迪（1717～1771年）是德国最著名的官房学派的代表人物。尤斯迪的主要代表作有《政府行政管理》、《国家经济学》、《租税及岁出论》、《财政学体系》等，其中1766年出版的《财政学体系》被奉为当时论述德国政府财政问题的第一本系统论著，在这本书中，他首次提出了税收原则。

他指出，税收是当国家的王侯领地和特权取得的收入不足时，人民用一定比例分割自己的财产及收益以充实国家的必要经费，但国家征税时，不能使人民负担过重，这是赋税问题的根本命题，根据这个命题，他提出了征税的六条原则。

1. 税收应该采用使国民自动自发纳税的方法。

2. 税收不要侵害人民的合理自由，也不要对产业加以压迫。换句话说，税收应该无害于国家的繁荣和人民的幸福。

3. 税收应该平等课征。

4. 课税应有明确的依据，并且要实行确实的征收，不能发生不正常的情形。

5. 税收应对征收费用较少的物品课征。

6. 税收的征收，必须使纳税容易而便利。

从尤斯迪提出的税收六条原则来看，可以说他是第一个比较系统地论述了税收原则的人，比威廉·配第的税收标准前进了一步。但尤斯迪的税收原则在论述上还不够明确，而且有些原则是不可能做到的。比如第一条原则，他要求税收必须自愿缴纳，就完全忽视了税收的强制性。但他之所以这样认为，是由当时的历史局限性和当时的具体条件决定的，试想，他作为官房学派的代表人物，必然会尽力为政府的一切活动进行辩解，认为政府的利益就是全体人民的利益，国家的管理是“伟大的管理”，国家的管理不过是私人管理更大范围的管理，这个大范围的管理自然需要较多的经费，国民应有义务自愿交纳，可见他完全抹杀了国家与税收的本质联系，导致了他的错误，尽管如此，他的税收原则还是为以后税收原则理论的发展奠定了基础。

（三）亚当·斯密的税收原则

亚当·斯密（1723～1790 年），是英国古典政治经济学的主要代表人物，其代表作为《国民财富的性质和原因的研究》（简称《国富论》），是一本划时代的著作。在这部著作里，他不仅系统地论述了政治经济学和经济政策理论，而且还专篇论述了财政税收问题，使财政学从此以后成为一门独立的经济学科，这是对财政学研究的巨大贡献，也正是在这本著作里，亚当·斯密提出了著名的税收四原则：平等原则、确实原则、便利原则、节约原则。

1. 平等原则

平等原则，即个人为了支持政府，应该按照各自的能力，也就是以个人在国家保护之下所获得的收益为比例缴纳税收。亚当·斯密所主张的平等原则，包含三种观念。一是取消免税特权，因为当时欧洲各国，贵族僧侣享有免税特权，国家税收都是由中产阶层以及中产阶层以下的国民负担，税负分配极不公平。二是主张对于自然形成的财富分配形态（即各个人既得的财富与利益相互间的比例），不因国家征税而变更其分配比例，对于经济发展所需要的资本形成或储蓄，也不能因征税而受到阻碍和限制，换句话说，税收应该采取中立的态度，不应干涉社会财富的分配问题，在这种条件下，征税应采用比例税率。三是主张按能力大小，比例课税。这里所谓的能力是指各个国民在国家保护之下所获得的利益而言，这种利益，即表现为各个人的收入。从此可以看出斯密是主张利益说的，同时他又是主张比例税的。因此，我们不能因为有按照能力的字样而就此理解为能力说，其实它与现代能力说的“量能课税”是不同的。

2. 确实原则

确实原则，即个人应该缴纳的税收，必须明确决定，不可含混不清，征税者不可肆意征收。换句话说，凡是关于纳税的时间、地点、手续和税款等，都要事先规定明确，不能随意变更，使纳税人有章可循，也避免税务人员上下联手，致使纳税义务人蒙受额外的损失。亚当·斯密曾经说过“不确实的税收，其危害程度，较不公平的税收还严重”。可见，亚当·斯密对这一原则是深为重视的。

3. 便利原则

便利原则，即税收的课征，应站在纳税人的立场上，来考虑其适当的缴纳时间、地点以及简便的缴纳方法。换句话说，就是一切均以便利纳税人为依据，就时间而言，应当在纳税人收入丰裕时征收，因为这时纳税人不感到交纳困难；就方法而言，应力求简便，不能使纳税人感到繁琐和困难；就形式而言，宜采取货币缴纳，不宜采取实物缴纳，以免纳税人因运输货物而增加纳税费用。

4. 节约原则

节约原则又称经济原则，是指向国民征税要适量，不能超过一定的量度，如果向国民所征收的税过多，反而不利于国家财政。这是因为：（1）较多的收入任务必然需要较多的税吏，税吏过多，就会使得大部分税款成为薪俸，这又会增加人民的负担；（2）税收会妨碍人民的勤劳和经营的积极性，妨碍许多人的经济活动，从而导致减少甚至消灭纳税的资金；（3）对逃税未遂者采取惩罚，往往会使其倾家荡产，因而社会便失去使用这部分资本所能获得的利益；（4）税吏频繁的访问和稽查，常常使纳税者遭受极不必要的麻烦、困扰与压迫。也正是由于这些原因，使得人民所付出的远远超过国家所取得的收入，因此，政府征税必须遵循“使人民所付出的，尽可能等于国家所收入的”这一最少征税费用的原则。

亚当·斯密提出的税收四原则，对于资产阶级税收原则理论的发展，起着承前启后的桥梁作用，他首先继承了前人所提出的税收标准或税收原则，并将它们系统化、具体化、明确化，从而发展了税收原则理论；同时，亚当·斯密税收原则理论又为以后资产阶级税收原则理论的发展奠定了基础，后人在论述税收原则时，基本上是围绕斯密的四原则进行补充和发展的。

二、近代税收原则

近代税收原则亦即存在于19世纪的税收原则，它既发展了古代的税收原则，又孕育出现代的税收原则，其中，最具有代表性的是瑞士经济学家西斯蒙第的税收原则和德国新历史学派的代表瓦格纳的税收原则。

（一）西斯蒙第的税收原则

让·沙尔·列奥纳尔·西蒙·德·西斯蒙第（1773～1842年）是瑞士经济学家。他在其代表作《政治经济学新原理》一书中，专篇论述了税收问题。他从经济发展的观点出发，在亚当·斯密的四原则之外，又补充了四原则，形成了自己的税收原则理论。

西斯蒙第的税收原则理论是以亚当·斯密提出的税收原则为基础的，他首先赞成斯密提出的公平原则、确实原则、便利原则及节约原则，然后又从经济发展的观点出发，补充了四项原则。

1. 税收不可侵及资本。一切赋税必须以收入而不是以资本为对象，对前者征税，国家只是取走了个人所应支出的东西；对后者征税，就是毁灭了应该用于维持个人和国家生存的财富。

2. 不可以总产品为课税依据。“制定赋税标准时，不应该对每年的总产品和收入混淆不清；因为每年的总产品除了年收入外还包括全部流动资本；必须保留部分产品，以维持或增加各种固定资本，保证或提高所有生产工人的生活”。

3. 税收不可侵及纳税人的最低生活费用。“赋税是公民换得享受的代价，所以不应该向得不到任何享受的人征税；就是说，永远不能对纳税人维持生活所必需的那部分收入征税。”

4. 税收不可驱使财富流向国外。“决不应该因征税而使应纳税的财富逃出国外，因此规定赋税时对于最容易逃税的财富应该特别缜密考虑，赋税决不应该触及保持这项财富所必需的那部分收入。”

从西斯蒙第补充的这四个原则来看，几乎都围绕着一个中心，即“收入”展开论述的，这是与他的税收理论的根本出发点分不开的。他认为，税收的课征对象只能是每年增加的国民财富，即收入，这部分收入是用于消费的，不再用于生产，对它征税不会减少财富，如果对资本课税，原有的财富就会减少，国家就会很快地陷于贫困、破产甚至灭亡，所以他提出了第一个原则。也正是基于这一思想。他接着指出，不能以年产品为征税依据，因为年产品中包括用于保持土地肥力的部分、固定资本部分和流动资本部分，其中流动资本是劳动者用于维持生活的必要收入，对这些征税必然触及资本，而且如果对人民的必要生活部分也征税，是社会组织对人的掠夺和压迫，由此他提出了第二条和第三条原则。第四条原则主要是指税负不能太重，税负过重会使纳税人争相逃税，并携财富于国外，从而导致本国总收入减少。最后西斯蒙第认为，他提出的这几条原则应该同斯密的四原则综合运用。他说："遵照这些规则，即使不能使赋税变成一件好事，至少也能使它产生的坏事减少到最低限度。"

（二）瓦格纳的税收原则

阿道夫·瓦格纳（1835～1917 年）是德国 19 世纪新历史学派的代表，其代表作为《政治经济学原理》和《财政学》。瓦格纳的财政税收基本理论是：国家利用税收不应以满足财政需要为唯一的目的，而应运用权力，解决社会问题，以实施政府的社会政策为目的。他认为，关于赋税，第一是有纯财政的目的；第二有树立社会政策的目的。所谓社会政策的目的，就是以调节在自由交易下所产生的分配不公平等为目的，赋税不但要干涉国民的所得及财产的分配，而且要积极干涉税制的税收原则。瓦格纳的四端九项原则具体叙述如下。

1. 财政政策原则

财政政策原则，也称为财政收入原则。瓦格纳认为，税收的主要目的是为国家及其他公共团体筹集所需要的经费。因此，必须有充分的收入来源作为保证。同时，如果政府的需要增加或政府除税收以外的收入减少时，税收能够依据法律增税或自然增加，以适应这种收支的变化，因此，他又具体提出了充分和弹性两条具体原则。

（1）充分原则：即税收收入必须能充分满足财政的需要。

（2）弹性原则：即税收收入必须能充分适应财政收支的变化。

2. 国民经济原则

国民经济原则就是税收如何保证国民经济正常发展的原则，他认为税收不可危及税源，在可能的范围内，应尽量促进资本的形成，促进国民经济的发展，因此，他又具体提出了税源选择原则和税种选择原则。

（1）税源选择原则：即税源选择必须适当。一般而言，税源有所得、资本和财产三项，但以所得作为税源最为适当，如以资本或财产作为税源，则不免损及税本，阻碍国民经济的发展。

（2）税种选择原则：即税种的选择必须考虑税负转嫁问题，应将税负的归宿点落在应该承担税负的人身上，因为谁负担税收，要比谁缴纳税收更为重要，所以，税种最好选择不易转嫁的所得税。

3. 社会公平原则或称社会正义原则，它具体分为普遍原则和平等原则

（1）普遍原则：即对一切有收入的国民，都要普遍征税，不能因身份

或社会地位特殊而例外，要做到不偏不倚。根据他的社会政策观点，税收的普遍性并不等于每人都应交纳相同的税，征税应考虑纳税人的负担能力，对劳动所得或收入可减免税收，但这并不违背纳税的普遍原则。

（2）平等原则：即不承认收入和财富的自然分配状态是合理的，根据纳税能力的大小课税。为了适应各种不同的负担能力而平等课税，应采取累进税率，收入多的多纳税，收入少的少纳税，没有收入的免税，对财产所得和不劳所得加以重课，此谓平等，以符合社会政策的目的。

4. 税务行政原则

税务行政原则又称课征技术原则，此原则又具体分为确实原则、便利原则、征税费用节约原则。

（1）确实原则：即税收法令必须简明确实，在解释上不容有质疑的余地；税务人员必须具有相当的技术知识，以免征税时查定不实；纳税时间、地点及方式都应明确告知纳税人，使纳税人有所遵循。

（2）便利原则：即政府征税应为纳税人的方便考虑，纳税的时间、地点和缴纳方式等都应从方便纳税人的角度出发。

（3）征税费用节约原则：即征收管理所开支的费用，应力求节省，以增加国库的实际收入，同时，征管费用不单纯指征税的费用，纳税人因交税而直接负担或间接负担的费用也包括在内，所以，如果纳税人直接或间接的负担或损失过重，也是不符合这一原则的。

综上所述，不难看出，瓦格纳的税收原则是完全为他提出的社会政策服务的，由于他的理论核心是建立在社会政策基础之上的，所以他将税收原则也称为社会政策的原则。瓦格纳提出的税收原则，虽然没有超过前人所提出的税收原则的范围，但可以说比前人所提原则更为系统和明确。一些西方学者认为，他的理论集过去税收原则之大成，对现代西方税收原则理论有很大的影响。

三、现代西方税收原则

现代税收原则亦即20世纪以来的税收原则。当代西方学者在前人提出的税收原则基础上，看重研究的是税收对经济和社会的影响问题，他们将过去的税收原则加以综合，提出了当代关于税收的最高三原则：效率原则、公平原则和稳定原则。

（一）效率原则

税收效率原则是指税收制度的设计应讲求效率，必须在税务行政、资源利用、经济运转的效应三个方面尽可能讲求效率，以促进经济的稳定与发展。这包括两层含义。

一是要尽量缩小纳税人的超额负担。在征税过程中，会给纳税人造成诸多负担。首先，会给纳税人造成相当于征税数额的负担。其次，征税会影响纳税人的经济活动，在一定程度上干扰纳税人的生产决策和消费决策，给纳税人和整个经济的运行造成征税数额之外的超额负担。效率原则就是要求给纳税人带来的超额负担缩小到最低限度，使税收活动尽量减少对经济运行的干扰，从而提高经济效率。

二是要尽量降低征收费用。在征税过程中，税务部门要支出税务人员工资，要耗费办公费等各种相关费用，称之为“税务行政费用”；对纳税人来讲，纳税人围绕如何纳税，纳多少税，要花费大量的人力、财力，称之为“执行费用”。税收效率原则要求征纳双方花费的费用尽量地小，从而增加税收的实际收入数量。

（二）公平原则

税收公平原则是西方国家设计税收制度的最基本的准则，包括横向公平和纵向公平：横向公平是指凡有相同纳税能力的人应缴纳相同的税收。纵向公平是指纳税能力不相同的人应缴纳数量不同的税收。

关于如何实现税负公平，西方学者有不同的观点，概括起来主要有三个标准。一是按纳税人从政府提供服务所享受的利益多少为标准。享受利益多的多纳税，享受利益少的少纳税，即“受益公平”。二是按征税使纳税人所感受的牺牲程度为标准，所有纳税人所感受的牺牲程度相同，则税负公平，反之，则不公平。三是按纳税人的能力来分配税负，纳税能力高多纳税，反之，少纳税。衡量纳税能力，可以财产的数量或价值作为标准，可以消费额作为标准，也可以所得额作为标准。

税收的公平原则与效率原则是一对矛盾。公平原则强调量能负担，可能干扰生产和消费决策，影响经济发展，破坏税收效率；而效率原则强调税收应尽量避免对经济产生干扰，实现资源有效配置和经济增长，这就有可能拉开贫富之间差距，从而破坏公平原则。处理好公平与效率之间的矛盾，对一国经济的发展、社会的安定具有重要意义。在处理这个矛盾时，要兼顾公平的需要和效率的提高，既要考虑经济的稳定发展，又要考虑到贫富之间差距不能过分拉大，不能片面追求效率或片面追求公平，兼顾公平与效率；或侧重公平，兼顾效率；或侧重效率，兼顾公平，应该根据各国国情来决定。

（三）稳定原则

税收稳定原则是指在经济发展的波动过程中，运用税收的经济杠杆作用，引导经济趋于稳定。具体来说，税收可以通过两个方面来达到经济稳定。

1. “内在稳定器”作用。它是指税收制度本身所具有的内在稳定机制。它不需要政府随时做出判断和采取措施，就能收到自行稳定经济的效果。主要是税收随经济的增长、衰退而自动增减，从而减轻经济周期的波动，即在经济的繁荣时期，税款收入因税基（所得额与销售额）的增长而上升，而税收的自动增长使经济扩张趋于缓慢；在经济萧条时期，税款收入因所得与销售的减少而自动下降，而税收的自动减少使经济活动的收缩趋于缓慢。所以，即使在经济上涨或低落时期税率不变，税款收入的自动增减，在某种程度上也使经济自动趋于稳定。

2. “相机抉择”作用（又称“人为稳定器”作用）。它是指政府根据经济运行的不同状况，相应采取灵活多变的税收措施，以消除经济波动，谋求既无失业又无通货膨胀的稳定增长。总的来看，当经济不景气时，应实行减税政策，以鼓励投资，稳定就业水平；当经济过度繁荣时，则应提高税率，防止过度投资，爆发危机。

西方学者提出的现代税收原则，主要基于凯恩斯主义的经济学说和社会经济福利学派的经济思想，公平原则是对社会正义原则的发展，效率原则和稳定原则是对国民经济原则的发展。公平和效率是社会经济福利的两项准则，以它们作为评价税制的标准，是美国当代著名财政学家马斯格雷夫的主张；稳定原则主要是基于凯恩斯强化国家干预经济的思想。这些原则对西方税收制度的发展以及经济的稳定发展起到了一定的促进作用。

第二节　我国社会主义市场经济下的税收原则

我国目前经济增速放缓，市场经济呈现出“新常态”，各项经济活动都应该适应新常态做出相应的转变。税收，作为国家财政收入的主要来源和经济调控的重要手段，在国民经济中具有不可替代的作用，因而，它的转轨显得尤为重要。而确立新时期的税收原则，更是深化税制改革、建设符合社会主义市场经济要求的税收体制的关键。根据我国税收工作的具体情况，新时期的治税原则大致可概括为：财政原则、法治原则、公平原则、效率原则。

一、财政原则

集中财政收入是税收作为满足公共需要的分配手段的最基本的职能。因此，建立税收制度的首要原则就是财政原则。这一点对于我国尤具重要的现实作用。税收作为国家财政的重要支柱，它的状况直接决定了财政收入的发展状况。我国税收收入更是占财政收入的绝大部分，近几年来，我国税收收入完成数呈逐年上升的势头，财政收入占 GDP 比重逐年缓步上升。这体现出我国在税收制度的建设过程中对财政原则的重视。但我国的税收收入仍存在结构不合理、征管力度不够、收费项目繁多等问题，这要求我们在坚持税收收入的财政原则的同时，不断进行改革。

一方面，要完善我国的税制结构，增强我国税收收入增长的弹性。长期以来，间接税在我国税收体系中都占据主导地位。1994 年税制改革后，间接税占我国税收收入的比重进一步加大。进入 21 世纪，我国税制结构的这种状况有所改善，但间接税占税收收入的比重依然很高。2016 年“营改增”后，间接税占全部收入的59.31%，直接税为40.69%。[①] 我国直接税、间接税收入占比不均衡的税制，限制了税收收入职能的发挥，特别是间接税大多采用比例税率的形式，具有弹性小的特性，不能随经济的发展而发挥累进的效用，使得我国税收收入无法自动地随 GDP 的增长而迅速增长。因此，我们应当在今后的税制改革中适当加大直接税的比重。一方面，可以结合我国地方税体系的构建开征一些新的直接税税种，或者扩大现有直接税税种的征收范围；另一方面，可以结合我国经济社会的发展变化适当增加间接税的减免政策。上述措施应根据我国税制改革的整体目标以及经济社会状况发展的需要灵活实施。

另一方面，要强化税收征管力度。由于我国的税收征管制度仍不够完善，加之受历史传统的影响我国国民的纳税意识又不很高，因而，偷漏税现象在我国仍较为普遍。因此，加强税收征管，减少税收流失是坚持财政原则的一项重要措施。为此，一是要大力宣传税收的重要性和必要性及公民应当承担的纳税义务，提高公民的纳税意识，树立“合法纳税光荣，偷逃税可耻”的新观念。二是要充分利用大数据等现代信息技术，解决征纳双方信息不对称，加强金税三期覆盖下的税收业务监控平台建设，强化税收大数据的运用，把纳税人的基本情况，纳税申报的及时性、真实性、准确性，发票领用、填开使用、保管等情况全部纳入网络交叉监控，对每个纳税人的税款申报、缴纳、减免、欠缴、入库退库等进行连续、系统的反映和综合评价。三是要建立严密科学的税务稽查体系，进一步突出稽查工作的地位和作用。四是要加强配套政策建设。如信息共享、电子发票等措施的实施与落实。五

① 数据来源：中华人民共和国财政部，www. mof. gov. cn.

是要加强税收征管的规范性，进一步健全各项征管制度，规范征、管、查业务流程、工作程序和衔接制度，提高征管各环节的整体效能，构建现代化的税收征管体系。

二、法治原则

法治，即依法治税，是指税收的征收管理活动要严格按照税法规定办事。法治原则是我国社会主义市场经济税收体系的核心。

要实现依法治税，首先要做到有法可依，这是法治原则的前提。从完善税收法律体系的角度看，要实现有法可依、依法治税，我国应加快我国现有税种的立法进程。党的十八届三中全会明确提出，要“落实税收法定原则”。这对于推动我国税收立法的进程有着重要的指导意义。税收法定原则要求我国的所有税种都应由全国人大或全国人大常委会制定。但是，在我国目前的税制体系中，大部分税种都是国务院制定的“条例”，这显然不符合税收法定原则的要求。为此，需要加快我国的税收立法进程，将我国税制纳入法制化、规范化的轨道。这对于提升税收的法律效力、提高税制的规范化程度有着重要的作用。在加快各税种立法进程的同时，我国应着手研究制定税收基本法。税收基本法是税收的根本大法，是国家关于税收基本问题以及处理共性税收分配关系的法律规范，它可以作为各个税收实体法和程序法的母法，是其他所有税法的立法依据。制定税收基本法，可以从整体上提高税收法律等级和层次，增强税收的法律效力，对健全税收法治有十分重要的意义。

要实现依法治税，税务机关就要做到执法必严、违法必究。从税收征收主体来看，保证税务机关能独立行使职权，是规范税收执法的前提。为此，要积极为税务机关创造这样的条件。对于税务机关来说，执法必严和违法必究也是其加强税收征管的内在要求。执法必严是指税务人员在日常征管工作中严格按税收征管的法定程序办事，严格执行税法的有关规定。只有做到执法必严，才能对纳税人形成足够的约束力和强大的震慑力。否则，就会给纳税人造成错觉，认为税法软弱无力，这对培养公民的纳税意识很不利。违法必究，是要求税务机关和税务人员对一切违反税法的行为都毫无例外地追究责任，依法查处和制裁。这是“有法必依”和“执法必严”的引申要求，是实现税收法制化的基本保证。

要实现依法治税，必须使用现代化手段，充分利用大数据等现代信息技术。税收现代化是我国实现国家治理现代化的重要内容，而现代化手段特别是现代信息技术的运用则是实现税收现代化的关键支撑。这既是现代信息技术广泛应用于国家治理的必然要求，也是西方发达国家税收治理的重要经验。近年来，我国在金税工程顺利开展的基础上，“互联网+税务”正逐步渗透至税收征管的各个领域、各个部门，数据技术日渐成为税收征管工作的主要技术支撑。金税工程三期与“互联网+税务”的融合在形成以大数据分析为支撑的现代化决策机制的同时，也再一次凸显了大数据在税收征管工作中的重要作用。但是，在现代化技术运用过程中，也存在着诸如信息获取困难、信息技术应用不充分等问题。对此，我们一方面应强化现代信息技术在税收征管中的应用，另一方面也应大力培养现代信息技术领域的专业人才。

要实现依法治税，必须加强税收法制教育。对税务人员来说，提高人员素质是关键，要造就一支忠于国家和人民利益、责任心强、政治素质过硬、业务素质高、善于思考、严格执法、不徇私情的执法队伍；对纳税人来说，要加强税收法制教育，提高人们的纳税观念，应该制订一项长期的普及税法常识的宣传教育计划，并把这项工作摆在普法教育的突出位置，以逐步提高全体公民的纳税观念，增强遵章纳税的自觉性。

三、公平原则

税收公平只是一种相对的公平，它包含两个层次：税负公平、机会均等。所谓税负公平，是指纳税人的税收负担要与其收入相适应。这必须考虑到以下两点：一是具有同样纳税条件的纳税人应当缴纳相同的税额，即横向公平；二是具有不同纳税条件的纳税人应承担不同的税额，即税收的纵向公平。所谓机会均等，是基于竞争的原则，通过税收杠杆的作用，力求改善不平等的竞争环境，鼓励企业在同一起跑线上展开竞争，以达到社会经济有秩序发展的目标。

要实现公平税负，就要做到普遍征税、量能负担，使税收有效地起到调节作用。根据我国宪法规定：“中华人民共和国公民有依照法律纳税的义务。”它要求：公民必须履行法律规定的纳税义务；同时，国家对公民征税，也必须具有法律上的依据。这样，纳税和征税都受到法律的普遍制约和保护。但由于纳税主体因从事经济活动的产业、规模不同，其收入不尽相同，纳税能力也不相等，因而还必须贯彻量能负担原则。在社会主义市场经济条件下，为鼓励企业在公平的环境中竞争，使价值规律能充分发挥作用，国家必须依据不同纳税人的纳税能力，制定相应的税率，使企业在履行纳税义务的同时，还有能力自我发展和壮大，使税收杠杆能有效地发挥作用，推动国民经济持续、稳定、协调发展。

要做到税负公平，就要做到统一税政、集中税权，保证税法执行上的严肃性和一致性。根据我国现行的财税管理体制，税收立法权和解释权必须统一到国家最高权力机关及其授权部门，其他任何机关不得制定与税收征纳有关的条例或条款，任何地方性法令法规都不得与国家税收法规相抵触。税收行政权统一到税务部门，税款的征收和入库以及与此有关的一系列票证、报表的制定发行、税务稽查等职责，一律由税务机关负责，其他任何部门不得干预。另外，税收的减免权也必须严格按照国家规定的税收管理权限办事，任何地区和部门都不能超越权限擅自行事。只有如此，才能保证税法的稳定一致性，避免地区间税负不均现象。

四、效率原则

税收的效率，主要通过税收的经济成本来衡量。税收的经济成本包括两方面的内容：一是直接征税成本，指税务机关为获得一定数量的税收收入而付出的代价，即税收征管过程中发生的一切费用；二是指纳税人所支付的除税款以外的从属费用和额外负担。在其他条件不变的情况下，税收的经济成本越大，税收效率就越低。由于其中直接征税成本占很大的比重，所以提高征税效率，关键是强化征税管理，节省征税费用。

首先，要进一步提高税收征管的现代化程度，加强税收征管的现代化信息建设，这是提高征管效率的根本途径。在税收工作中，大数据等现代信息技术有着极为重要的功能：完成常规、邮寄、传真、电子申报等申报数据的采集和处理功能；实现与工商、公安、银行等相关单位，以及有条件的纳税人的联网，实现税源监控的实时动态管理；建立科学的选案与稽查模型，强化数据对比分析和交叉稽核，促进纳税检查的科学化和规范化；运用多媒体技术为纳税人提供纳税服务等。在美国、新加坡、中国香港等地，网络、计算机等现代信息技术已在税收征管领域得到深入、系统的应用。我国的税收征管工作虽也已经广泛使用计算机、网络等现代技术，但仍未达到税收征管对信息化的要求。因此，我国应进一步提高现代信息技术的利用水平，加强税收征管信息系统的建设，利用社会化信息管税，以进一步提高税收征管工作效率。

其次，要理顺国、地税征管系统之间的关系。一直以来，由于体制原因，我国国、地税征管系统间存在征管职能交叉、职责不清进而影响征管效率的问题。这要求我国要改革税收征管体制，明确征收管理的分工与衔接，转变征收管理方式。长期以来，国税、地税之间更多强调分工，深化征管体制改革则更强调合作。国税、地税可以通过互设窗口，共建办税服务大厅，加强合作，联合打造便捷办税服务平台，以及前台一家处理，后台分别处理，来加强纳税服务协作，有效实现税收征管方式的转变，提升国税、地税征管效率。

最后，要健全征管成本制度，精兵简政、精打细算、节约开支。要实行一整套的税收征管成本的计划、核算、考核、责任、控制制度，严格税务经费的开支范围和标准，完善经费收支管理。在税务机构设置上，要配合"两个转移"，把重点放在征管和基层办税部门，着力压缩和精简非征管机构；同时，大力压缩行政管理人员和其他间接收税人员，防止人浮于事，节约行政经费开支。

随着改革开放的不断深化，社会各项经济活动全面展开，经济关系错综复杂、头绪繁多。税收要完全适应这一新形势，在上述四原则的指导下充分发挥作用，还必须注意处理好"三个关系"。

第一，依法治税与发展经济的关系。经济决定税收，税收反作用于经济，这是一条必须遵循的客观规律。经济决定税收，就是要求我们在研究制定税收政策法规、确定税收负担时，要从客观实际出发，充分考虑到纳税人的负担能力，努力做到合理和公平。税收反作用于经济，就是必须严格执行已确定的税收政策法规，依法办事、依率计征，充分发挥税收促进经济发展的作用。社会主义市场经济是法制经济，依法治税与发展经济是相辅相成的统一体，必须强调严格执行新税制、纠正各种税收违法行为，把依法治税与发展经济有机结合起来。

第二，完善税制与加强征管的关系。税制是征管的基本依据，征管是税制得以正确贯彻实施的保证。实践证明，税制再完善，没有征管的实施，也无法发挥作用；征管改革的成败，决定着税制改革的成败。因此，必须根据税制的要求，加强和改进征管，把税收政策、法规落到实处。我国目前存在的一个重要问题是：征管不到位，以致税制的作用未能得以充分发挥。国际国内的经验证明，实现税收征管现代化，是提高征管质量和效率的根本出路，而由传统征管向现代化征管过渡是一个循序渐进的过程。因此，我们要从实际出发，在保证税收征管正常进行的情况下，千方百计创造条件，推进征管现代化建设进程。同时，要注意将传统的征管经验和办法与现代化的征管手段结合运用，创造富有生机与活力的征管机制，以保证税制作用的有效发挥和税收效率的大幅度提高。

第三，税务专业管理与社会协税护税的关系。专业管理是指税务部门的管理，协税护税是指社会各有关部门对税收工作的支持与配合，也包括群众性的协税护税。税务专业管理与社会协税护税相结合，专业管理为主，协税护税为辅，是具有中国特色的税收管理方式。税务部门的专业管理，必须在整个税收管理活动中起主导作用。同时，要动员社会各方面的力量，调动各方面的积极性实行协税护税。税收管理的具体业务问题，要严格依照税法和税务机关的决定处置；超出税务部门职权范围的有关法律及经济管理问题，应提请或移交有关部门处理；税务专业管理力所不及的某些方面，要动员社会力量进行配合和监督。只有全社会动员起来，才能达到文明办税、提高税收效率的目的。

第四章　税法要素和税收分类

第一节　税法要素

税法要素是指税种实体法中基本的、必不可少的内容。在每个税种的实体法中，必须规定由谁纳税、对什么征税、征多少税等基本内容，这些基本内容在税法基本条款中往往表现为纳税人、课税对象、税率等基本元素，即税收要素。由于人们对“要素”概念理解的不同，对于税收要素，不同的人有不同的理解。通常情况下，人们习惯上将课税对象、纳税义务人和税率称为基本要素，将其他几个要素称为一般要素。

一、课税对象

课税对象又称征税对象，是税法中规定的征税的目的物，是国家据以征税的依据。通过规定课税对象，解决对什么征税这一问题。

每一种税都有自己的课税对象，否则，这一税种就失去了存在的意义。凡是列为课税对象的，就属于该税种的征收范围；凡是未列为课税对象的，就不属于该税种的征收范围。例如，我国增值税的课税对象是货物、应税劳务和应税服务在生产、流通过程中以及进口环节的增值额；所得税的课税对象是企业利润和个人工资、薪金等项所得；房产税的课税对象是房屋等。总之，每一种税首先要选择确定它的课税对象，因为它体现着不同税种征税的基本界限，决定着不同税种名称的由来以及各个税种在性质上的差别，并对税源、税收负担产生直接影响。

课税对象随着社会生产力的发展变化而变化。自然经济中，土地和人丁是主要的课税对象。商品经济中，商品的流转额、企业利润和个人所得成为主要的课税对象。在可以作为课税对象的客体比较广泛的情况下，选择课税对象一般应遵循有利于保证财政收入，有利于调节经济和适当简化的原则。要保证财政收入就必须选择经常而普遍存在的经济活动及其成果作为课税对象。要调节国民经济中生产、流通、分配和消费，课税对象就不能是单一的，而应该多样化：但为了节省税收成本和避免税收负担的重复，又必须注意适当的简化。

课税对象是构成税收实体法诸要素中的基础性要素，这是因为：（1）课税对象是一种税区别于另一种税的最主要标志。就是说，税种的不同最主要是起因于课税对象的不同。正是由于这一原因，各种税的名称通常都是根据课税对象确定的。例如，增值税、所得税、房产税、车船税等。（2）课税对象体现着各种税的征收范围。（3）其他要素的内容一般都是以课税对象为基础确定的。例如，纳税人，国家开征一种税，所以要选择某些单位和个人作为纳税人，而不选择其他单位和个人作为纳税人，其原因是这些单位和个人拥有税法或税收条例中规定的课税对象，或者是发生了规定的课税行为。可见，纳税人同课税对象相比，课税对象是第一性的。凡拥有课税对象或发生了课税行为的单位和个人，可能成为纳税人。又如税率这一要素，也是以课税对象为基础确定的。税率本身表示对课税对象征税的比率或征税数额，没有课税对象，也就无从确定税率。此外，纳税环节、减税免税等，也都是以课税对象为基础确定的。

要了解征税对象的含义及重要性，还需要了解一些与征税对象有关的概念，这些概念包括税目、计税依据、税源等。

（一）税目

税目是课税对象的具体化，反映具体的征税范围，代表征税的广度。不是所有的税种都规定税目，有些税种的征税对象简单、明确，没有另行规定税目的必要。如房产税、企业所得税。但是，从大多数税种来看，一般课税对象都比较复杂，且税种内部不同课税对象之间又需要采取不同的税率档次进行调节。这样就需要对课税对象做进一步的划分，做出具体的界限规定。这个规定的界限范围，就是税目。

1. 分税目的主要作用

（1）进一步明确征税范围。凡列入税目的都征税，未列入的不征税。例如，现行消费税共有 15 个税目，具体包括烟、酒、高档化妆品等，未列入消费税税目的商品就不属于消费税征税范围。

（2）解决课税对象的归类问题，并根据归类确定税率。每一个税目都是课税对象的一个具体类别或项目，通过这种归类可以为确定差别税率打下基础。实际工作中，确定税目与确定税率是同步考虑的，并以“税目税率表”的形式将税目和税率统一表示出来。例如，消费税税目税率表、资源税税目税率表等。

2. 税目一般可分为列举税目和概括税目

（1）列举税目。列举税目就是将每一种商品或经营项目采用一一列举的方法，分别规定税目，必要时还可以在税目之下划分若干个细目。制定列举税目的优点是界限明确，便于征管人员掌握；缺点是税目过多，不便于查找，不利于征管。

在我国现行税法中，列举税目的方法也可分为两类：一类是细列举，即在税法中按每一产品或项目设计税目，本税目的征税范围仅限于列举的产品或项目，属于本税目列举的产品或项目，则按照本税目适用的税率征税，否则，就不能按照本税目适用的税率征税，如消费税中的“雪茄烟”等税目；一类是粗列举，即在税种中按两种以上产品设计税目，本税目的征税范围不体现为单一产品，而是列举的两种以上产品都需按本税目适用的税率征税，如消费税中的“鞭炮、焰火”税目。

（2）概括税目。概括税目就是按照商品大类或行业采用概括方法设计税目。制定概括税目的优点是税目较少，查找方便；缺点是税目过粗，不便于贯彻合理负担政策。

在我国现行税法中，概括税目的方法又可分为两类：一类是小概括，即在本税目下属的各个细目中，凡不属于规定细目内的征税范围，但又同本税目征税范围的产品在材质上或用途上或生产工艺方法上相近的，则另增列一个细目，把其划归为本细目的征收范围，如消费税“酒及酒精”税目中的“其他酒”等；另一类是大概括，即在本税种下属的各个税目中，凡不属于规定税目内的征税范围，但又确属本税种征税范围的产品，则另增列一个税目，将其全部划归为本税目的征税范围，如资源税中的“其他非金属矿原矿”税目。在税法中适当采用概括性税目，可以大大简化税种的复杂性，但过于概括，又不利于充分发挥税收的经济杠杆作用，所以，在具体运用上，应注意把概括税目同列举税目有机地结合起来。

（二）计税依据

计税依据，又称税基，是指税法中规定的据以计算税款的依据或标准。正确掌握计税依据，是税务机关贯彻执行税收政策、法令，保证国家财政收入的重要方面，也是纳税人正确履行纳税义务，合理负担税收的重要标志。

不同税种的计税依据是不同的。我国增值税的计税依据一般都是货物，应税劳务和应税服务的增值额；所得税的计税依据是企业和个人的利润、工资或薪金所得额；消费税的计税依据是应税消费品的销售额等。需要注意的是，计税依据在表现形态上一般有两种：一种是价值形态，即以征税对象的价值作为计税依据，在这种情况下，课税对象和计税依据一般是一致的。例如，所得税的课税对象是所得额，计税依据也是所得额。另一种是实物形态，就是以课税对象的数量、重量、容积、面积等作为计税依据，在这种情况下，课税对象和计税依据一般是不一致的。

课税对象与计税依据的关系是：课税对象是指征税的目的物，计税依据则是在目的物已经确定的前提下，对目的的物据以计算税款的依据或标准；课税对象是从质的方面对征税所做的规定，而计税依据则是从量的方面对征税所做的规定，是量的表现。

（三）税源

税源是指税收收入的来源，即各种税收收入的最终出处。税源的大小体现着纳税人的负担能力，其归根结底是物质生产部门劳动者创造的国民收入。当然，每种税收都有其各自的经济来源，即：国民收入分配中形成的企业或个人的各种收入，如企业所得税的税源，是企业的经营利润；个人所得税的税源，是个人取得的各种收入。

税源与征税对象有时是一致的。例如各种所得税，征税对象是纳税人的纯收入，税源也是纳税人的纯收入。有很多税种，税源与征税对象并不一致，例如房产税，征税对象是房屋的价值，而税源则是房产的收益或房产所有人的收入。房产所有人并不是拆了房或卖了房来交纳房产税。征税对象与税源是密切相关的。国家通过税收对经济进行调节的作用点是在征税对象上，国家规定对什么征税，如对商品流转额、对所得额、对财产、对各种行为等征税。这些都是国家调节经济的作用点。但是，这些调节作用最后要落到税源上，归宿到纳税人的收入上，通过增加或减少纳税人的收入，来调节各种经济行为，以达到国家调节经济的作用。那么能否把作用点都直接放在税源上，直接调节收入呢？这是不行的，这样调节范围就大大缩小，调节作用也就少得多了，只能是调节收入了。而作用点放在征税对象上，虽然最后的归宿是在税源上，但其调节作用的范围却远远不只是在收入上。如消费税、房产税及各种行为税，这些税种的征税对象和税源是不一致的，这些税种调节作用的发挥是与其征税对象作为作用点分不开的。如果这些税都改为对税源直接征税，就变成所得税了，只是直接调节收入，而这些税的很多特定调节作用就消失了。税法上并不明确规定税源，但分析征税对象与税源的关系，对我们研究税收的调节作用，以及税收的负担是很重要的。

二、纳税义务人

纳税义务人简称纳税人，是税法中规定的直接负有纳税义务的单位和个人，也称“纳税主体”。无论征收什么税，其税负总要由有关的纳税人来承担。每一种税都有关于纳税义务人的规定，通过规定纳税义务人落实税收任务和法律责任。纳税义务人一般分为两种。

1. 自然人，指依法享有民事权利，并承担民事义务的公民个人。例如，在我国从事工商业活动的个人，以及获得工资和劳务报酬的个人等，都是以个人身份来承担法律规定的民事责任及纳税义务。

2. 法人，指依法成立，能够独立地支配财产，并能以自己的名义享受民事权利和承担民事义务的社会组织。例如，我国的国有企业、集体企业、合资企业等，都是以其社会组织的名义承担民事责任的，称之为法人。法人同自然人一样，负有依法向国家纳税的义务。

具备法人资格的条件有：依法成立，即经过有关部门登记并批准，为法律所承认；有一定的财产和资金，并能独立地进行核算；有自己的名称、组织场所或机构；能够独立承担民事上的财产义务，以及能以自己的名义参加民事活动和诉讼。法人的民事权利主要有：财产所有权、债权、著作权（版权）、专利权、商标权及人身权等，其合法权益受法律保护，任何组织和个人不得侵犯。同时，法人由于过错侵害公共财产、私人财产、人身权利的，违反合同或者不履行债务的，应当承担民事责任。

在实际纳税过程中，与纳税义务人相关的概念有：负税人，代扣代缴义务人和纳税单位。

1. 负税人。纳税人与负税人是两个既有联系又有区别的概念。纳税人是直接向税务机关缴纳税款的单位和个人，负税人是负担税款的单位和个人。纳税人如果能够通过一定途径把税款转嫁或转移出去，纳税人就不再是负税人。否则，纳税人同时也是负税人。在我国造成纳税人与负税人不一致主要是由于价格和价值背离，引起税负转移或转嫁造成的。我国出现价格和价值背离有两种情况：一种是国家为了调节生产、消费，有计划地使一些商品的价格与价值背离，把一部分税收负担转移到消费者身上。例如，对烟、酒等采取的高价高税政策即属于这种情况。另一种情况在市场经济条件下，商品价格随着市场供求关系的变化而自由波动，当某些商品供不应求时，纳税人可以通过提高价格把税款转嫁给消费者，从而使纳税人与负税人不一致。

2. 代扣代缴义务人。这是指有义务从持有的纳税人收入中扣除其应纳税款并代为缴纳的企业、单位或个人。对税法规定的扣缴义务人，税务机关应向其颁发代扣代缴证书，明确其代扣代缴义务。代扣代缴义务人必须严格履行扣缴义务。对不履行扣缴义务的，税务机关应视情节轻重予以适当处置，并责令其补缴税款。以我国的个人所得税为例。个人所得税法规定：个人所得税以所得人为纳税义务人，以支付所得的单位或个人为扣缴义务人；在两处以上取得工资、薪金和没有扣缴义务人的，纳税义务人应当自行申报纳税，即实行支付单位源泉控制和纳税人自行申报两种办法；实行单位源泉扣缴办法的，以向个人支付应纳税收入的单位为扣缴义务人，其应纳的个人所得税，由支付单位按规定税率计算扣缴。另外，国家税务总局2005年发布了《个人所得税全员全额扣缴申报管理暂行办法》，分别从目的、概念、申报内容、申报期限、申报管理、法律责任等方面，明确了扣缴义务人该如何进行扣缴申报，税务机关该如何进行管理。再如，《企业所得税法》规定：非居民企业在中国境内未设立机构、场所的，或者虽设立机构、场所但取得的所得与其所设机构、场所没有实际联系的，应当就其来源于中国境内的所得缴纳企业所得税，税率为20%，实际征税时适用10%的税率，此项税款以支付人为扣缴义务人，税款由支付人在每次支付的款额中扣缴。

3. 纳税单位。是指申报缴纳税款的单位，是纳税人的有效集合。所谓"有效"，就是为了征管和缴纳税款的方便，可以允许在法律上负有纳税义务的同类型纳税人作为一个纳税单位，填写一份申报表纳税。例如，个人所得税，可以单个人为纳税单位，也可以夫妇俩为一个纳税单位，还可以一个家庭为纳税单位；公司所得税可以每个分公司为一个纳税单位，也可以总公司为一个纳税单位。纳税单位的大小通常要根据管理上的需要和国家政策来确定。

三、税率

税率是应纳税额与课税对象之间的关系或比例。是计算税额的尺度，代表课税的深度，关系着国家的收入多少和纳税人的负担程度，因而它是体现税收政策的中心环节。

各税种的职能作用，主要是通过税率来体现的，因此，税率是税收制度的核心和灵魂。合理地设计税率，正确地执行有关税率的规定，是依法治税的重要内容。我国税率的设计，主要是根据国家的经济政策和财政需要，产品的盈利水平和我国生产力发展不平衡的现状，以促进国民经济协调发展为目标，兼顾国家、部门、企业的利益关系，做到合理负担，取之适度。不同税种之间，税率的设计原则并不完全一致，但总的设计原则是一致的。(1) 税率的设计要体现国家政治、经济政策（如消费税税率设计原则之一是体现国家消费政策，限制某些商品的消费）；(2) 税率的设计要保持公平、简化的性质（如增值税只设了基本税率、低税率和零税率三档税率）。

（一）税率的基本形式

税率是一个总的概念，在实际应用中可分为两种形式：一种是按绝对量形式规定的固定征收额度，即定额税率，它适用于从量计征的税种；另一种是按相对量形式规定的征收比例，这种形式又可分为比例税率和累进税率，它适用于从价计征的税种。

1. **比例税率**

比例税率是指对同一征税对象或同一税目，不论数额大小只规定一个比例的税率，税额与课税对象成正比关系。这种税率，不因征税对象数量多少而变化。如对购销合同征收的印花税税率是0.3‰，不论纳税人的购销金额是100元，还是10 000元，税率都是0.3‰。这种税率，税额随着征税对象数量等比例增加。

在具体运用上，比例税率又可分为以下四种。

（1）产品比例税率：即一种（或一类）产品采用一个税率。我国现行的消费税、增值税等都采用这种税率形式。分类、分级、分档比例税率是产品比例税率的特殊形式，是按课税对象的性质、用途、质量、设备、生产能力等规定不同的税率。如消费税中，酒按类设计税率，卷烟按级设计税率，小汽车依照排气量分档设计税率等。

（2）行业比例税率：即对不同行业采用不同的税率。例如，我国“营改增”之前的营业税就是按行业设计税率，如交通运输业税率为3%，服务性行业税率为5%。

（3）地区差别比例税率：即对同一课税对象，按照不同地区的生产水平和收益水平，采用不同的税率。我国原来的农业税曾采用地区差别比例税率。

（4）有幅度的比例税率：即对同一课税对象，税法只规定最低税率和最高税事。在这个幅度内，各地区可以根据自己的实际情况确定适当的税率。

比例税率的基本特点是税率不随课税对象数额的变动而变动。这就便于按不同时产品设计不同的税率，有利于调整产业（产品）结构，实现资源的合理配置。同时，课税对象数额越大，纳税人相对直接负担越轻，从而在一定程度上推动经济的发展。另外，比例税率的计算也比较简便。但是，用比例税率调节收入的效果却不太理想。

如表4－1所示，两个人年收入分别为400元和50 000元，收入差距很大，要采用比例税率，达到调节收入的目的是十分困难的，因为比例税率不论征税对象数量大小，只规定一个税率。在设计税率时，第一种情况照顾到低收入的人，就调节不到高收入的人；第二种情况如果考虑到调节高收入的人，制定高税率，低收入的人又负担不了。我们只能选择第三种方案，按照征税对象数量大小，分别制定不同税率，收入越高，税率越高，这种做法，税收调节收入的作用能较好发挥，而这种税率就是累进税率。

表 4－1　　税收调节收入的效果

年收入	①考虑照顾低收入			②考虑调节高收入			③既照顾低收入又调节高收入		
	税率（%）	税额	纳税后收入	税率（%）	税额	纳税后收入	税率（%）	税额	纳税后收入
400	5	20	380	50	200	200	5	20	380
50 000	5	2 500	47 500	50	25 000	25 000	50	25 000	25 000

2. 累进税率

累进税率，是指同一课税对象，随数量的增大，征收比例也随之提高的税率，表现为将课税对象按数额大小分为若干等级，不同等级适用由低到高的不同税率，包括最低税率、最高税率和若干等级的中间税率。一般多在收益课税中使用。它可以更有效地调节纳税人的收入，正确处理税收负担的纵向公平问题。按照税率的累进依据的性质，累进税率分为"额累"和"率累"两种。额累是按课税对象数量的绝对额分级累进，如所得税一般按所得额大小分级累进。率累是按与课税对象有关的某一比率分级累进。额累和率累按累进依据的构成又可分为"全累"和"超累"，如额累分为全额累进和超额累进；率累分为全率累进和超率累进。全累是对课税对象的全部数额，都按照相应等级的累进税率征税。超累是对课税对象数额超过前级数额的部分，分别按照各自对应的累进税率计征税款。两种方式相比，全累的计算方法比较简单，但在累进分界点上税负呈跳跃式递增，不够合理。超累的计算方法复杂一些，但累进程度比较缓和，因而比较合理。

（1）全额累进税率：是以课税对象的全部数额为基础计征税款的累进税率。它有两个特点：一是对具体纳税人来说，在应税所得额确定以后，相当于按比例税率计征，计算方法简单；二是税收负担不合理。特别是在各级征税对象数额的分界处负担相差悬殊，甚至会出现增加的税额超过增加的课税对象的现象，不利于鼓励纳税人增加收入。例如，在全额累进税率下，某甲年收入 1000 元适用税率 10%，某乙年收入 1001 元适用税率 15%，那么，甲的应纳税额为 100 元（1000 × 10%），乙的应纳税额为 150.15 元（1001 元 × 15%）。通过这个例子，可以明显地看出，乙取得的收入只比甲多 1 元钱，却要比甲多纳税 50 元，税负是极不合理的。这个问题可以用超额累进来解决。

（2）超额累进税率：是分别以课税对象数额超过前级的部分为基础计算应纳税的累进税率。它有三个特点。一是计算方法比较复杂，征税对象数额越大，包括等级越多，计算步骤也越多。二是累进幅度比较缓和，税收负担较为合理。特别在征税对象级次分界点上下，只就超过部分按高一级税率计算，一般不会发生增加的税额超过增加的征税对象数额的不合理现象，有利于鼓励纳税人增产增收。三是边际税率和平均税率不一致，税收负担的透明度较差。

超额累进税率是各国普遍采用的一种税率。为解决超额累进税率计算税款复杂的问题，在实际工作中引进了“速算扣除数”这个概念，通过预先计算出的“速算扣除数”，即可直接计算应纳税额，不必再分级分段计算。采用速算扣除数计算应纳税额的公式是：

应纳税额=应税所得额×适用税率－速算扣除数

可见，“速算扣除数”是为简化计税程序而按全额累进税率计算超额累进税额时所使用的扣除数额，“速算扣除数”所反映的具体内容是按全额累进税率和超额累进税率计算的应纳税额的差额。采用“速算扣除数”方法计算的应纳税额同分级分段计算的应纳税额，其结果完全一样，但方法简便得多。通常“速算扣除数”事先计算出来后，附在税率表中，并与税率表一同颁布。

（3）超率累进税率：是指以课税对象数额的相对率为累进依据，按超累方式计算应纳税额的税率。采用超率累进税率，首先需要确定课税对象数额的相对率，如在对利润征税时以销售利润率为相对率，对工资征税时以工资增长率为相对率，然后再把课税对象的相对率从低到高划分为若干级次，分别规定不同的税率。计税时，先按各级相对率计算出应税的课税对象数额，再按对应的税率分别计算各级税款，最后汇总求出全部应纳税额。现行税制中的土地增值税即采用超率累进税率计税。

（4）超倍累进税率：是指以课税对象数额相当于计税基数的倍数为累进依据，按超累方式计算应纳税额的税率。采用超倍累进税率，首先必须确定计税基数，然后把课税对象数按相当于计税基数的倍数划分为若干级次，分别规定不同的税率，再分别计算应纳税额。计税基数可以是绝对数，也可以是相对数。是绝对数时，超倍累进税率实际上是超额累进税率，因为可以把递增倍数换算成递增额；是相对数时，超倍累进税率实际上是超率累进税率，因为可以把递增倍数换算成递增率。

3. 定额税率

定额税率又称固定税额。这种税率是根据课税对象计量单位直接规定固定的征税数额。课税对象的计量单位可以是重量、数量、面积、体积等自然单位，也可以是专门规定的复合单位。例如，现行税制中的土地使用税、耕地占用税分别以“平方米”和“亩”这些自然单位为计量单位；消费税中的汽油、柴油分别以“升”为计量单位。按定额税率征税，税额的多少只同课税对象的数量有关，同价格无关。当价格普遍上涨或下跌时，仍按固定税额的计量单位计税必然影响征纳双方的利益。定额税率适用于从量计征的税种。

定额税率的表现形式可分为单一定额税率和差别定额税率两类。在同一税种中只采用一种定额税率的，为单一定额税率；采用几个定额税率的，为差别定额税率。差别定额税又有不同表现形式。

（1）地区差别定额税率：即对同一课税对象按照不同地区分别规定不同的征税数额。该税率具有调节地区之间级差收入的作用。现行税制中的城镇土地使用税、车船税、耕地占用税，以及1994年以前的盐税等都属于这种税率。其中，耕地占用税是有幅度的地区差别税率。

（2）分类分项定额税率：即首先按某种标志把课税对象分为几类，每一类再按一定标志分为若干项，然后对每一项分别规定不同的征税数额。

定额税率的基本特点是：税率与课税对象的价值量脱离了联系，不受课税对象价值量变化的影响。它是一种适用于对价格相对稳定、质量等级和品种规格单一的大宗产品征税的税种同时对某些产品采用定额税率，有助于提高产品质量或改进包装装潢，但是，如果对价格变动频繁的产品采用定额税率，由于产品价格变动的总趋势是上升的，因此，产品的税负就会呈现累退性，从宏观上看，将无法保证国家财政收入随国民收入的增加而持续稳步地增长。

（二）税率的其他形式

1. 名义税率与实际税率

名义税率与实际税率是分析纳税人负担时常用的概念。名义税率是指税法规定的税率。实际税率是指实际负担率，即纳税人在一定时期内实际缴纳税额占其课税对象实际数额的比例。由于某些税种中计税依据与征税对象不一致，税率存在差异，减免税手段的使用以及偷漏税和错征的实际存在等原因，实际税率常常低于名义税率。这时，区分名义税率和实际税率，确定纳税人的实际负担水平和税负结构，为设计合理可行的税制提供依据是十分必要的。

2. 边际税率与平均税率

边际税率是指再增加一些收入时，增加这部分收入所纳税额同增加收入之间的比例。在这里，平均税率是相对于边际税率而言的，它是指全部税额与全部收入之比。

在比例税率条件下，边际税率等于平均税率。在累进税率条件下，边际税率往往要大于平均税率。边际税率的提高还会带动平均税率的上升。边际税率上升的幅度越大，平均税率提高就越多，调节收入的能力也就越强。但对纳税人的反激励作用也就越大。因此，通过两者的比较易于表明税率的累进程度和税负的变化情况。

3. 零税率与负税率

零税率是以零表示的税率，是免税的一种方式。表明课税对象的持有人负有纳税义务，但不需缴纳税款。通常适用于两种场合：一是在所得课税中，对所得中的免税部分规定税率为零，目的是保证所得少者的生活和生产需要；二是在商品税中，对出口商品规定税率为零，即退还出口商品的产制和流转环节已纳的商品税，使商品以不含税价格进入国际市场，增强其在国际市场上的竞争力。

负税率是指政府利用税收形式对所得额低于某一特定标准的家庭或个人予以补贴的比例。负税率主要用于负所得税的计算。所谓负所得税，指现代一些西方国家把所得税和社会福利补助制度结合的一种主张和试验。即对那些实际收入低于维持一定生活水平所需费用的家庭或个人，按一定比例付给所得税。

四、减税免税

减税免税是对某些纳税人或课税对象的鼓励或照顾措施。减税是从应征税款中减征部分税款；免税是免征全部税款。减税免税规定是为了解决按税制规定的税率征税时所不能解决的具体问题而采取的一种措施，是在一定时期内给予纳税人的一种税收优惠，同时也是税收的统一性和灵活性相结合的具体体现。正确制定并严格执行减免税规定，可以更好地贯彻国家的税收政策，发挥税收调节经济的作用。世界各国的税收法规中都有减税免税的规定，我国的税收制度也有很多减免税的规定。例如，困难性减免、鼓励性减免、投资性减免等。关于减免税的具体规定，有些是在税法、税收条例或者实施细则中规定的，有些则是后来所作的补充规定。减免税的管理权限是由税收管理体制决定的。对于国家在税收管理体制中已经做出的决定，各级政府和财税部门都必须严格执行，不得乱开减免税口子，越权减免国家税收。长期以来，在我国税收实践中，对减免税的管理总体是偏松的。越权减免问题相当严重。为严肃税法，1994 年的税制改革特别强调将减免税权限集中于国务院。例如，增值税的暂行条例中明确规定“免税、减税项目由国务院规定，任何地区、部门不得规定免税、减税项目。”

1. 减税免税可以分为三种基本形式

（1）税基式减免：即通过直接缩小计税依据的方式实现的减税免税。

具体包括起征点、免征额、项目扣除以及跨期结转等。其中起征点是征税对象达到一定数额开始征税的起点。免征额是在征税对象的全部数额中免予征税的数额。起征点与免征额同为征税与否的界限，对纳税人来说，在其收入没有达到起征点或没有超过免征额的情况下，都不征税，两者是一样的，但是，它们又有明显的区别。其一，当纳税人收入达到或超过起征点时，就其收入全额征税。而当纳税人收入超过免征额时，则只就超过的部分征税。其二，当纳税人的收入恰好达到起征点时，就要按其收入全额征税。而当纳税人收入恰好与免征额相同时，则免予征税。两者相比，享受免征额的纳税人就要比享受同额起征点的纳税人税负轻。此外，起征点只能照顾一部分纳税人，而免征税额则可以照顾适用范围内的所有纳税人。项目扣除是指在课税对象中扣除一定项目的数额，以其余额作为依据计算税额，跨期结转是将以前纳税年度的经营亏损等在本纳税年度经营利润中扣除，也等于直接缩小了税基。

（2）税率式减免：即通过直接降低税率的方式实现的减税免税。具体又包括重新确定税率、选用其他税率、零税率等形式。

（3）税额式减免：即通过直接减少应纳税额的方式实现的减税免税，具体包括全部免征、减半征收、核定减免率以及另定减征税额等。

在上述三种形式的减税免税中，税基式减免使用范围最广泛，从原则上说它适用于所有生产经营情况；税率式减免比较适合于对某个行业或某种产品这种“线”上的减免，所以流转税中运用最多；税额式减免适用范围最窄，它一般仅限于解决“点”上的个别问题，往往仅在特殊情况下使用。

2. 减税免税按照其在税法中的地位，可分为三类

（1）法定减免：凡是在各种税的基本法中规定的减税、免税都称为法定减免，它体现了该种税减免的基本原则规定。具有长期的适用性。法定减免必须在基本法规中明确列举减免税项目、减免税的范围和时间。如《中华人民共和国增值税暂行条例》明确规定：农业生产者销售的自产农业用品、避孕用品等免税。

（2）临时减免（又称“困难减免”）：是指除法定减免和特定减免以外的其他临时性减税免税，主要是为了照顾纳税人的某些特殊的暂时的困难，而临时批准的一些减税免税，它通常是定期的减免税或一次性的减免税。如纳税人遇有风、火、水等自然灾害或其他特殊原因，纳税有困难的，经税务机关批准后，可给予定期的或一次性的减税、免税照顾。

（3）特定减免：是根据社会经济情况发展变化和发挥税收调节作用的需要而规定的减税、免税。特定减免主要有两种情况：一是在税收的基本法确定以后，随着国家政治经济情况的发展变化所做的新的减免税补充规定；二是在税收基本法中，不能或不宜一一列举，而采用补充规定的减免税形式。以上两种特定减免，通常是由国务院或作为国家主管业务部门的财政部、国家税务总局、海关总署做出规定。特定减免可分为无限期的和有限的两种。大多特定减免都是有限期的，减免税到了规定的限，就应该按规定恢复征税。

国家之所以在税法中要规定减税免税，是因为各种税的税收负担是根据经济发展的一般情况和社会平均负担能力来考虑的，税率基本上是按平均销售利润率来确定的。而在实际生活中，不同的纳税人之间或同一纳税人在不同时期，由于受各种主、客观因素的影响，在负担能力上会出现一些差别，在有些情况下这些差别比较悬殊；因此，在统一税法的基础上，需要有某种与这些差别相适应的灵活的调节手段，即减税免税政策来加以补充，以解决一般规定所不能解决的问题，照顾经济生活中的某些特殊情况，从而达到调节经济和促进生产发展的目的。

五、税收附加和税收加成

减税免税是减轻税负的措施。与之相对应，税收附加和税收加成是加重纳税人负担的措施。

税收附加也称为地方附加，是地方政府按照国家规定的比例随同正税一起征收的列入地方预算外收入的一种款项。正税是指国家正式开征并纳入预算内收入的各种税收。税收附加由地方财政单独管理并按规定的范围使用，不得自行变更。例如，教育费附加只能用于发展地方教育事业。税收附加的计算方法是以正税税款为依据，按规定的附加率计算附加额。

税收加成是指根据税制规定的税率征税以后，再以应纳税额为依据加征一定成数和税额。加征 1 成相当于纳税额的 10%，加征成数一般规定在 1 成至 10 成之间。例如，我国《个人所得税法实施细则》规定：劳务报酬所得，其适用比例税率，税率为 20%。但对其中劳务报酬所得一次收入畸高的，实行加成征收。和加成相适应的还有税收加倍，即在应纳税额的基础上加征一定倍数的税款。所以，加成和加倍没有实质性区别。税收加成或加倍实际上是税率的延伸，但因这种措施只是针对个别情况，所以没有采取提高税率的办法，而是以已征税款为基础再加征一定的税款。

无论是税收附加还是税收加成，都增加了纳税人的负担，但这两种加税措施的目的是不同的。实行地方附加是为了给地方政府筹措一定的机动财力，用于发展地方建设事业；实行税收加成则是为了调节和限制某些纳税人获取的过多的收入或者是对纳税人违章行为进行的处罚措施。

六、纳税环节

纳税环节是指税法上规定的课税对象从生产到消费的流转过程中应当缴纳税款的环节。纳税环节有广义和狭义之分。广义的纳税环节指全部课税对象在再生产中的分布情况。例如，资源税分布在生产环节，商品税分布在流通环节，所得税分布在分配环节等。狭义的纳税环节是指应税商品在流转过程中应纳税的环节，具体指每一种税的纳税环节，是商品课税中的特殊概念。商品经济条件下，商品从生产到消费要经过许多环节。如工业品一般要经过产制、批发和零售环节；农产品一般要经过产制、收购、批发和零售环节。这些环节都存在商品流转额，都可以成为纳税环节。但是，为了更好地发挥税收促进经济发展，保证财政收入的作用，以及便于征收管理，国家对不同的商品课税往往确定不同的纳税环节。按照纳税环节的多少，可将税收课征制度划分为两类：一次课征制和多次课征制。

一次课征制是指同一税种在商品流转的全过程中只选择某一环节课征的制度，是纳税环节的一种具体形式。实行一次课征制，纳税环节多选择在商品流转的必经环节和税源比较集中的环节，可以既避免重复课征，又避免税款流失。多次课征制是指同一税种在商品流转全过程中选择两个或两个以上环节课征的制度。

七、纳税期限

纳税期限是纳税人向国家缴纳税款的法定期限。国家开征的每一种税都有纳税期限的规定。合理确定和严格执行纳税期限，对于保证财政收入的稳定性和及时性有重要作用。不同性质的税种以及不同情况的纳税人，其纳税期限也不相同。这主要是由以下因素决定的。（1）税种的性质。不同性质的税种，其纳税期限也不同。如流转税，据以征税的是经常发生的销售收入或营业收入，故纳税期限比较短。所得课税，据以征税的是企业利润和个人的工资、奖金等各项所得。企业利润通过年终决算才能确定，个人所得一般是按月或按次计算。因此，企业所得税是按年征收，个人所得税是按月或按次征收。（2）应纳税额的大小。同一种税，纳税人生产经营规模大，应纳税额多的，纳税期限短；反之，则纳税期限长。（3）交通条件。交通条件好，到银行缴款方便的，纳税期限短；反之，则纳税期限长。

我国现行税制的纳税期限有三种形式。（1）按期纳税。即根据纳税义务的发生时间，通过确定纳税间隔期，实行按日纳税。按期纳税的纳税间隔期分为1天、3天、5天、10天、15天、1个月和一个季度，共7种期限。纳税人的具体纳税间隔期限由主管税务机关根据情况分别核定。以1个月或一个季度为一期纳税的，自期满之日起15天内申报纳税；以其他间隔期为纳税期限的，自期满之日起5天内预缴税款，于次月一日起15天内申报纳税并结清上月税款。（2）按次纳税。即根据纳税行为的发生次数确定纳税期限。如耕地占用税以及临时经营者，均采取按次纳税的办法。（3）按年计征，分期预缴。即按规定的期限预缴税款。年度结束后汇算清缴，多退少补。这是为了对按年度计算税款的税种及时、均衡地取得财政收入而采取的一种纳税期限。分期预缴一般是按月或按季预缴。例如，企业所得税、房产税、城镇土地使用税等。

采取哪种形式的纳税期限缴纳税款，同课税对象的性质有着密切关系。一般来说，商品课税大都采取“按期纳税”形式；所得课税采取“按年计征，分期预缴”形式。无论采取哪种形式，如纳税申报期的最后一天是法定节假日，或期限内有连续3日以上法定节假日，都可以顺延。

八、违章处理

违章处理又称处罚规则，是对纳税人违反税法行为的处置。它对维护国家税法的强制性和严肃性有重要意义。纳税人违反税法的行为通常包括偷税、欠逃税、骗税、抗税等不同情节。对纳税人的违法行为，可以根据情节轻重的不同，分别采取以下方式进行处理：批评教育；强行扣款，加收滞纳金；罚款；追究刑事责任等。

第二节　税收分类

世界各国的税收制度不同，不仅税种的名称各异，而且所设立的税种数量也不同。为了进行分析、研究和比较，从纷繁复杂的税收现象中找出其中的共性，有必要对各个不同的税种取同存异，将相近的税种加以归并，这就是税收分类。税收分类的具体方法很多，依据不同的标准，主要可以做如下分类。

一、所得课税、商品课税和财产课税

以课税对象为依据，可以将税收分为所得课税、商品课税和财产课税三

类。这是世界各国常用的主要的分类方法，也是最能反映现代税制结构的分类。所得课税是指以纳税人的所得（收益或收入）为课税对象的税收，一般包括企业所得税、个人所得税等。西方国家的社会保险税、资本利得税等也划入这一税类中。商品课税包括以商品为课税对象的主要税种，如增值税、消费税、关税等。财产课税是指以各类动产和不动产为课税对象的税收，如一般财产税、遗产税、赠与税等。当然，由于各个国家税收制度千差万别，税种设计方式也不相同，因此，即使同是按课税对象对税种进行分类，结果也会不完全相同，

我国税收一般按征税对象分为五大类。（1）对流转额的征税类。包括4个税种：增值税、消费税、关税、烟叶税。这些税种是在生产、流通或服务领域，按纳税人取得的销售收入或营业收入征收的。（2）对所得额的征税类。包括2个税种：企业所得税、个人所得税。这些税种是按照纳税人取得的利润或纯收入征收的。（3）对资源的征税类。包括2个税种：资源税、土地增值税。（4）对财产的征税类。包括5个税种：房产税、车船税、城镇土地使用税、契税、船舶吨税。这些税种是对纳税人拥有或使用的财产征收的。（5）对行为的征税类。包括5个税种：城市维护建设税、印花税、车辆购置税、耕地占用税、环境保护税。这些税种是对特定行为或为达到特定目的而征收的。

二、直接税和间接税

按税负能否转嫁，可以将税收分为直接税和间接税两类。直接税是由纳税人直接负担，不易转嫁的税种，如所得税、财产税等；间接税是纳税人能将税负转嫁给他人负担的税种，主要是对商品征收的各种税，如增值税、消费税等。

直接税和间接税是当今西方各国税收中使用较多的两个基本税收术语，许多国家按照这种方法对税收进行分类。其中的各种直接税特别是所得税不仅是现在世界上许多发达国家税制中的重要税种，构成其财政收入的重要来源，更成为这些国家调节经济运行的重要工具。实践中，直接税和间接税各有优缺点，应互相配合使用。

通常情况下，直接税的纳税人与负税人是一致的，即纳税人就是负税人。直接税以归属于私人的所得和财产为课征对象，较之商品的流转税而言，有着明显的优越之处：税负较难转嫁；适于采用累进税率，根据私人所得和财产的多少决定其负担水平——这可以使税收收入富有弹性，从而对经济的波动起到一定的熨平作用；直接税中所得税的计算可以根据纳税人本人

及家庭等的生活状况设置各种扣除制度以及负所得税制度等，使私人的基本生存权利得到保障。因此，直接税有利于贯彻量能纳税原则，实现税负公平。直接税的缺陷在于：纳税人直接负担重，征收阻力大，税收损失可能性较大；征收方法较为复杂，需要较高的核算与管理水平。

与直接税不同，间接税的纳税人和负税人往往是不一致的，纳税人可以采取提高商品价格等方法把税收负担转嫁给别人的税种，在这种情况下，纳税人虽然表面上负有纳税义务，但是实际上已将税款转嫁给了他人。间接税的优点在于：征税对象普遍，税源丰富，可以有效地保证财政收入；税收负担最终由消费者负担，因而有利于节省消费，奖励储蓄；计算和征收较为简便易行。间接税的缺点在于其往往很难使量能纳税的原则得以贯彻。

三、价内税与价外税

以税收与价格的关系为区分标准，可以把税收分为价内税和价外税两类。凡是税金构成价格的组成部分的税种统称价内税，凡是税金不包括在课税对象价格之中而作为价格之外的附加的统称为价外税，如我国现行税制中的增值税采用的就是价外税模式。

价内税和价外税在作用重点、特点及计算上存在着明显的区别。对于生产经营者来说，其商品的价格由生产成本加平均利润两部分构成，这样国家以流通中商品为对象所征的税款，只能作为价格附加，成为价外税；而在计划价格（如我国的计划经济）条件下，价内税形式则可直接调节企业利润，因而成为国家调节生产引导消费，体现产业政策的主要手段。与价内税相比较，价外税的优点主要在于：价税分开，透明度高，有利于发挥价格和税收各自的独特作用，便于消费者对价格和税收进行监督，同时也便于企业根据市场情况确定价格；而价内税则是一种隐蔽的形式，不易为消费者知晓。另外，价内税与价外税计算税款应用的公式也存在着明显的区别，一般情况下，价内税采用“税款 = 含价税 × 税率”的计算公式，而价外税的计算公式则是“税款 = 含价税 ÷ (1 + 税率) × 税率 = 不含税价格 × 税率”。

四、从价税与从量税

国家征税时总是按一定标准来对课税对象予以度量的，以课税标准不同进行分类，税收可分为从价税和从量税。从价税一般以课税对象的价格为依据，按一定比例计征，如增值税、消费税等。从价税受价格变动影响明显，与征税对象的数量也紧密相关。从价税与差别比例税率配合，可以调节产品利润和产品结构；影响价格水平，以间接调节消费方向与结构，最终调节产业结构。在通货膨胀时期，从价税收入随价格上涨而增加，不会造成税收的明显损失。

从量税是以课税对象的数量（重量、面积、件数、容积等）为依据，规定固定税额计征的税种，如耕地占用税、城镇土地使用税等。从量税不受价格变动影响，但却与课税对象的量有直接关系。从量税配合以差别固定税额，可以达到调节级差收益、体现特定政策的目的，对自然资源的合理配置及特定行为的调节等具有重要意义。

五、中央税、地方税与共享税

以税收的隶属关系即管理和使用权限为标准，税收可分为中央税、地方税和共享税三类。中央税又称国税，是由一国中央政府征收管理和适用的税种，属于中央财政固定收入，一般包括维护国家权益和实施宏观调控所必需的主要税种。地方税则主要由与地方经济利益密切相关，且适宜于地方政府立法征收管理的税种组成。共享税主要是指那些与经济发展直接相关，中央政府和各级地方政府都有权分享其利益的税种。需要说明的是，在划分中央税、地方税和共享税的依据上，各国略有不同，有的国家不仅把地方税的税种收入划归地方，而且连同这些税的立法权也一起划归给地方，如美国，除了关税这类必须由中央政府统一立法征收的税种外，地方政府有权立法征收多种税；而大部分国家则仅把相应税种的收入划归地方，立法权仍由中央政府掌握。我国目前采用的基本上是后一种模式。

我国1994年的分税制改革初步确立了适应社会主义市场经济体制的现代税收制度，并按照“分税种”的方式确立了中央与地方的财权。其中，划归中央税的税种主要有关税、消费税（含海关代征的部分）、车辆购置税、中央企业所得税等；共享税包括增值税、部分企业所得税、个人所得税、城市维护建设税等；其他适合地方征收的税种则划归地方固定收入。党的十八届三中全会《中共中央关于全面深化改革若干重大问题的决定》中明确提出，“保持现有中央和地方财力格局总体稳定，结合税制改革，考虑税种属性，进一步理顺中央和地方收入划分”。《深化财税体制改革总体方案》中明确了三大任务，除了预算管理制度改革和六大税收制度改革两大任务外，最后一大任务就是调整中央和地方政府间财政关系，在保持中央和地方收入格局大体稳定的前提下，进一步理顺中央和地方收入划分，合理划分政府间事权和支出责任，促进权力和责任、办事和花钱相统一，建立事权和支出责任相适应的制度。“营改增”全覆盖后，增值税中央和地方分成比例如何调整是需要进行深入分析的，但普遍认为应适度上调地方分成比例。此外，随着“营改增”的全面推开，如何培育地方主体税种、构建地方税体系也成为一项非常重要的课题。

六、其他分类方法

按税收缴纳形式分类可分为实物税和货币税。实物税是以实物形式缴纳的税种，货币税是以货币形式缴纳的税种。税收最早是以实物形式缴纳的，随着商品货币经济的发展，货币缴纳形式的税收也出现了。在相当漫长的一个历史阶段，税收的缴纳形式是实物和货币二者兼有。近代世界各国，都已普遍实行了货币税。

按照税收用途分类，可分为一般税和目的税。一般税又称普通税，是用于国家一般经费开支，没有专门用途的税，这种税的收入由国家统一支配使用。目的税又称特别税，是具有专门用途的税，如美国的社会保险税，是专门用于社会福利救济的，我国的城市维护建设税、车辆购置税也属于目的税。

第五章　税负转嫁与税收归宿

税收负担问题直接关系到国家与纳税人以及纳税人之间的分配关系。国家向纳税人征税，不仅改变了纳税人占有和支配的社会产品总量，也会改变各个纳税人之间占有和支配的社会产品比例，由此便形成了国家同纳税人及各纳税人之间的税收分配关系，它是社会产品分配关系的重要组成部分。然而，某种税的法定缴纳者并不一定是该项税收的最终承担者，在一定条件下，它可以把自己所纳的税部分或全部地转移给别人承担，这就是税负转嫁。在现代税收理论中，税收负担及其转嫁和归宿一直是一个十分重要的理论问题。分析税负转嫁的过程及其最终归宿点，有助于我们更好地理解税收对社会经济的影响。

第一节　税收负担

税收负担简称“税负”，是指纳税人对国家征税所承受的经济负担程度或负担水平，广义上讲，是指社会各阶级、各阶层和各部门对于国家课税的负担；狭义上讲，是指纳税人依法向国家缴纳的各种税收的总额。税收负担问题既涉及国家集中财力的多少，又涉及纳税人承受能力的大小，直接关系到国家、集体、个人和地区间、部门行业间、各种经济成分间、各类纳税人之间的利益分配，体现着国家的分配政策，是制定税收政策的核心，也是确定税收制度法规的依据，更是充分发挥税收应有作用的着力点。

一、税收负担的衡量指标

税收负担通常用负担率来衡量和表示，负担率的分子为纳税人的纳税金额，分母则视考察角度不同而选用不同的数值。按照考察的角度不同，税收负担可分为：宏观税负、中观税负和微观税负。

宏观税负即全社会总税收负担。研究宏观税负，旨在解决税收在宏观方面促进国民经济和社会稳定发展中带有整体性的问题，这也是国际间税负比较的基础。

$$\text{国民生产总值税收率}=\frac{\text{税收总额}}{\text{国民生产总值}}\times 100\%$$

$$\text{国内生产总值税收率}=\frac{\text{税收总额}}{\text{国内生产总值}}\times 100\%$$

$$\text{国民收入税收率}=\frac{\text{税收总额}}{\text{国民收入}}\times 100\%$$

中观税负是指某个地区、国民经济某个部门或某个税种的税收负担。研究中观税负，对于促进地区经济繁荣、协调全国各地区经济共同进步有重要意义；对于掌握国民经济各部门的纳税能力，促进部门共同发展，合理调整产业结构，以及发挥税收体系的各税种优势效用并构成总体调控功效，也具有重要意义。

微观税负是指纳税人个体，如单个企业或居民个人的税收负担。微观税负是制定税收政策时被考虑进去的最基本的因素，研究微观税负，就是要解决宏观税负和中观税负在微观领域内的合理化问题。衡量微观税负的指标可以使用：

$$\text{企业税收负担率}=\frac{\text{各种纳税总额}}{\text{同期销售收入}}\times 100\%$$

$$\text{个人税收负担率}=\frac{\text{个人实纳的税额}}{\text{个人收入总额}}\times 100\%$$

二、影响税收负担的因素

影响税收负担（特别是影响宏观税负）的因素主要包括以下几个方面的内容。

（一）经济发展水平

一般来说，经济发展水平越高，宏观税负也越高。因为经济发展水平反映一个国家社会产品和社会财富的丰裕程度以及经济效益的高低。经济发展水平高不仅标志该国的社会产品和财富的总量较大，增加较多，而且说明技术水平和劳动生产率水平也较高，剩余产品价值率也相对较高，这就为提高宏观税负提供了可能。从目前大部分国家税负的实际情况看，经济发展水平与宏观税负之间一般呈正相关关系。

（二）国家职能的大小，或者说国家对社会资源配置的参与程度的大小

政府对社会资源支配程度高，必然体现为政府活动范围广，规模大，造成国家财政支出的增加，进而导致宏观税负的提高。例如，第二次世界大战

后，受凯恩斯主义的影响，西方国家对经济的干预增强，财政支出膨胀，税收总额也日益增长。我国是社会主义国家，政府职能要比西方国家大得多，因而从理论上讲宏观税负应该高些。我国的宏观税负在经济体制改革之前多在 30% ~40% 之间，略高于西方发达国家，改革后却明显下降。

（三）经济体制和财政体制的影响

在西方国家，一般是单一制国家的宏观税负要高于联邦制国家。在社会主义国家，高度集中体制下的宏观税负要高于分权体制下的宏观税负。

此外，经济发展目标、通货膨胀程度、是否处于战争状态等也是影响宏观税率的重要因素。

三、我国的税收负担状况

税收负担既关系到国民经济的持续、快速、协调发展，又关系到纳税人（包括企业和个人纳税人）的生产和生活。在一定经济发展水平下，整个经济体系和纳税人的税收负担能力是有一定限度的。税收负担超过其承受能力，就会损害经济的发展和人民的生活。因此，税收负担应该保持在社会经济可以承受的能力范围之内，这就要求税收制度的设计必须考虑到税收负担问题。总体而言，在确定税收负担时，应该坚持合理负担、公平税负的原则。税收合理负担意即国家与纳税人在税收分配总量上的适度，既要考虑到经济发展对财力的需求，又要考虑到社会经济的积累状况，不可杀鸡取卵；公平税负是指政府的征税行为必须做到纳税人之间的横向负担公平合理，这既是促进市场主体公平竞争的重要途径，更是实现社会公正的必然要求。从我国的税收负担总体状况来看，随着税制的不断完善，我国的税收负担正在朝着更为合理、更为公平的方向发展。但是也存在一些问题。

从我国的宏观税负来看，自改革开放至 20 世纪末，我国财政收入占国内生产总值的比重一直在低位徘徊。① 1994 年税制改革之前，我国的宏观税负呈现下降趋势；在 1994 ~1996 年间，我国财政收入占 GDP 的比重分别为 10. 73%、10. 18%、10. 32%；随后在 1997 ~2015 年间逐步上升到 22. 10% 的水平。随着我国经济的不断发展，我国的税收负担显现出逐渐上升的趋势。从其成因看，近年来我国宏观税负提高的主要原因在于经济的迅速发展、结构的不断优化以及征管效率的不断。总体来看，我国的宏观税负水平是与我国经济发展的历史阶段相适应的。

从微观税负来看，我国纳税人的税收负担分布并不均衡。从企业角度

① 由于我国的政府收入中除了税收收入之外，还包括相当数量的预算外收入和制度外收入，因此单纯用税收收入占 GDP 的比重并不能说明我国税收负担内在的实质性问题。

看，在2008年企业所得税“两法合并”之前，内资企业税负较重，而外资企业税负较轻；2008年之后，我国针对高科技等部分需要重点支持的行业实施了较为优惠的税收政策，享受优惠较多的企业税负则比较轻。从税种负担来看，流转税负担较重，而所得税负担相对较轻。总体上来看，我国的企业税收负担并不轻，这是因为在向政府缴纳的税收之外，企业还面临着各种形式的收费和摊派——这可以看作是隐性的税收。

第二节 税负转嫁

税收活动的全过程，即从税收课征到税负的最终落实，一般要经过三个环节：税收冲击、税负转嫁和税负归宿。这三个环节是一个连续的过程。所谓税收冲击，是指国家征税就会对纳税人产生的税收冲击。税收活动过程以税收冲击为起点，国家对纳税人征税，一部分国民收入从纳税人手中转移到国家手中，纳税人的利益受到税收冲击，他就会想方设法将税负转嫁出去，如果顺利的话，这一税负就会转移到别人身上。这一过程反复进行的结果，就造成了纳税人与负税人的不一致，使纳税人所纳的税款的最终负担落在负税人身上，找到了最终负担点。这就是税负归宿。研究税负的转嫁与归宿，其意义就在于通过分析税收负担的转移情况，确定税收负担的最后归宿点，从而深入分析税收对国民收入分配和社会经济发展的影响。

一、税负转嫁和税负归宿的概念

所谓税负转嫁是指纳税人在名义上缴纳税款之后，将其交纳的税款，主要以改变价格的方式，通过各种途径全部或部分地转移给他人负担的经济过程和经济现象。税负转嫁可能发生，也可能不发生，它使得最初纳税的人不一定是最终的实际承担者。从最初纳税的人到最终的负担者，税收可能经过很多次的转移。因此，德国经济学家把税负的这种转移叫“税收辗转”，税负转嫁是美国经济学家的用语。

在发生税负转嫁的情况下，纳税人不再是实际的负税人。纳税人与负税人分离，必然会产生国民收入在名义纳税人与实际负税人之间的再分配问题。即由于发生税负转嫁，一部分人的可支配收入实际上是增加了，而另一部分人的可支配收入实际上是减少了，因此税负转嫁的实质是国民收入的再分配问题。

依据转嫁的程度，税负转嫁可分为全部转嫁和部分转嫁。前者是指纳税人通过税负转移程序，把全部税收负担转移给负税人。后者是指纳税人通过税负转移程序，只把部分税收负担转移给负税人。

所谓税负归宿是指税收负担的最后承受者，即税负的最终落脚点或税负转嫁的最终结果。税负归宿有法定归宿和经济归宿之分。前者是指税法上明确规定的应纳税款的承担者。后者是指税收负担的最后承担者。税负从法定归宿过渡到经济归宿，可能不会发生转嫁，即法定归宿就是经济归宿，也可能要经过一次或多次转嫁后才能完成。税负的法定归宿始终只有一个，而经济归宿却可能不止一个。税收法定归宿与经济归宿之间的差异，说明的就是税负转嫁的程度。

每种税以及不同税种在不同的经济条件下，其转嫁的方式、转嫁的过程是不一样的。不论怎样，每项税最终总是要由一定的人来负担的。一旦最终的负税人确定了，税负转嫁过程也就完结了，税负归宿问题也就解决了。

二、税负转嫁的形式

由于市场活动的复杂性以及税收本身各税种之间的差异，税负转嫁的实现有多种形式，归纳起来，大致可分为五种：

（一）前转

前转亦称“顺转”，即纳税人将其所纳税款，通过提高商品或生产要素价格的方法，向前转移给商品或生产要素的购买者的一种形式。一般来说，前转是税负转嫁的最典型和最普通的形式，一般发生在商品和劳务的课税上。例如，在产制环节对某种消费品征税，生产厂商就可以通过提高该消费品的出厂价格，把税负转嫁给批发商，批发商再将税负转嫁给零售商，最后零售商将税负转嫁给消费者。这一过程可简单表示如下，如图 5－1 所示。

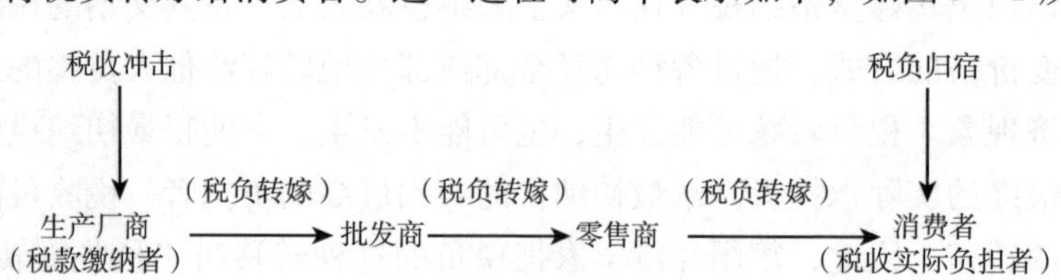

图 5－1　税负前转

（二）后转

后转亦称“逆转”，即纳税人将其所纳税款，通过压低生产要素进价或降低工资等方法，向后转移给生产要素的供给者的一种形式。在市场供求条件不允许纳税人采取提高商品或劳务价格的方法向前转嫁税收的情况下，为了减少自己的利益损失，可以向后转嫁税收负担。后转一般发生在生产要素的课税上。例如，零售商可以通过压低进货价格而将税负向后转嫁给批发商，同样批发商也可以转嫁给制造商，制造商再通过压低原材料和劳动力的价格，把税收负担转嫁给原材料和劳动力的供应者。

（三）混转

混转亦称“散转”，即纳税人对其所纳税款，一部分向前转嫁，另一部分向后转嫁，使税收负担分散给许多人负担。混转的原因主要是由于商品价格的提高无法全部消化所纳税款所致。在现实的市场活动中，税负不管是前转还是后转，其转嫁的方式和程度要取决于许多经济因素和经济条件，而且纳税人的转嫁税负的意图和行为，其结果是有时可以把税负全部转嫁出去，有时则只能转嫁部分税负。这样，对于一个纳税人面言，前转和后转可以兼而有之。例如，零售商应纳税款无法全部通过产品价格的提高转嫁给消费者，他就会将一部分税负后转给批发商，使消费者和批发商各承担一部分税负。

（四）消转

消转亦称“税收转化”，即纳税人对其所纳税款，既不向前转嫁，也不向后转嫁，而是通过改善经营管理或改进生产技术等方法，补偿纳税的损失，使纳税后的利润水平与纳税前的利润水平大体保持一致，即纳税人通过发展生产和经济效益提高自行消化税收负担。严格地说，消转是一种特殊的税负转嫁形式，因为税收负担并没有转嫁给他人，但它在分析企业的税收对策时，还是具有重要意义的。

（五）税收资本化

税收资本化亦称“资本还原”或“税收折入资本”，即生产要素购买者将所购买的生产要素未来应纳税款，通过从购入价中预先扣除的方法，向后转移给生产要素的出售者的一种形式。税收资本化主要发生在某些资本品的交易中，最突出的例子，就是对土地、有价证券交易的课税。

一般来说，土地具有两个特征：一是供给不变，二是可以长久使用。当政府对土地征税时，由于土地供给不变，土地购买者会将预期要缴纳的土地税折入资本，引起地价下降，从而将税款转嫁给土地出售者，使其承担全部税额（有关供给完全无弹性情况下的税负归宿分析，见本章第三节）。也就是说，虽然此后土地购买者按期纳税，实际上税款是由土地出售者负担的。这样，征收土地税时，地价就要下跌，地价下跌的金额为所有未来税款的现值。

再如政府对某种债券征税，假定债券面额为100元，一般的投资收益率为5%，政府的税率为1%。由于政府征税，该债券的收益率就下降到4%（5%~1%），即100元面额债券的实际收益只有4元。债券购买者要维持一般的投资收益率，势必要求压低债券的面额价格，即将面额价格从100元降至80元。债券购买者少支付20元，按一般投资收益率计算可获得收益1元，正好可以补偿所缴的税款，但这税款实际上是由债券出售者负担的，而债券购买者的实际投资收益率保持不变（4 ÷ 80 × 100% = 5%）。可见，税收资本化是将累计应缴税款做一次性的转移，实质上是税负后转的一种特殊形式。

三、税负转嫁的存在前提与实现条件

税负转嫁并不是当代社会经济中特有的现象，而是早在奴隶社会、封建社会就已存在。在实行市场经济体制的社会主义初级阶段，税负转嫁同样会存在，并有可能成为政府施政的重要工具。税负转嫁现象之所以能够在众多历史阶段出现，是因为这些历史发展阶段提供了税负转嫁存在的前提，具备了税负转嫁的实现条件。

（一）税负转嫁存在的前提

不同经济主体具有各自不同的经济利益——这是税负转嫁存在的前提之一。税收的强制性、无偿性决定了纳税人必须承担政府规定的纳税义务，没有讨价还价的余地。要尽可能减少税收导致的成本负担，以实现自身利益最大化为目标的纳税人将税收加入其产品的销售价格将其转嫁给消费者成为降低税收成本基本而便捷的途径：与偷税漏税相比，税负转嫁免去了纳税人遭受处罚的风险；与专业的税收筹划相比，税负转嫁又具有相对较低的有形成本和无形成本。但是，这都是建立在一个基本的前提之下的，即纳税人只为自身利益着想。在实行计划经济的国家，企业的产量、商品的价格等全部由政府决定，企业的利润也全部上缴，纳税人根本没有动力实施税负转嫁；而在市场经济国家，各个市场主体具有各自不同的经济利益，其生产经营都是为了实现自身利益的最大化，税负转嫁便拥有了存在的可能。

但是，只有纳税人具有不同的经济利益这一点并不足够，税负转嫁的产生还有另外一个前提：自由的价格机制。税负转嫁得以实现的主要工具就是产品的价格；如果纳税人的产品不能自由定价的话，税负转嫁便很难实现。在自由的价格机制下，纳税人或将税收加入其产品的销售价格，或压低产品或原材料的进价，或者两者兼而有之，才能成功地实现税负的转嫁。从某种程度上来讲，价格机制的自由程度决定着税负转嫁的难易。

实际上，上述两个条件正是市场经济存在的基本条件。这表明，在市场经济中，税负转嫁是一种必然现象。市场经济的各个经济主体进行生产经营活动的最终目的是为了最大限度地获取经济利益。面临着要向政府缴纳的税收，纳税人必然想方设法将税收负担转嫁给他人以尽可能降低税收成本。这种转嫁在流转税中体现最为明显。无论政府的政策意图如何，只要具备上述两个基本条件，或者说只要实行市场经济，税负的转嫁都会不可避免地发生。

作为一种在市场经济中必然发生的现象，税负转嫁可以被政府用来实施特定的经济政策，从而可以成为政府实现某种社会经济目标的工具。典型的例子是消费税，对那些对身体有害的产品（如烟酒）征收消费税，可以通过税负向消费者的转嫁而减少消费者的消费，实现提高国民身体素质的目标；对那些不利于环境保护的产品、储量有限的资源性产品（如实木地板、一次性筷子、汽油、柴油）征收消费税，通过税负转嫁、限制消费可以促进保护环境、促进经济社会可持续发展目标的实现。

（二）税负转嫁的实现条件

由于政府征税会减少纳税人的可支配收入，纳税人为使自己的经济利益不受损失或少受损失，就会想方设法通过种种途径将税负转嫁给他人负担。但纳税人要将转嫁税收的愿望变为现实，并不是一件容易的事情。因为税收能否发生转嫁，要受种种条件的制约。

根据税负转嫁的定义可以得知，税负转嫁最基本的条件是商品或要素的价格能自由变动。如果商品或要素的价格不能自由变动，纳税人虽有转嫁税收的动机，却不存在转嫁条件，税负转嫁也就不可能变为现实。在价格可以自由变动的前提下，税负转嫁的程度还要受其他诸多因素的制约，如税种的不同，供求弹性的大小，征税范围的宽窄等。

1. 商品课税较易转嫁，所得课税难以转嫁。如前所述，税负转嫁最主要的方式是变动商品的价格。因而，以商品为课税对象、与商品价格关系密切的消费税、关税等比较容易转嫁，而与商品及商品价格关系不密切或距离较远的所得课税往往难以转嫁。如对个人财产和劳务所得课征的税收一般只能降低个人的消费水平，无法转嫁出去。对各类企业课征的法人所得税尽管存在转嫁的渠道，如提高本公司产品的售价，降低或延迟增长雇员的工资或增加劳动强度，以及降低股息和红利等；但这些渠道并不畅通，或者会受到企业雇员和股东的强烈反对，或者受制于社会供求关系变化情况，都难以实现。

2. 供给弹性较大、需求弹性较小的商品或要素的课税较易转嫁，供给弹性较小、需求弹性较大的商品或要素的课税不易转嫁。一般来说，供给弹性较大的商品，生产者可灵活调整生产数量，最终使其在所期望的价格水平上销售，因而所纳税款完全可以作为价格的一个构成部分转嫁出去；而供给弹性较小的商品，生产者调整生产数量的可行性较小，从而难以控制价格水平，税负转嫁困难。同样，需求弹性较小的商品，其价格最终决定于卖方，也可以顺利地实现税负转嫁；但需求弹性较大的商品，买方可以通过调整购买数量影响价格，税负转嫁比较困难。由于多数商品的供需总会有或大或小的弹性，因而课之于商品的税收一般不会出现完全转嫁或完全不转嫁的结果，大量发生的是由买卖双方各自负担一部分比例的情况。对此将在本章第三节中做较详细的分析。

3. 课税范围较宽的商品或要素较易转嫁，课税范围较窄的商品或要素不易转嫁。因为课税范围越小，人们购买商品或劳务的替代选择余地将越大，由于税负转嫁必然引起商品价格的升高，如果另外的商品可以替代加价的商品，消费者往往会转而代之，从而使税负转嫁失效。如果一种税收课税范围很广，甚至覆盖全部同类商品，消费者无法找到价格不变的代用品时，只好承受税负转嫁的损失。

四、税负转嫁理论的形成与发展

税负转嫁理论是研究确定税收最终负担人和分析税收对国民经济及收入分配影响的理论。经济学界围绕这一问题展开的讨论最早出现于17世纪中叶的英国，当时著名学者霍布斯就曾研究过消费税的转嫁问题。但是，把税负转嫁提到一定的理论高度进行较为系统的理论研究，使之成为财政学理论体系的一个重要组成部分的，当始于18世纪法国的重农学派。在重农学派的税负转嫁理论之后，随着财政税收实践与理论的发展，在西方逐渐形成了不同的学派和观点，归纳起来，可分为绝对转嫁论和相对转嫁论。

（一）绝对转嫁论

绝对转嫁论认为一切税收都可以转嫁，或者认为只有某些税种可以转嫁，其他税种无论什么场合都不能转嫁。简言之，对任何一种税，要么全部转嫁，要么全部不转嫁。这一观点包括“纯产品说”、“纯所得说”以及“均等分布说”。

税负转嫁的纯产品说是由重农学派的经济学家倡导的。在他们看来，对地租课税之外的所有税收都可转嫁，而且最终还是落在土地的所有人身上。重农学派的代表人物魁奈从农业是惟一创造财富的生产部门出发，认为土地纯产品是唯一的税源，因此一切赋税都是由地主负担。在他看来，一切课自商品的税收，都要通过商品价格转嫁出去，一切课自工、农、商工资劳动者的税收，都要通过提高工资转嫁出去，最后，它们或者以地主高价购买商品的形式，或者通过农业资本家因增加农业工人工资而少交地租的形式，成为地租的扣除数，加在地主身上。从这种分析出发，魁奈主张实行单一的土地税，他说：“对于土地所有者，对于君主和全体国民来说，把赋税完全对土地收入直接征收，是有很大的利益的。因为所有其他的课税形式都是违反自然秩序的，都是对于再生产和赋税本身有害的，都是会在赋税之上加上赋税的”。虽然魁奈对于税负转嫁问题的认识有很片面和不科学之处，但他对税负转嫁问题首先做了较为系统的理论揭示。

税负转嫁的纯所得说是由古典学派的经济学家倡导的，在他们看来，一切租税皆来源于纯所得。纯所得包括地租、利润和工资。除地租税不转嫁之外，利润税、工资税等所有税收都转嫁，而且最终都要由地主或消费者来承担。斯密是绝对转嫁论的先驱者，他曾区别不同税种，阐述了税负转嫁与归宿问题。李嘉图发展了斯密的赋税转嫁和归宿理论。斯密认为，土地税由地主负担，工资税、利润税也全部都由地主负担，但是，李嘉图认为，地主只负担了土地税中经济地租的部分，对土地的其他课征则转嫁了。

均等分布说始于18世纪的欧洲国家，主要代表人物有意大利的沃里（Verri）、英国的曼斯菲尔德（Mansfield）等。持这种学说的人虽然都认为税收负担皆可转嫁，但有乐观者也有悲观者。乐观派的学者认为，税收负担的转嫁可分为三个层次：首先从纳税人转移至其商品的买主和卖主以及消费者，然后从此逐渐扩张于其他一切业务，最后扩张至一切方面，所有人都负一定的税，而每个人都有负税的感觉。可是，以普鲁东（Proudhon）为首的悲观派则认为，无论何种税收，都要转嫁，而且最终都要由消费者来承担。消费者阶级大多属于穷人阶级，而穷人负担税收是不公平的。

（二）相对转嫁论

相对转嫁论对税负转嫁不作绝对的结论，其认为税收是否转嫁及转嫁的程度如何，要因税种、课税商品性质、供求关系以及其他经济条件的不同而异，不能笼统论之。一种税此时可以转嫁，甚至完全转嫁出去，彼时则不能转嫁，或只能部分转嫁；目前相对转嫁理论在西方财政学界较为流行。

相对转嫁说最先由德国经济学家劳（Rau）提出。后来，随着现代经济学的创立与发展，逐渐以数学方法来分析税负转嫁与归宿。20世纪上半叶，美国财政学家塞里格曼（Seligman）在研究前人有关税负转嫁理论的基础上，利用现代经济学分析工具，概括出税负转嫁的一般规律。他认为：税负转嫁问题本来是价格问题，明确这点，就是发现课赋租税会涉及个人收入和支出怎样变化，变化到什么程度，换言之，就要研究在各种经济交易中两个当事者（买者与卖者），哪一个蒙受租税负担。为了说明税负转嫁的一般规律，塞里格曼还列举了11种情况，分析在各种情况下税负转嫁的程度和过程，提出税负转嫁分为全部转、部分转、前转、后转等各种情况。并把整个转嫁过程称作逃脱租税。

塞里格曼的税负转嫁理论对现代税负转嫁理论产生了很大的影响。现代西方财政学家一般都是把税负转嫁与市场价格形成联系在一起进行分析研究，详细考察税负转嫁对经济活动和收入分配的影响。如美国著名财政学家马斯格雷夫在《财政理论与实践》一书中指出：一种税的归宿或负担分配取决于它是怎样征收的，使用什么样的税率结构，税基是如何限定的，征税的范围有多大。所有这些决定制度上的归宿，然而这仅仅是开始。经济上的归宿最终取决于经济是如何做出反应的，这种反应取决于供给和需求的状况、市场结构和允许做出调整的时期。对一种税的调整将会引起要素和产品价格的变化，这些变化将对家庭账户的来源和使用两个方面发生影响。从而决定负担在它们之间的分配。最后的结果取决于在一般均衡体系下这些变化的相互影响。

第三节 税负转嫁与税负归宿的均衡

现代西方税收理论对税负转嫁与归宿的分析主要使用了两种方法——局部均衡分析和一般均衡分析，即先从局部均衡的角度来考察个别课税商品或生产要素的市场，然后，再转向包括其他商品和生产要素市场的一般均衡体系。

一、局部均衡分析——供求关系与税负转嫁

所谓局部均衡分析，是指在其他条件不变的情况下，分析一种商品或生产要素的供给与需求达到均衡时的价格决定。换言之，局部均衡分析是假定某种商品或生产要素的价格只取决于它本身的供求状况，不受其他商品或生产要素的价格和供求状况的影响。在局部均衡分析中，最重要的就是供求关系与税负转嫁与归宿的分析。

供求弹性与税负归宿有着密切的关系。因为税负转嫁和商品交换中的价格的升降有直接的关系，因此，税负转嫁的实现以及转嫁实现的程度，必然要受到商品价格变动的可能性条件的约束。

所谓需求弹性是指商品或生产要素的需求量（购买量）对于市场价格升降做出的反应程度，其大小用需求弹性系数来衡量：

需求弹性系数 = 需求量变动的百分比/价格变动的百分比

如果用 Ed 代表供给弹性系数，P 代表价格，ΔP 代表价格的变动量，Q 代表需求量，ΔQ 代表需求的变动量，则有：

$$\mathrm{Ed} = \frac{\Delta Q}{Q} \Big/ \frac{\Delta P}{P} = \frac{\Delta Q}{\Delta P} \times \frac{P}{Q}$$

所谓供给弹性是指商品或生产要素的供给量（生产量）对于市场价格升降做出的反应程度，其大小用供给弹性系数来衡量：

供给弹性系数＝供给量变动的百分比/价格变动的百分比

如果用 Es 代表供给弹性系数，P 代表价格，ΔP 代表价格的变动量，Q 代表需求量，ΔQ 代表需求的变动量，则有：

$$Es = \frac{\Delta Q}{Q} / \frac{\Delta P}{P} = \frac{\Delta Q}{\Delta P} \times \frac{P}{Q}$$

现在我们较为具体地考察供求弹性对税负转嫁与归宿的影响，这种影响可以区分为以下几种不同的情况：

（一）需求完全无弹性，即 Ed＝0

如图 5－2 所示，需求曲线 DD 是一条与横轴垂直的直线，这表示当某种商品或生产要素由于政府征税而提高价格时，购买者对价格的变动没有做出反应，其购买量并不因价格上升而减少。在这种情况下，纳税人会将所缴税款全部向前转嫁，由商品或生产要素的购买者负担。在图 5－2 中，税前需求曲线 DD 与供给曲线 SS 相交于 E 点，均衡价格和均衡数量分别为 P_0 和 Q_0。征税后供给曲线向上移动为 S′S′并与需求曲线在新的均衡点 E′相交，税后的均衡价格为 P_1，但均衡数量 Q_0 仍保持不变。由于供给者实际得到的价格并没有发生变化（为 P_0），而价格上升的数额，即图中 P_1 与 P_0 的差额，正好等于政府对单位商品或生产要素征税的数额。所以所征税款全部由购买者负担。

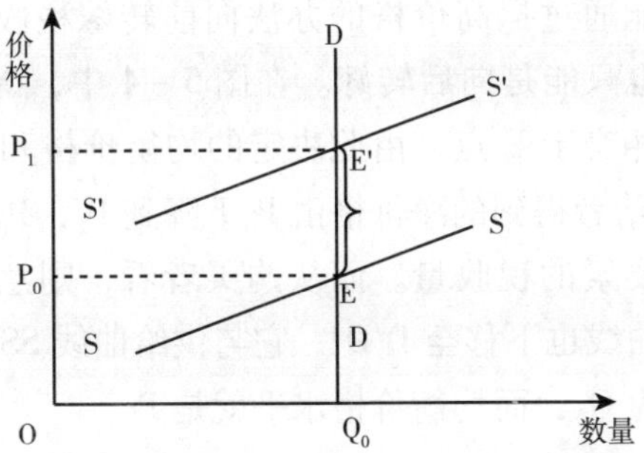

图 5－2　需求完全无弹性时的税负转嫁

（二）需求完全有弹性，即｜Ed｜→∞

如图 5－3 所示，需求曲线 DD 是一条与横轴平行的线，这表示当某种商品或生产要素由于政府征税而提高价格时，购买者对价格变动的反应极为强烈，其购买量会因价格的任何提高而减少至 0。在这种情况下，纳税人无法将税款向前转嫁由商品或生产要素的购买者承担，而只能由自己负担，或者向后转嫁税收负担。在图 5－3 中，征税前需求曲线 DD 与供给曲线 SS 相交于 E 点，由此决定的均衡价格和均衡产量分别为 P_0 和 Q_0。征税后，供给曲线向上移动为 S′S′，并与需求曲线在新的均衡点 E′相交，由此决定的税后均衡价格仍为 P_0，但税后的均衡数量却减少至 Q_1，而供给者实际得到的净价格由 P_0 下降到 P_1。P_1 与 P_0 的差额正好等于政府对单位商品或生产要素征税的数量。

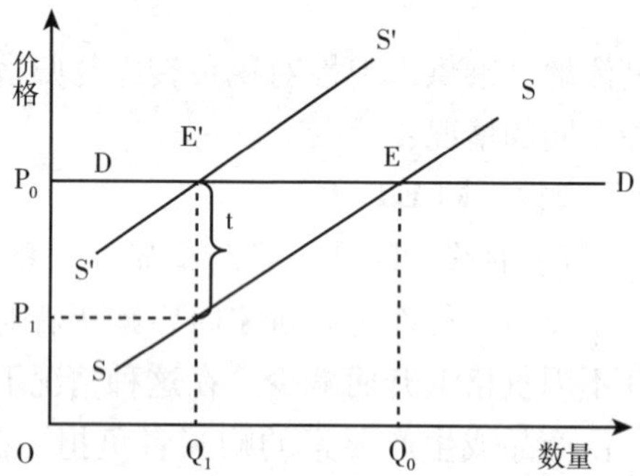

图 5－3　需求完全有弹性时的税负转嫁

（三）供给完全无弹性，即 Es＝0

如图 5－4 所示，供给曲线是一条与横轴垂直的直线，这表示商品或生产要素的供给者对价格变动没有任何反应，即供给量并不因价格变动而发生变化，不管政府征多少税，市场价格和供给量仍保持不变，因而商品或生产要素的供给者就不能通过提高价格的办法向前转嫁税收，而只能由自己负担，如果发生转嫁也只能是向后转嫁。在图 5－4 中，课税之前，供给曲线 SS 与需求曲线 DD 相交于 E 点，由此决定的均衡价格和均衡数量分别为 P_0 和 Q_0。征税后，供给者得到的净价格由 P_0 下降到 P_1，P_0 与 P_1 的差额正好等于单位商品或生产要素的税收量。而从购买者看，则意味着相对价格的下降，因而这时需求曲线也下移至 D′D′，它与供给曲线 SS 相交于点 E′，在 E 点上的均衡产量仍为 Q_0，而均衡价格水平就是 P_1。

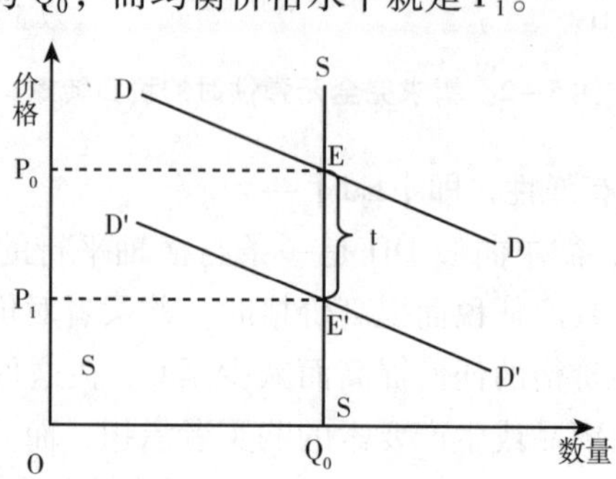

图 5－4　供给完全无弹性时的税负转嫁

（四）供给完全有弹性，即｜Es｜→∞

如图5－5所示，供给曲线SS是一条与横轴平行的线，这表示当某种商品或生产要素因政府征税而价格不能相应提高时（这意味着供给者得到的净价格下降了），供给者对价格下降所做出的反应极为强烈，供给量会因价格的任何下降而减少至0。由于供给量的急剧下降，反过来又会驱使价格上涨。在这种情况下，纳税人所缴税款可以全部向前转嫁给商品或生产要素的购买者负担。在图5－5中，税前供给曲线SS与需求曲线DD相交于E点，由此决定的均衡价格和均衡数量分别为P_0、Q_0。征税后，由于价格上升，供给曲线向上移动至S′S′，并与需求曲线相交于E′点，形成新的均衡价格P_1，供给数量也从Q_0减少到Q_1。P_1与P_0的差额正好等于单位商品或生产要素的税收量。就是说，通过涨价的方式供给方已将所缴税款全部转嫁给购买方负担。

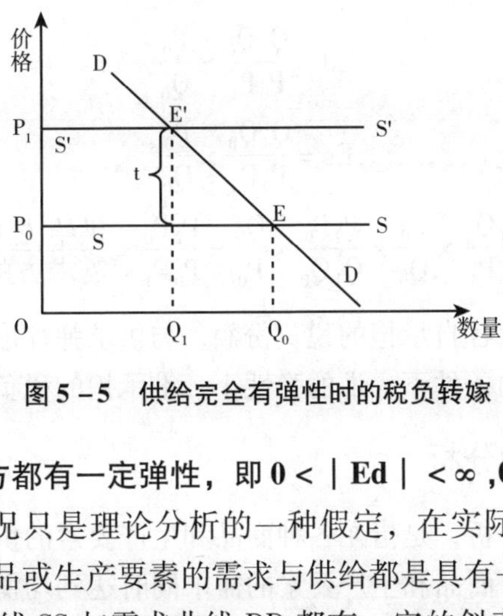

图5－5　供给完全有弹性时的税负转嫁

（五）供求双方都有一定弹性，即0＜｜Ed｜＜∞，0＜｜Es｜＜∞

上述的四种情况只是理论分析的一种假定，在实际生活中是较为少见的，一般来说，商品或生产要素的需求与供给都是具有一定的弹性的。如图5－6所示，供给曲线SS与需求曲线DD都有一定的斜率，表示供求双方都有一定的弹性。课税之前，均衡价格和均衡数量分别为P_0、Q_0。征税后，供给曲线向上平行移动至S′S′，与需求曲线相交于E′，均衡价格上升至P_1，均衡数量下降至Q_1，表明需求者和供给者对价格的变动都有一定的反应。图中P_2为税后供给者实际得到的价格。与征税前相比，购买者支付的价格由P_0上升至P_1，而供应者实际得到的价格却P_0下降至P_2，P_1与P_2的差额正好等于单位商品或生产要素的税收量。这说明政府课税之后，供求双方都有损失，税负是由供求双方分担的，P_1-P_0为需求方承担的税负，P_0-P_2为供给方承担的税负。

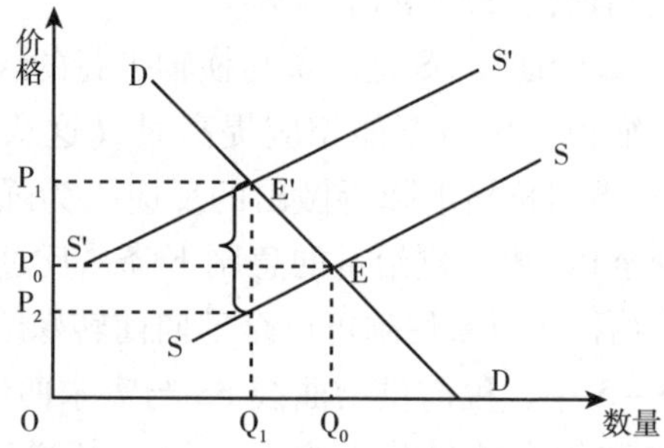

图 5-6　供求双方都有一定弹性时的税负转嫁

在这种情况下，供求双方各自应承担多少税负，取决于供求双方弹性的对比。根据图 5-6，我们可以进一步推导出税收负担在供求双方之间的分配与供求弹性的关系：

$$Ed = \frac{Q_1Q_0}{P_0P_1} \times \frac{P_0}{Q_0}$$

$$Es = \frac{Q_1Q_0}{P_2P_0} \times \frac{P_0}{Q_0}$$

$$\frac{Ed}{Es} = \frac{Q_1Q_0}{P_0P_1} \times \frac{P_0}{Q_0} \times \frac{P_2P_0}{Q_1Q_0} \times \frac{Q_0}{P_0} = \frac{P_2P_0}{P_0P_1} = \frac{\text{供给方的税负}}{\text{需求方的税负}}$$

可见，供求双方各自承担的税负份额，与供求弹性成反比关系。在供求双方都有一定弹性的条件下，谁的弹性小，谁承担的税负就越多。

二、一般均衡分析

所谓一般均衡分析，是指在各种商品和生产要素的供求、价格相互影响的情况下，分析所有商品和生产要素的需求同时达到均衡时的价格决定。换言之，一般均衡分析是假定各种商品和生产要素的供给、需求、价格都是相互作用、相互影响的。一种商品或生产要素的价格，不仅取决于其本身的供求状况，而且还受其他商品或生产要素的供求状况和价格的影响。

作为完整的税负归宿理论，上述局部均衡分析是不够的。因为它忽略了很可能在其他市场上发生的、将影响相对效用水平的许多相对价格的变化。举例来说，假定整个经济中只有食品和服装两部门，政府只对食品征税而不对服装征税。如果只作局部均衡分析，政府对食品征税，食品的消费者从支出方面负担了税收，食品的生产者从要素收入方面负担了另一部分的税收。但这种分析是不全面的。因为，市场经济下生产要素是可以自由流动的，当食品业的利润由于政府征税而下降时，食品业的生产要素会向服装业流动，而随着食品业生产要素流入服装业，会造成服装业价格的下降以及服装业收益率的下降。因此，要全面了解对食品课税的转嫁与归宿，既要考察食品市场，又要考察服装市场，这正是一般均衡分析的任务。

在将税收转嫁与归宿问题的局部均衡分析扩展到一般均衡分析时，西方税收学界设计了一个一般均衡分析模型（此模型首先由美国经济学家 A. C. Harberger 提出）。由于一般均衡分析涉及的范围很大，为了分析的方便，模型作了这样的理论假定：整个经济体系中只有两个市场，即食品市场和服装市场；只有两种生产要素，即资本和劳动力；家庭部门没有任何储蓄，收入 = 消费。同时还假定模型只涉及四种税：只对某一生产部门要素收入的课税；对两个生产部门要素收入的课税；对某种商品消费的课税；综合所得税。根据这些假定建立的模型如表 5 - 1 所示。

表 5 - 1　　一般均衡分析模型

tKF	+	tLF	=	tF
+		+		+
tKM	+	tLM	=	tM
tK	+	tL	=	tT

模型中的各符号的含义是：

F——食品业；

M——服装业；

K——资本；

L——劳动力；

tKF——以食品业的资本收入为课征对象的税；

tLF——以食品业劳动者工资收入为课征对象的税；

tF——以食品业的流转额为课征对象的税；

tKM——以服装业的资本收入为课征对象的税；

tLM——以服装业劳动者工资收入为课征对象的税；

tM——以服装业的流转额为课征对象的税；

tK——以食品和服装两个部门的资本收入为课征对象的税；

tL——以食品和服装两个部门劳动者的工资收入为课征对象的税；

tT——综合所得税。

模型向我们揭示了各种税种之间相互作用、相互影响的情况，实际上也就是揭示了整个经济体系中所有税收的归宿情况。模型采用的方法是将其中两种税种相结合，使其产生的效应与另一种税的效应相同。下面我们较为详细地介绍该模型的内容。

在模型的右边一列，如果政府同时对食品业和服装业的流转额课税，且使用相同的税率，结果是这两种税的共同效应与政府征收综合所得税是一样的。因为如果对消费者的各类支出分别按相同的税率 T_1 征税，就等于对消费者的全部收入按 T_1 这一税率课征综合所得税。

模型的左边一列，政府同时对食品业和服装业的资本收入征税，且税率均为 T_2，其效应与政府对所有经济部门的资本收入按 T_2 的税率征收所得税是一样的。

模型的中间一列，政府同时对食品业和服装业劳动者的工资收入均按 T_3 的税率征税，其效应与政府对社会全部劳动者工资收入按 T_3 的税率征收所得税一样。

同样的道理，模型的最后一行，如果政府对所有的资本收入和劳动者的工资收入按 T_4 的税率征税，这两种税的共同效应与政府按照 T_4 的税率征收综合所得税的效应是一样的。因为对各种来源的收入按 T_4 的税率征收分类所得税，与将各种来源的收入加总，按 T_4 的税率征收综合所得税，没有什么差异。

模型的最上一行，政府同时对食品业的资本收入和劳动者工资收入按相同税率征税，其效应与政府对食品业的流转额征税相同；模型的中间一行，政府同时对服装业的资本收入和劳动者工资收入按相同的税率征税，其效应也与政府对服装业的流转额征税相同。

西方税收学界认为，只要按此方法找出各税种的相互关系，便可通过对少数几种税转嫁与归宿的分析，把握经济中所有税收负担的分配。这一分析由于本书篇幅所限，在此不再作详细的论述。

第六章　税制结构

税制结构是一定社会制度、经济结构、经济体制下，国家基于发挥税收作用、运用税收分配形式的产物，在国家整个税收制度建设、改革和完善中，处于关键地位。不同的税制结构，作为税制调节体系的一个整体构成，它的作用方向、范围及其深度是不同的，对税收在一定经济条件下作用的实际发挥具有重大的制约力量。税制结构是否合理是税收制度是否健全、完善，以及税收作用能否充分发挥的前提。

第一节　税制结构概述

一、税制结构的含义

税制结构是一个国家根据其生产力发展水平、社会经济结构、经济运行机制、税收征管水平等，合理设置各个税类、税种和税制要素等而形成的相互协调、相互补充的体系和布局。一般地说，税制结构包括以下几个方面和层次的内容。

（一）各个税类组合、协调关系的构成

即一个国家的税制体系，由哪些税类构成，以哪个或哪几个税类为主，哪些税类为辅，以及它们的组合和协调关系。按照不同的标准，主要有以下几种税类划分方法。第一种是以课税对象为标准划分的流转税类、所得税类、财产税类、资源税类、行为税类等。第二种是以税收负担是否能够转嫁为标准划分的向个人和公司征收的直接税类和向商品、服务征收的间接税类。第三种是以管理、使用权限为标准划分的中央税类、地方税类以及属于两者之间的分享税类。

（二）同一税类中各个税种间的主体、辅助关系及其各项组合

在以上各税类中，都可按其属性划分若干具体的税种，构成它的主体、辅助协调体系。譬如在流转税类体系下，依据具体课税对象的不同，划分成增值税、消费税等若干税种；所得税类划分成企业所得税、个人所得税等若

干税种，并据以构成它们各自的协调体系。同样，在中央税类、地方税类下，也各依其不同情况划分成若干税种，并构成它的协调体系。

（三）税制要素组合关系的系统构成

即税制中纳税人、课税对象、税率等基本要素相互间及其各自内部协调关系的具体构成。这也可分为两个层次：第一层次是国家整个税制体系的各基本税制要素相互间及其各自内部间的系统构成；第二层次是在一个税种内部各税制要素相互间及其各自内部间的系统构成。

（四）征收管理层次和地区、部门间税制结合、协调关系的构成

主要包括中央和地方各级税类、税种组合、协调关系的体系构成；地区间、部门间税类、税种组合、协调关系的体系构成。

以上几个方面都属税制结构的内容，它们是紧密联系、相互交叉、相互协调的一个整体系统。

二、税制结构的分类

对税制结构进行分类研究，有助于把握税制结构发展变化的一般规律，了解不同结构税制的主要特点及其效应。税制结构一般可以分为以下几类。

（一）以各税收职能在税制结构中的地位，可分为财政型税制结构、经济调节主导型税制结构和财政、经济职能并重的税制结构

财政型税制结构，指各类税种的配置以取得财政收入为主要目的，如封建国家以敛财为主要目的的财产税、土地税以及财政关税等。经济调节型税制结构的基本功能是体现国家政策。这种税制结构固然在理论上有着某些优越性，但在税收的财政职能尚未被其他更为理想的分配形式取代之前，难以付诸实践。财政、经济职能并重的税制结构现已为大多数国家所采用，但在不同领域、不同时期有所侧重。

（二）以税收管理的权限不同，可分为中央税制结构和地方税制结构

中央税制结构，主要指中央税制内不同税种之间相互关系的总体形式，它可分为中央主体税、中央辅助税之间的关系以及主体税种之间的结合形式。地方税制结构的核心亦涉及上述关键问题。

（三）以税制结构中的税种数量为标准，可将税制结构分为单一税制结构和复合税制结构

1. 单一税制结构，即一个国家在一定时期内，只就一种征税对象设置单一税种的税制模式。在税制发展史上，单一税制结构只是一种关于税制理论的学说，古今中外任何国家都未实际推行过。法国重农学派首倡土地单一税制，以后随着生产力的发展、政治经济条件的变化，经济学家们又提出过消费单一税制、所得单一税制、资本单一税制等主张。

2. 复合税制结构，即国家在一定时期内实行的以多种征税对象为基础而设置的若干税种组成的有主有次、互相配合、相辅相成、结构严密的税制模式。复合税制结构是当前世界各国普遍采用的税制模式。

三、税制结构的影响因素

（一）生产力发展水平及其经济结构

在自给自足、自然经济为主的奴隶社会和封建社会，农业是国民经济的唯一部门或主要部门，主体税必然只能是以土地和人丁作为课税对象的田赋和口赋等最简单、最古老的直接税。在商品经济条件下的资本主义社会，随着工业和商业的迅速发展，形成了以工商经济为主体的经济结构，而农业生产也具有了商品经济特征。在这种以工商经济为主体的商品经济条件下，主要以商品销售和经营服务收入作为课税对象征收流转税，由此形成了以间接税为主体的税制结构。在现代资本主义社会，随着国民经济的高速发展，国家在经济和社会事务中的职能和作用得到加强，财政支出增加，要求相应增加财政收入；所得税由于在财政上具有收入弹性，在经济上对企业和个人的经济活动和经济行为较少干预，在政策上能满足经济稳定和公平分配的政策目标，因此得到了较为迅速的发展，由此形成了以现代直接税即所得税为主体的税制结构。

（二）所有制结构

所有制结构对税制结构的制约首先表现在不同社会的税制结构上。资本主义社会，生产资料私人所有决定了企业利润分配结果相当部分要以红利形式分配给个人，这就为个人所得税成为主体税种提供了经济前提。社会主义社会以公有制经济为主体，个人不拥有或很少拥有生产资料，个人只取得工资收入，没有或很少有资本收入。在这种情况下，政府税收主要来自企业，很少来自个人，因此企业成为主要税收来源，并采用流转税形式。

所有制结构对税制结构的影响还表现在同一社会形态内部。新中国成立初期我国所有制结构的特点是多种经济成分同时并存，特别是资本主义工商业还大量存在。为适应这种情况，税制结构采取“多种税、多次征”的办法。这不仅有利于从生产、流通的各个环节上集中税收收入，而且也有利于从多方面对资本主义工商业的经济活动进行有效监督，贯彻国家对资本主义工商业的利用、限制、改造的政策。而当资本主义工商业改造基本完成后，原来的“多种税、多次征”的办法就明显地与新的经济结构不相适应。因此，随着我国所有制结构的几次变化，税制结构几次较大调整和改革也是必然的。

（三）经济运行机制

经济运行机制可分为计划经济和市场经济。在计划经济条件下，国家对国民经济调控单纯依靠直接的计划手段，国民经济发展大到全国，小到一个企业，无不在国家的直接计划控制之下。这种经济运行机制使税收没有调节经济的必要，税制结构过于简化。而在市场经济条件下，税收不仅要成为国家组织财政收入的主要手段，同时还要成为调节经济的杠杆，那种过分简化的税制结构就不能适应这一要求，而必须代之以多渠道征收、多环节调节的税制结构。

（四）税收政策目标

税制结构同税收政策也有一定联系。如果我们把税收政策目标定为效率、公平和稳定，不同的政策目标选择，及其政策目标的不同排列顺序对税制结构可能带来不同影响。从税收的效率目标考虑，选择流转税还是所得税并没有什么大的差异，主要在于税制的设计方式。如选择流转税为主体，对全部商品征税，其中大部分商品按统一比例对增值额征税，少数需要调节的商品按差别比例征税；或者选择所得税为主体，对大部分商品不征税，仅对少数需要调节的商品按差别比例征税，对资源配置的效果是相近的，差别只是税收收入更多的来源于流转税还是所得税。从税收的公平目标考虑，虽然差别流转税和累进所得税都能起到公平分配的调节效果，但累进所得税对公平分配的调节功能比差别流转税要大。从税收的稳定目标考虑，所得税由于累进税率而形成的弹性税制比流转税由于比例税率而形成的刚性税制，对宏观经济稳定具有更大的调节作用。

（五）税收征管水平

不同税种其征收管理的难易程度是不同的，一般来说，流转税计算方便，征收较易；而所得税则较复杂，对征纳双方人员的业务素质有较高的要求。

四、税制结构中的主体税问题

当前世界各国普遍采用复合税制结构，在复合税制的多种税中，存在主体税种与辅助税种之分。一种税能否成为主体税种，是由这种税的聚财功能和调控功能综合决定的。主体税种不仅在税收总收入中占有相当比重，而且具有较强的调控功能，否则就是辅助税种。

当今世界各国在主体税的选择上主要有三种情况：一是以所得税为主体税种，为多数发达国家所采用；二是以流转税为主体税种，为多数发展中国家所采用；三是以所得税和流转税为并重税种，为一部分发达国家和发展中国家所采用。

以所得税为主体的税制结构，强调所得税在宏观经济调节和收入分配方面的作用，淡化流转税在财政收入和调节产品供求结构方面的作用。以所得税为主体的税制结构，其收入具有弹性，有利于公平收入分配和促进经济稳定，但是，在我国可预见的经济发展水平下，也存在收入稳定性差、征收管理复杂、难以制约等缺点。

以流转税为主体的税制结构，强调流转税在财政收入和调节产品供求结构方面的作用，而淡化所得税在收入分配和调节供求总量方面的作用。虽然以流转税为主体的税制结构具有征收面广泛、税源稳定、收入及时可靠、计算简便易行，能够弥补市场对资源配置的缺陷等优点，但流转税也存在收入缺乏弹性，难以发挥税收在促进公平收入分配、促进经济稳定方面的作用。

双主体税制结构可以发挥两类主体税的综合优势，互补各自的缺陷。在财政收入上充分利用流转税的刚性收入特点和所得税的弹性收入特点实现互补；在调节经济方面，能够同时发挥流转税对弥补市场资源配置以及所得税在促进经济稳定方面的调节作用；在公平收入分配方面，能够同时运用所得税累进税率的基础调节以及流转税差别比例税率的补充调节作用。因此，在我国社会主义市场经济中，应选择双主体税制结构，以适应社会主义市场经济改革和发展对税制结构目标的要求。

五、税制结构中的辅助税问题

在复合税制结构中既然有主体税，必然就有辅助税。实践证明，单纯靠一两种税是不可能保证税收职能作用的充分发挥的。因而设立什么样的辅助税使之与主体税配套，对于税收职能的发挥有重要意义。

(一) 财产税是我国税制结构的重要组成部分

在我国分税制财政体制下，作为地方收入的主要来源，财产税的作用不可忽视。特别是“营改增”之后，营业税被取消，地方政府的收入减少，财产税便开始在地方财政中发挥越来越重要的作用。从财产税的发展前景看，新的房地产税的开征、遗产税的开征都将成为我国构建地方税体系、完善税制结构的主要改革内容。特别是房地产税的开征，除了弥补地方财政收入外，还可以在推动房地产市场和经济的健康发展、调节居民收入分配等方面发挥一定作用。

(二) 行为税是我国税制结构中主体税的重要补充

不同的行为税有不同的课税目的、不同的课税对象，因而行为税包含的范围较广，内容较杂。行为税可以因时因地积聚资金，从某一定时期和一定地区来看，可能有相当数量的纳税人和课税对象，能够成为当地财政收入的主要来源。行为税具有较强的目的性，人们在经济活动和社会活动中，既有积极的、应该鼓励的行为，也有消极的、应该限制的行为，还有违法的、应该制裁的行为。对于这些行为可以采用经济手段、行政手段、法律手段分别给以应得的鼓励、限制或打击。对于那些消极的、但还没有构成违法的行为，课以行为税，"寓禁于征"，也不失为运用经济手段加以限制的好方法。

（三）资源税作为一种辅助税有着广阔的发展前景

国家对资源征税，目的主要是运用税收经济杠杆的调节作用，将由于资源自然条件优劣而形成的级差收入尽可能地集中到国家手中来，缓解由于客观条件的影响而形成的资源开发者收入悬殊的矛盾，使它们的利润水平能够比较准确地反映其主观努力状况，从而有利于搞活经济，开展公平竞争。我国的自然资源虽然比较丰富，但是人均资源较少，对资源征税，保护国家资源，促进资源的合理开发和利用，具有特殊的意义。

第二节　税制结构的国际比较

一、税制结构的演变

从世界各国税制结构的发展规律来看，世界上最先出现的是以原始而古老的直接税为主体的税制结构，这些税按外部标志直接课征，简单粗糙，收入少，无弹性。商品经济发展起来以后，各国先后利用商品市场日益发展的条件，大力推行间接税制，广泛实行商品课税，以代替一些简单的直接税，由于对商品课征的间接税不利于商品经济的自由发展，19 世纪以来，一些国家由间接税体系改革为现代的直接税——所得税体系，另一些国家继续保留间接税和直接税并重的税制结构。目前，综观世界上税制结构的模式，以所得税为主体的模式为一些经济发达的资本主义国家所采用，如美国、英国、日本等；以商品税为主体的模式为大多数发展中国家以及法国等发达国家所采用。近年来，世界上一些国家的税制模式发生了较大的变化，一些以所得税为主体税系的国家纷纷削减所得税的比重，并在降低所得税的同时，为了平衡国家预算，又从扩大流转税上找出路。而在这些国家消减所得税的同时，一些以流转税为主体的国家也纷纷削减了流转税的比重。上述各国税制体系演进情况如图 6－1 所示。

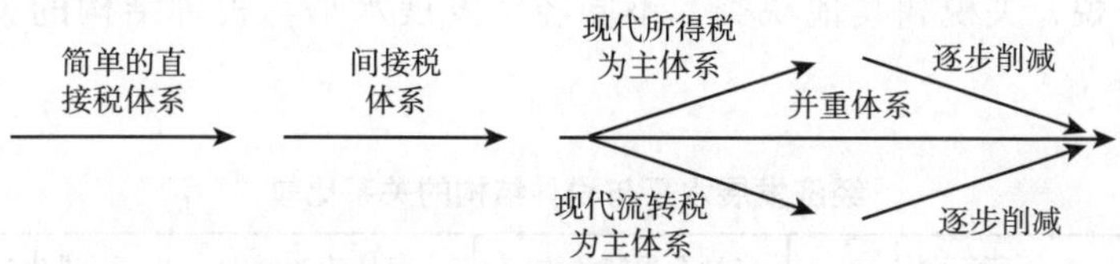

图 6－1 各国税制结构演进

世界各国税制结构发展变化的情况是值得我们思考的。从现代社会纷繁异呈的税收体系来看，税制体系的建立更大程度上依赖于各国的国情，尤其是生产力发展水平。

二、经济发展水平对税制结构的影响

在 20 世纪，世界各国的税制结构经历了巨大的变化。发达国家基本完成了由间接税向直接税的转换，个人所得税成为最主要的税种；在不发达国家，间接税则取代了传统的直接税成为主体税种。不同经济发展水平与税制结构的关系如表 6－1 所示。

表 6－1 经济发展水平与税制结构的关系比较 单位:%

人均 GDP（美元）	本类国家平均税负	中央税中间接税平均比例	中央税中直接税平均比例	说明
0～695	21.3	67.6	32.4	以间接税为主
696～2 785	16.7	53.0		开始过渡
2 786～8 625	27.8	49.1	50.9	实施过渡
8 626 以上	42.4	33.5	66.5	以直接税为主

从表 6－1 可以看出，不同经济发展水平的国家，税制结构有很大差别。其中，发展中国家主要以间接税为主，发达国家大多以直接税为主。其原因在于：流转税的直接调控作用较为明显，对生产方向、结构的调控作用大于所得税类，能够体现促进竞争、保持公平的目的，且相比之下征收效率较高。所以，在财政要求强烈的发展中国家和经济不发达、落后的国家多以间接税为主体税种。直接税具有的横向公平的优点大于间接税，但考虑征收成本和税基的宽窄问题，一般只在发达国家才以直接税为主体税种，发展中国家、经济落后的国家很少选择以直接税为主。随着经济的发展、收入的增加，以间接税为主的国家其税制会逐渐向以直接税为主的税制过渡，间接税在中央税中所占比重下降的过程通常也是直接税所占比重上升的过程。

当前，世界各国税种主要分为六类：所得税、社会保障税、财产税、商品和劳务税、关税和其他税类，不同经济发展水平与税种结构的关系如表6－2所示。

表6－2　经济发展水平与税种结构的关系比较　单位：%

人均 GDP（美元）	所得税占		社会保障税占		商品劳务税占		进出口税占	
	税收总额	GDP	税收总额	GDP	税收总额	GDP	税收总额	GDP
0～695	24.7	35.2	0.8	0.11	41.1	5.86	30.0	4.28
696～2 785	27.4	5.22	8.9	5.64	31.8	6.00	22.7	4.28
2 786～8 625	38.5	9.23	14.6	3.50	30.5	7.31	14.0	3.36
8 626 以上	38.2	12.18	24.5	7.81	30.9	9.58	1.5	0.48
平均	32.3	7.19	12.2	2.72	33.6	7.48	17.1	3.80

从表6－2可以看出，经济发展水平较高的工业化国家，大多数实行以所得税为主体的税制结构；经济欠发达国家则主要采用商品劳务税为主体的税制结构。同时还可以看出，随着一国经济增长和人均收入水平提高，所得税的比重是逐步提高的，商品劳务税的比重是不断降低的。

三、我国的税制结构

自中华人民共和国成立到利改税以前的30年间里，我国以对商品课征的税种作为主体税种，1950～1978年税收总收入约占财政总收入的50%，而在税收总收入中，属于对商品课征的税种的收入就占71%以上。利改税改革实行以后，我国开征了国营企业所得税，并相继设置了集体企业所得税、城乡个体工商业所得税，还设立了涉外所得税。1994年税制改革时又进一步规范了所得税。这样，我国的所得税体系就初步形成了，并且成为我国税制结构中的主体税种，我国的税制结构从此以流转税为主体转变为以流转税和所得税并重为双主体——总体来看，我国现行税制结构是以流转税和所得税并重为双主体、其他税种配合发挥作用的税制体系。

1. 流转税是我国现行税制中的主体税种之一。作为流转税制两大支柱的消费税、增值税，占税收总收入的50%以上，它们对于保证国家财政收入可靠、及时、稳定地获得具有重要的作用。流转税可以通过税目、税率设计，从经济利益上引导生产和消费，因此，流转税在调节经济方面有着独特的作用。

2. 所得税也是我国现行税制中的主体税种。所得税占税收总收入的30%左右。我国所得税体系是随着征收国营企业所得税以及涉外所得税而建立起来的。所得税体系的建立开创了我国税制改革的新局面。它为贯彻对内搞活、对外开放政策发挥了积极的作用，有利于以法律形式处理国家与企业的分配关系，使国营企业成为真正的商品生产者，充满生机和活力；有利于体现公平税负的原则，调节各种经济成分的收入水平；有利于通过税收政策，维护国家权益，吸引外资。

3. 其他辅助税种包括特定行为税、资源税和财产税。这些税种的收入不大，但是这些税种在整个税制体系中的辅助作用还是很重要的，特别是一些特定行为类的税种，是国家为了达到某一目的而设置的税种，可以直接体现国家的政策，实现国家的宏观控制，这些税种在发挥调节积累和消费的比例关系、指导社会消费、调节财力、物力和人力的流向方面都有较为突出的作用。

经济发展水平是制约税制结构根本因素，经济结构决定税源结构，从而决定税制结构。随着我国社会主义市场经济的不断发展，尤其是进入21世纪以来，我国的经济发展突飞猛进，取得了举世瞩目的成就。在这样的背景下，我国的所得税税基不断扩大，税收收入也不断增长，这就为我国流转税和所得税并重的双主体税制结构的成熟和完善奠定了坚实的物质基础。总的来说，我国税制结构的完善与发展应与经济的发展相辅相成，在改造、完善间接税征收制度的同时，发挥所得税作为主体税种应有的作用。

第三节 税制结构的优化

一、税制结构优化的效应

一国税制结构的优化受到经济、政治、社会等方面因素的制约，而优化的税制结构又会反作用于经济、政治、社会，促进经济、政治稳定和社会进步。其效应主要反映在以下几个方面。

（一）可以保证社会资源在公共物品和私人物品之间的最优分配

私人物品是指在所有权上具有排他性，在消费上具有竞争性的物品，与此相反，具有非排他性和非竞争性的物品则是公共物品。私人物品可以由市场通过价格机制进行配置，而公共物品则通过国家财政机制进行配置，国家一方面收取税收，另一方面提供公共物品。税收数量多，提供的公共物品数量增加，而私人收入减少、私人物品数量减少；反之，税收数量少，提供的公共物品数量少，而私人收入增加、私人物品增多。因此从某种意义上说，征税实际上是将全部收入在公共物品和私人物品之间进行分配。对一定的社会经济情况而言，其公共物品的数量应是一定的，因而所需的税收量也是一定的，在优化的税制结构中，通过各种税的有机结合，可以提供适当数量的税收，既能满足社会对公共物品的需要，又不会因征税而损伤经济，同时还具有足够的弹性，使税收数量随经济状况的改变而发生相应变化。

（二）可以实现政府的多重社会经济目标

政府可以通过税收的“相机抉择”和“自动稳定器”的作用调节社会总供给与总需求，使之保持平衡。

相机抉择即根据总供需的实际情况相机调整税收制度，如总供给大于总需求时则减税，使企业和个人的收入增加，从而增加需求量。但税收制度的变更需经过一系列的立法程序，不可避免地产生政策时滞，影响相机抉择效果的发挥；税制的改变还需付出一定代价，如税制改变的研究成本、立法成本、税务人员和纳税人对新税制的适应成本，以及新税制可能带来的经济社会动荡的风险成本等。因此，相机抉择并非总量平衡的首选调节方式。

自动稳定器即税收相对于经济增长具有较高的弹性，当经济增长时，税收以更快的速度增长，因而相对减少企业和个人的收入，降低需求，抑制经济过热；而当经济负增长时，税收减少的幅度更大，以减缓企业和个人收入水平的降低，使总需求不至于过度下滑，从而带动总供给，促进经济复苏。在优化的税制结构下，配置得当，弹性较高的税种（往往是累进税率的所得税）占有相当的比重，使整个税收制度具有较高的弹性，有利于税收自动稳定器作用的发挥。

优化的税制结构体现了政府的产业政策，对不同的产业采取不同的税收政策，引导资金的流向，使其更多地注入符合政府发展意图的产业；通过税种的合理设置，可以改变市场形成的收入分配及个人财富格局，达到社会公平的目的；可以通过适当的税种构成，对某些欲限制的行为如占用有限的耕地、造成环境污染等征收相应的税收，使行为的实施者支付更多的费用，从而达到限制此类行为的目的。

（三）避免过度调节，最大限度地保证市场在资源配置方面的优先作用

税收具有多重调节功能，但税收并不是万能的。政府调节的范围是有界限的，只有在市场失灵、同时政府进行调解的成本小于收益时，政府才应当对该领域进行调节。政府的调节工具不止税收一种，财政支出、货币政策也是常用的调节手段，这些调节手段各有所长，税收的调节范围应该是政府调节范围中适于税收调节的部分。优化的税制结构，在选择和配置税种时，会将调节和中性有机结合，同时对调节范围进行合理选择，一方面使税收高效率地发挥其应有的调节作用，同时也避免因过度调节而扭曲市场对资源的配置。

二、税制结构优化的实现

税制结构的优化对于一国的经济社会发展有着极其重要的作用。税制结构优化的实现问题实质在于直接税与间接税何者最优的问题。在关于一国的税制结构到底是以直接税为主还是以间接税为主的诸多论述中，大致存在三种观点。

（一）主张以直接税作为一国主体税种

该观点主要基于所得税是一种先进的税种，具有其他税种不具备的公平、合理的特点。（1）对社会所有成员征收，具有普遍性，能够树立公民自觉纳税的意识；（2）按照负担能力征收，高收入者适用高税率，低收入者适用低税率，体现了公正和公平原则，负担较为合理；（3）纳税多少与商品价格没有直接联系，不会给市场经济的发展带来障碍，适应现代市场经济的发展；（4）其所采用的累进制具有的“内在稳定器”功能，不仅有利于调节个人之间分配不公的问题，而且有利于发挥税收的宏观调节作用；（5）由于直接税中的个人所得税、社会保障税（其中大部分）直接由纳税人个人负担，涉及公众个人的利益，所以公众关注的程度较高，财政支出受到公众监督的力度更大，可以保证财政支出更加合理、有效；（6）由于直接税中的主要税种所得税、社会保障税一般是按月、季、年度缴纳（世界上许多国家都是年终汇算清缴），所以从纳税时间上看，对纳税人递延纳税有利，客观上起到了涵养税源的作用。相比而言，间接税改变商品价值的对比关系，损害和阻碍国内或国家间的自由竞争和交换，不利于自由贸易的进行。同时，间接税不考虑纳税人的负担能力，具有累进税的性质，不够公平。

（二）主张以间接税为主要税制结构

该观点认为，尽管所得税与商品税相比，具有上述所列的种种优点，但以所得税为主的税制结构并不是无条件地适用于所有国家，特别是不适用于大多数发展中国家。因为以所得税为主体税种的税制结构只有建立在经济的高度商品化、货币化、社会化的基础之上才行。同时，作为间接税主体税种的商品税同所得税相比有许多优势。（1）有宽广的税基，有利于保证财政收入的增长，并且保证财政收入及时稳定。（2）商品税比所得税易于课征，征收手续相对简便，征收费用相对节省。（3）由于间接税可以转嫁，使纳税人不会感到负担沉重，不至于直接伤害投资积极性，同时，由于一般间接税都隐含在价格中，减少了政府与纳税人的摩擦。（4）课征间接税的时间和方式方便纳税人。一是间接税纳税时间一般是在纳税人购买货物付款的同时缴纳，纳税时间可以由纳税人通过选择购物时间来自由决定。二是间接税如货物税给纳税人带来的负担相对较轻，特别是对收入相对较低的纳税人来说可以通过选择购买商品的品种和时间，达到少缴税款、规避高额税收或递延税款的目的。（5）有利于征收管理，有效防止偷逃税款的发生。由于直接税主要对人征税，纳税人与负税人具有一致性，对纳税人偷漏税诱惑力更大，所以偷漏税现象较为严重，而且，缴纳税款需要纳税人的自觉合作，无疑增加了税收征收管理的难度；而纳税人购买商品时就必须缴纳间接税，则可以有效防止偷逃税款的行为发生，从而减少征收管理的难度。

（三）直接税与间接税并重

该观点认为只有直接税和间接税在税制结构上的相互补充，才能充分发挥直接税中的所得税在调节收入、调节贫富差距方面的作用，也才能充分发挥间接税在资源配置效率方面的作用，以更好地促进经济的协调发展。

三、我国现行税制结构的缺陷

我国的税收制度经历了一个建立和不断发展的过程，从中华人民共和国成立之初国民经济恢复时期和生产资料私有制的社会主义改造时期，到开始全面建设社会主义时期；从改革开放开始进入社会主义建设新时期，再到向社会主义市场经济的转轨时期，我国的税制结构几经嬗变，逐步走向合理完善，但是仍有一些缺陷，主要表现在四个方面。

（一）就税制结构总体而言，流转税比重偏大，所得税比重过小

尽管我国的所得税规模近些年来一直在不断增大，但是，与流转税相比，其在税制结构中的比重仍显过低。这一缺陷导致如下问题的产生。

1. 加剧了国家财政收入波动的风险。在西方发达国家的税制结构中，作为主体税种的个人所得税或社会保障税其收入一般均不超过税收总额的40%，主要税种收入之和一般也不超过税收总额的60%，因而，财政收入对个别税种的依赖性较低，个别税种收入滑坡不会对财政收入产生过大影响。我国的财政收入却过度依赖于增值税、消费税，尤其是增值税，占税收总额的比重最大，若加上海关代征的增值税，其比重更高。增值税的收入状况如何，对财政收入影响巨大。若增值税收入滑坡，则国家财政收入将大幅度下降，而由于其他税种，尤其是本应与增值税共同充当中坚力量的所得税势单力薄，增值税滑坡损失将是无法弥补的，甚至有可能导致国家财政的破产。

2. 不利于经济的稳定。如前所述，税收工具的“自动稳定器”作用，主要靠累进税率的所得税来发挥，其效果是否明显与所得税在税制结构中的比重密切相关。所得税尤其是累进税率的个人所得税在我国现行税制结构中

的比重过低，显然大大削弱了税收自动调节供求总量的作用，不利于经济的稳定。

3. 不利于收入的公平分配。流转税在聚敛收入上功能较强，但调节功能较弱，尤其是增值税，是众所周知的“中性”税收；所得税尤其是个人所得税实行累进税率，符合量能负担原则，且税负不易转嫁，是调节收入分配的主要税种。我国流转税尤其是增值税比重过大，所得税尤其是个人所得税比重小，公平收入分配的作用极其有限。

（二）就流转税内部结构而言，增值税比重过大，消费税比重过小

消费税作为对某些特殊消费品课征的税收，征税对象具有选择性，且实行跨度较大的差别税率，因而在具有一定敛财功能的同时，具有较强的调节功能。消费税的调节功能主要体现在以下三个方面：（1）可以调节居民消费总量；（2）可以调节居民消费结构；（3）可以调节收入分配状况。由于消费税的课征对象侧重于奢侈品，使得奢侈品消费数量多的高收入阶层相对于奢侈品消费数量少的低收入阶层来说支付更高的消费成本，由此消费税可以作为所得税的补充，从支出角度对分配进行调节。但是，目前我国的消费税由于税目选择不当，造成税收数量过少，调节力度过小，调节范围失当。

（三）就所得税内部结构而言，个人所得税比重较小，社会保障税缺失

这一缺陷导致以下问题的产生。

1. 对收入分配调节不利。个人所得税是调节个人收入分配的最主要税种，近几年来虽然我国的个人所得税收入不断上升，但相对于个人收入比重的不断提高以及个人之间收入差距的较大悬殊来说，其数量仍显太少，调节个人收入分配的作用微不足道。

2. 不利于经济市场化的发展。经济市场化的发展需要完善的社会保障制度，否则企业的破产、人员的流动就很难实现。由于我国社会保障税的缺失，使得社会保障资金的来源和使用都缺乏正式规范的途径，社会保障制度支离破碎、实施范围较小，地区之间、不同所有制单位之间差别较大，已经阻碍了我国经济的市场化进程。

（四）就财产税内部而言，现行财产税课征不适当，同时遗产税与赠与税缺失

1. 现行房产税、城镇土地使用税改革滞后，其课征范围、课征方法、课征标准均不适应当前的社会经济状况。一是调节范围过窄，仅在城市、县城、建制镇、工矿区范围内征收，而目前有许多企业坐落在上述地区之外，却免于纳税，导致税负不公。二是城镇土地使用税税额过低、级距过小，无法发挥预期的调节作用。三是房产税采取按房屋原值课税和按房屋租金课税

两种方法，就当前情况而言，按租金课税税负远高于按房屋原值课税。四是房产和地产是连在一起的，房产的价值中不可避免地包含着一部分土地的价值，因此以这样的价值作为计税依据征收房产税，在理论上缺乏依据。要分清其中的土地价值和房产价值各占多少，又缺乏实际操作性。

2. 遗产税与赠与税缺失，使得我国由于个人所得税数量过小而本已调节不力的个人收入分配又失去了一种辅助调节方式。

今后，我们应该通过完善流转税制度，完善“营改增”之后增值税的制度设计，扩大消费税征收范围；进一步深化所得税制度改革，开征社会保障税；以及开征遗产税与赠与税；改革城市维护建设税，开征教育税等措施，进一步完善我国税制结构。

第四节　税制结构与税法体系

一、税制与税法的关系

通常情况下，税收制度是国家以法律和行政法规等形式规定的各种税收法规的总称。狭义的税收制度主要是指国家各种税收税法、暂行条例、实施细则、税收管理体制、征收管理法、征收办法、规定等。广义的税收制度除上述税法、征管法等法规外，还包括税务机构设置、计划会计统计、税务行政复议、征管组织形式及税务机关内部各项管理制度。制定税收法律制度的目的在于明确规定国家和纳税人的征纳关系，把这些关系法律化、规范化，成为国家和纳税人必须共同遵守的法律依据；而税法则属于法律范畴，是调整国家与纳税人之前权利和义务的法律规范。

税制与税法既存在一定的区别，又有着密切的联系。从二者的区别来看，税制与税法的层次明显不同。（1）一个国家的税制通常属于制度层面的内容，按照构成方法和形式不同，可将其分为简单型税制和复合型税制——简单型税制主要是指税种单一、结构简单的税收制度；而复合型税制主要是指由多个税种构成的税收制度。（2）税法则更常被归为法律层次，一个国家的税法体系往往是指在既定的管理体制下设置的税种以及与这些税种的征收、管理有关的具有法律效力的各级成文法律、行政法规、部门规章等。在征税过程中，国家依据税法征税，纳税人按照税法纳税，因此，税法是征纳双方共同遵守的准则，是征税的基本依据。在税法中，不仅要规定对谁征税，对什么东西征，征多少，而且还要规定征纳的程序和征管的方法。

从税制与税法的联系来看，税法既是税制的核心和基础，又是税制的外在表现，税制在很大程度上是通过税法来载明和确保实施的。同时，无论是税制还是税法其内容都是由以下几个层次的法律规范构成的：一是税收法律或暂行条例；二是实施条例或实施细则；三是全国性税收通达；四是地方性税收通达。

从税制与税法的上述关系可知，一国税法体系往往是其税制结构的具体体现，二者密不可分。无论是所得税为主、流转税为主或采取并重的税制结构，都要通过具体的税法得以表现，税收的作用也要通过税法体系得以发挥；而通过一国的税法体系，也往往可以透视出其税制结构。

二、我国现行的税法体系

1994 年税制改革以来，根据“统一税法、公平税负、简化税制、合理分权”的指导思想，我国已初步建立起基本适应社会主义市场经济发展要求的税制和税法体系的框架。随着我国税制的不断完善，目前，我国在税收方面不仅有《税收征收管理法》、《个人所得税法》、《企业所得税法》、《车船税法》、《环境保护税法》等经全国人大通过的正式法律，而且还有暂行条例十几部、部门规章和地方规章 90 余部，初步形成了以宪法为核心，以各单行税收法律法规为组成部分的多层次的税法体系。我国现行税法体系按性质和作用大致分为六类。

1. 流转税类，包括增值税和消费税，主要在生产、流通或者服务业中发挥调节作用。2006 年 4 月公布并实施的烟叶税由于在收购环节征收，因此也应归入这一税类。

2. 资源税类，包括资源税、城镇土地使用税，主要是对因开发和利用自然资源差异而形成的级差收入发挥调节作用。2018 年 1 月 1 日开征的环境保护税是对向自然环境排放征收，所以也归属于这一税种。

3. 所得税类，包括企业所得税、个人所得税，主要是在国民收入形成后，对生产经营者的利润和个人的纯收入发挥调节作用。

4. 特定目的税类，包括城市维护建设税、土地增值税、车辆购置税、耕地占用税、环境保护税，主要是为了达到特定目的，对特定对象和特定行为发挥调节作用。

5. 财产和行为税类，包括房产税、车船税、印花税、契税，主要是对某些财产和行为发挥调节作用。

6. 关税，主要对进出我国国境的货物、物品征收。

三、我国税法体系的完善

虽然适应社会主义市场经济发展的税法体系框架已经在我国初步建立，

但是，我们的税法体系仍然不够完善，现行税法体系的弊端越来越明显，难以适应新时代背景下经济和社会的发展。例如，各单行税法松散排列，相互之间协调性差的情况没有根本性改变，税法体系不够完整，特别是缺少一部能够对各单行税法起统领、约束作用的基本税法。又如，实体税法仍以行政立法为主，税法级次低、效力差，不能适应市场经济对税收高度法制化和税法与国际惯例接轨的要求等。这些问题概括起来，可以分为五个方面。

（一）需要制定我国的税收基本法

随着我国税制改革和税收法制化进程的加快，我国税法体系建设取得了极大的进展，但我国现行的税法体系是由地位平等的各单行法律、法规构成的，对于在各单行法律、法规之间可能出现的相互矛盾、相互重复现象亟待有一个统领性的税收母法——《税收基本法》来加以规范。税收实体法、程序法、违章处罚法、行政复议和诉讼法等税法体系的重要组成部分都需要由税收基本法来统领。

（二）实体法急需充实

1994 年以来，我国税收实体法几经变革得以进一步完善：2008 年，内外资企业统一适用的企业所得税法正式实施；个人所得税中工资薪金所得扣除标准根据经济发展状况几次进行调整；2016 年迄今消费税的税目、税率进行了几次重大改革；营业税改征增值税范围稳步扩大进而全面推开等。虽然这些改革极大地促进了我国税法体系的完善，但从我国税收实体法的整体框架来看，目前仍存在一些问题。（1）主体税种有关税法的法律级次亟待提高。现行增值税法规以“暂行条例”形式实施，与其主体税种的地位不相称，亟待提高法律级次，提高其权威性。（2）2016 年实施的“营改增”导致地方政府收入的减少，地方税体系继续完善，在这种情况下，需要培育财产税等地方主体税种，与之相对应的税制改革需要进一步深化。

（三）税收程序法还需进一步完善

我国 1992 年颁布实施的《税收征收管理法》作为程序法，不仅包括各税种的征管程序，如税务登记、纳税申报、账簿凭证管理等内容，还包括处理税务争议的行政复议和诉讼制度、税收违法行为的处罚措施等，对税务机关负责征收的任何税种都适用，范围较广，具有通则性，其颁布实施对于加强税收征管、保证财政收入发挥了重要作用。2001 年，我国对《税收征收管理法》进行了修订，进一步完善了我国税收征管的法律制度。应当看到，《税收征收管理法》作为税收程序法虽然有很大发展，但对于纳税人的权利和义务、税务机关的机构设置、权责界限和工作程序等方面的规定还不够具体和完善。为此，需要进一步规范和完善现行的《税收征收管理法》，并相应制定《税务机关组织法》、《税务代理法》等税收程序法。

（四）税收立法程序尚需进一步完善和调整

我国宪法规定了全国人民代表大会及其常委会拥有立法权，但实际情况是，我国目前的税法只有《个人所得税法》等少数单行税收法律是经过立法程序制定和颁布的，大多数单行税法则由国务院、财政部制定，由国务院以简易的行政立法程序制定行政法规发布实施，并未按照法律的立法程序进行，致使现行不少税法法律级次、法律效力还不高。按照国际通行做法，税收法律和行政法规二者缺一不可，但多数国家以税收法律形式为主，行政法规为辅，结合我国情况，目前税收行政法规比重过大的状况是亟待改进的；对于全国人大及常委会立法权与行政机关立法权的界限需明确划分，应将税收立法程序以法律形式固定下来，规范税收立法主体，提高税收立法层次。

（五）中央与地方税收立法权限尚需明确界定

通过1994年的税制改革，我国已初步形成中央税法与地方税法体系，并分设了国税与地税管理机构。虽然根据宪法的规定，省、自治区、直辖市的人大及其常委会在不与宪法、法律和行政法规相抵触的前提下，可以制定地方性税收法规；但税收立法权仍高度集中，现行法律、法规对地方税的立法权在中央或地方仍没有明确、统一的规定，中央与地方税收立法权限界定不清，地方立法权过小，这种情况需尽快改变，进一步明确中央与地方之间的立法权，适当下放地方税收立法权。

第七章　税收政策

税收政策是国家宏观经济政策的重要组成部分，它是指政府为实现一定的宏观经济目标而确定的税收工作的指导方针以及所采取的税收措施的总和。作为政府实现政策目标的重要政策工具，税收政策不仅包括指导税收工作的原则、方针，还应包括政府根据税收与经济之间存在的内在客观规律，为实现既定的经济目标而主动采取的各种税收措施。税收政策的实施过程是由政策目标、政策手段、政策主体、政策效果评价和信息反馈等内容组成的完整的调控体系，是政府为实现一定的经济目标而使税收能动地作用于经济的一个过程。

第一节　税收政策的目标和作用

税收政策目标是指国家通过实施一定的税收政策所要达到和实现的目的，它是税收政策的出发点和最终归宿，是税收政策中最具决定意义和核心作用的内容。而税收政策则是税收政策目标得以实现的必经途径：通过税收政策作用的发挥，国家的宏观政策才能顺利贯彻，才能实现预定的税收政策目标。

一、税收政策的目标

税收政策是国家宏观经济政策的重要组成部分，它与国家其他宏观经济政策一样，要服务于一定时期宏观经济与社会发展的总体要求。税收政策目标是税收政策主体根据其价值判断通过一定的税收政策手段所要达到的目的，即使社会经济运行达到一种预期的状态。税收政策目标的确定，既有其主观的成分，也有其客观的依据。从主观方面来看，它总是和一定社会的价值判断紧密联系的。政府应寻求一种机制，以集中社会大多数成员的意志，对社会公众的价值判断进行整合，从而确立税收政策目标，恰当地界定政府税收活动的范围和取向。从客观方面来看，它是由一国所面临的经济与社会问题所决定的。在不同的社会及同一社会的不同时期，社会经济运行呈现不同的特点，包含着不同的矛盾，因而税收政策目标也会有不同的侧重。

一般来说，市场经济国家宏观经济和社会发展的理想目标是：社会总供给和总需求的均衡、主要经济结构的协调、经济的稳定增长、收入分配的公平。税收政策目标理应与国家宏观经济目标一致。

（一）总供给与总需求均衡

社会总供给和社会总需求的大体均衡是经济稳定的集中体现。总供求保持均衡是经济结构协调、经济稳定增长和收入公平分配的基本前提。在政府参与的市场经济模式中，政府的商品和劳务购买支出是总需求的决定因素之一，政府的税收通过对民间部门的可支配收入的调整在一定程度上影响着社会总供给。因此，政府可以通过改变税收政策来调节社会总供求，从而实现政府对整个经济运行的全面调控。当总供给大于总需求时，表明一部分商品供给过剩，物价总水平下跌，投资需求萎缩，从而导致经济增长减慢，甚至出现经济衰退，失业率上升。此时，国家可以采取减税等税收政策，促进投资与消费的增加，提高总需求水平，抑制经济衰退。相反，如果出现总需求大于总供给的状况，投资过度，引起物价水平上升，出现通货膨胀，经济泡沫造成虚假繁荣。此时，政府则可以通过增加税收，减少消费与投资，以消除通货膨胀。

（二）经济结构协调

在经济总量均衡的前提下，经济内部结构也应达到协调。根据不同的标准分类，经济结构主要包括产业结构、地区结构和资本市场结构。

1. 产业结构：即国民经济中各个产业部门之间和同一产业内部各个组成部分之间的联系和比例。产业结构的合理化有利于实现社会总供给和总需求的平衡，促进经济效益的提高，从而保持国民经济的持续健康快速发展。税收政策着眼于产业结构调整的目标是：产业结构的合理化和现代化，包括纠正产业结构的扭曲和推动产业结构的升级。税收政策在实现产业结构合理化与现代化中，一方面，对于制约经济发展的瓶颈产业可给予税收政策倾斜，促使其优先发展；另一方面，可根据产业发展规律和经济长远发展目标，选择主导产业和支柱产业，利用税收政策重点扶植，以推动产业结构升级。

2. 地区结构：即国民经济各个地区经济状况之间的比例和关系。由于一国内部各地区的自然环境、资源条件、经济基础、历史文化背景存在较大差异，因此，地区间的经济发展不平衡，这也是大国经济发展进程中的普遍现象。区域间发展问题即是充分发挥各地优势，加快地区经济发展，促进经济的合理地区分布。税收政策在不同地区间的倾斜，可以引导资源流向，以缩小地区间税收环境不同而产生的经济活动密度差异和产业分布差异，从而促进区域经济的协调发展。

3. 资本市场结构：资本市场是指经营一年以上的中长期资金借贷和证券交易业务的市场，即以交易中长期信用凭证为主要特征的金融市场。资本市场的主要职能是对中长期资金的筹措与运用。在资本市场中，由于投资的收益形式与所承担的风险程度不同，可以将投资分为安全性投资与风险性投资两大类。政府对投资行为征税必然加大投资者的投资成本，因而政府可以通过对不同投资方式税负的确定来引导资本市场投资结构的变化。资本市场从另一个角度上看，又是融资者的融资场所，国家可以通过对不同融资方式采取不同的税收政策引导企业的融资行为，在大多数发展中国家，主要是引导企业从依靠自身积累发展转到依靠产业资本和金融资本，实行多元化投资。

（三）经济稳定与经济增长

经济稳定包括充分就业、物价稳定和国际收支平衡等多重含义。充分就业是指可就业人口的就业率达到由一国一定时期的经济状况所能承受的最大比率。物价稳定是指物价上涨幅度维持在不至于影响社会经济正常运行的范围之内。国际收支平衡是指一国在一定时期的国际经济往来中维持经常项目收支（进出口收支、劳务收支和无偿转移支付）的大体均衡。经济增长，从社会再生产的结果即“产出”的角度看，可以简单地表述为一国在一定时期内生产的商品和劳务总量的实际增加量或实际增长率，反映一国扩大再生产的规模、速度以及总体经济实力变化的状况。在市场的自发作用下，充分就业、物价稳定等经济稳定目标并不能自动实现；为了避免经济活动水平的大幅度波动、出现通货膨胀或经济停滞状态，政府必须运用宏观调控政策来消除经济中的不稳定因素。经济稳定和经济增长是政府宏观经济调控中两个相辅相成的宏观经济目标。

（四）收入分配公平

收入分配的目标是实现公平分配，包括经济公平和社会公平两个层次。经济公平强调的是要素投入和要素收入相对称，这是在平等竞争的环境下通过等价交换来实现的。但是，按市场原则来分配收入，会使相当一部分人的收入低于最低生活需要水平，尤其是那些年老、残疾和失业者，其收入根本无法维持生存。收入悬殊既涉及社会公平问题，显然也涉及经济增长问题：收入畸高和极度贫困的并存，使贫富两极分化日益加剧，给社会稳定和经济发展带来不利影响。在西方国家，由于税负不公而引致的社会矛盾和政权更迭的事例屡屡可见，因此各国政府普遍地把收入分配公平作为设计税制所追求的目标之一。一般来讲，税收公平包括普遍征税和平等征税两个方面。所谓普遍征税，通常指征税遍及税收管辖之内的所有法人和自然人，换言之，所有具有纳税能力的人都应毫无例外地纳税。这一税收公平原则最初是针对特权阶级如皇室、贵族在税收上享有的不合理豁免权确立的，后来演化为对所有人一视同仁地征税、排除各类区别对待措施等更为全面的公平税收思想。但征税的普遍性也不是绝对的，国家出于政治、经济、国际交往等方面的考虑，给予某些特殊的纳税人以免税照顾，并不违背这一原则，相反，是对这一原则的灵活运用。如对外交使节的税收豁免待遇就是绝大多数国家的通行做法。所谓平等征税，通常指国家征税的比例或数额与纳税人的负担能力相称。具体有两个方面的含义：一是纳税能力相同的人同等纳税，即所谓“横向公平”；二是纳税能力不同的人不同等纳税，即所谓“纵向公平”。简言之，就是所得多者多纳税，所得少者少纳税；无所得者不纳税。

政府对个人收入征税主要有个人所得税、不动产税、遗产税与赠与税，以及社会保障税等。税收调节个人收入分配的作用机制主要包括四方面。

1. 累进税制。伴随世界各国税收制度的改革和税收理论研究的发展，税收公平原则被确立为一项基本税收原则。它既包括横向公平，又包括纵向公平。实行统一的、档次区分的超额累进所得税制是调节高收入者收入分配的一项有力工具，也是世界各国的普遍做法。通过增加税率档次、提高边际税率可以有效控制收入分配悬殊的问题。

2. 税式支出。这是以增加低收入者的收入为目标的税收措施。其途径一是直接对低收入者的许多纳税项目给予税收优惠照顾，比如：医疗费用扣除、失业者福利扣除、老年人和残疾人所得的扣除、儿童抚养费的扣除、社会保险扣除等；二是对有助于间接增加低收入阶层收入的行为给予税收优惠照顾，例如对慈善机构、公益事业捐赠的高收入者或雇主给予一定比例的费用扣除等。

3. 实行税收指数化。这一措施主要是为了减轻或消除通货膨胀对收入分配的扭曲效应，保护低收入者利益。

4. 负所得税假设。这是西方经济学家提出的一种利用税收机制实现收入再分配的假设理论，是一项对那些低于一定收入水平者自动提供支付，从而给低收入者提供最低生活保障的计划。本质上，它不是一种税收，而是政府实现转移支付的一种措施。

从个人收入运动的各环节来看，税收调节个人收入分配的层次体系主要包括以下内容。

1. 个人收入的实现环节。在这一环节，发挥调节作用的税种主要是个人所得税和社会保障税。

个人所得税是这一环节调节收入分配的最重要形式。从世界各国的税收实践来看，它具有这样一些特点：一是基本实行超额累进税率，且多按年所得确定使用税率；二是多实行综合所得税制，也有采用分项所得税制和混合所得税制；三是一般都允许经济所得扣除基本成本和生活费用，并设有特许扣除；四是在征收管理上一般要求自行申报，兼之源泉控制，并执行严格的税务稽查和惩罚制度。这些特点使其调节收入分配的作用相当明显。

社会保障税是以一定时期的工资薪金总额为征税对象的税收，就其性质来说具有累退性，不是公平收入分配的良好手段；但由于它采取了税收的形式，具有透明性、强制性、稳定性和公正性等特点，因而成为政府转移支付的主要资金来源渠道，与转移支付制度联系起来较好地发挥了收入再分配的作用。

2. 个人收入的使用环节。在这一环节，发挥调节作用的税种主要是特别消费税。特别消费税是对特定的消费品和消费行为在特定环节征收的一种间接税。虽然是间接税，但其征税范围具有选择性，税率税额具有差异性，调控具有灵活性，对个人收入分配具有调节作用。

3. 个人收入的积聚环节。在这一环节，许多国家都设置有形财产税和不动产税，目的是抑制个人财富的过快积聚，缓解社会收入分配的差距。前者主要是对汽车、家具、珠宝等家庭有形财产征税，后者主要是对房地产这一类不动产开征税收。

4. 个人收入的转让环节。在这一环节，世界各国一般都开征遗产税和赠与税。遗产税是对财产所有者死亡时遗留的财产净值征税，以对继承权进行一定的限制。因为一个人终生积累的财富虽然有限，但若世代相承，财产数额就会不断增大，会导致少数人越来越富，多数人越来越穷，所以要加以必要的限制。赠与税是对财产所有者生前赠与的财产征税，一般是与财产税并行开征的。

二、税收政策的作用

（一）税收政策对纳税人可支配收入的调节作用

国家征税的过程就是一部分经济资源由纳税人向国家转移的过程。国家通过征税直接调节社会经济组织或个人的实际可支配收入，并由此调节其投资与消费能力。税收对纳税人实际可支配收入的影响从两方面发挥作用：一是从收入的来源方面减少可支配收入，所得税在此方面的作用较为直接；二是从可支配收入的使用方面减少货币的实际购买力。前者如个人所得税，以累进的方式计征，使高收入者将其收入的较大部分作为税上缴国家，直接调节个人可支配收入。对利息、股息收入征税，实际上是对个人投资收益税收调节，也会直接影响个人可支配收入的数量或比例。公司所得税直接影响企业的税后利润，从而影响企业的实际可支配的资金。

对商品销售课税，是从个人收入的使用方面减少实际购买力，从而调节可支配的实际收入。尽管该税实行比例税率，但是购买者所负担的税额相对于其收入来说，并非成比例的，因此，它具有收入再分配的功能。对生活必需品征收消费税，购买者所负担的税额相对于其收入而言，具有累退性。因为低收入者的必需品消费支出占其收入的比重往往很高，而高收入者的必需品消费支出占其收入的比重较低。因此，对必需品征收消费税有悖于公平原则。实际中，一般对奢侈品征收消费税，即使购买者所负担的税额对于其收入来说未必是累进的，但奢侈品的消费者大多为高收入者，而低收入者一般无法涉及，故该税收实际上是由高收入者负担。

（二）税收政策对消费倾向与储蓄倾向的作用

1. 税收对家庭或个人储蓄与消费的作用。通过税负调整不同收入水平家庭或个人的分配，会影响家庭或个人的储蓄能力。一般说来，累进程度较低的税更有利于家庭部门的储蓄，因为，它使得税收负担较少地落在边际储蓄倾向较高的家庭中。因此，降低税收的累进程度有利于一国储蓄能力的提高。另外，有些国家利用开征消费支出税来限制消费、鼓励储蓄，以提高储蓄倾向。消费支出税只就家庭中用于消费的部分征税，对于不用于消费而用于储蓄的部分免于征税，比对所得征税更有利于家庭储蓄的增长。关键原因在于，支出税和所得税对储蓄报酬率的影响不同。相对于支出税，所得税存在一个对储蓄的“重复征税”问题。纳税人在取得收入时要缴纳所得税，而在取得储蓄利息以后，又要纳税。从支出税来看，就不存在重复征税问题，它只对收入征一次税，即当这笔收入用于支出时才征税。在支出税条件下，个人储蓄的利息全部归个人所有，储蓄的报酬率要比所得税条件下高。由此可见，对个人消费支出进行征税，可以限制消费，激发储蓄。

从税收政策对家庭或个人消费的影响看，个人的消费行为是相互作用的，当人们接触到更高级的商品或消费模式时，会产生新的消费欲望，提高消费倾向，这叫做“示范效应”。所以，生活水平的差距会促使消费倾向提高，平均储蓄率下降。

2. 税收政策对企业储蓄的作用。企业储蓄来自企业利润，即扣除企业所得税后的可支配利润。这部分利润或是向投资者支付股息、红利，或者用于弥补亏损，或者用于职工福利、奖励，其余部分用于再投资。企业用于再投资的利润属于企业储蓄。显然，高税率的公司所得税减少了企业可用于再投资的利润。

3. 税收政策对政府储蓄的作用。政府储蓄来源于政府经常性收入和经常性支出的差额。由于政府财政收入大部分来自各种税收，而税收实际上是对家庭收入和企业利润的一部分扣除，因此，政府税收直接减少了家庭储蓄和企业储蓄。可以认为，在一定程度上，政府储蓄、家庭储蓄和企业储蓄之间存在互为消长的关系，但并不构成严格的互补关系。在一些经济学家看来，政府税收收入的边际消费倾向比家庭和企业的边际消费倾向要低，税收的增加就可以达到动员储蓄的目的。

（三）税收政策的宏观导向作用

税收政策的导向作用是通过调整纳税人的经济行为以及国民经济发展方向来实现的，通过利益机制，为资源配置和投资引导方向。税收导向作用的形式有直接导向和间接导向。直接导向是对其调节对象直接发生作用，例如，加速折旧的税收政策可以大大提高设备投资欲望，加速固定资产的更新改造。间接导向是对非直接调节对象发生作用，例如，对某些行业实行高税政策，不但会抑制该行业的发展，同时还会产生间接影响：一是影响社会投资主体新投资项目的选择；二是影响消费者对该行业商品的消费数量以及其他替代性商品的消费数量。

（四）税收政策对特定行为的鼓励和限制

在宏观税负不变的情况下，对某一方面征收新税或增加税收，意味着可相应降低其他方面的税负；对某一方面停止征税或减免税，意味着应相应增加其他方面的税负。因此，利用税收可以有效地纠正经济的外部性问题，即通过征税或增税使外部成本内在化，如对污染物或污染行为征税以增加排污成本；通过税收优惠使外部效益内在化，如对植树造林方向的税收鼓励。政府运用税收政策对人们的经济行为限制或鼓励和对宏观经济运行进行制约或促进，从而实现对整个国民经济发展的控制。税收政策之所以具有控制功能，就在于它利用市场经济中理性的经济人有趋利避害的本能，通过调节利益关系，使纳税人做或不做某些事，即对其行为做出相应调整。

三、税收政策作用的微观环境

税收调控若要收到预期的效果，除了完善的宏观调控体系外，还必须具备相应的微观基础。如果微观基础不能对相应的调控措施做出适应性反应，调控效果几乎为零。税收政策作用的微观环境主要包括市场机制以及作为经济活动主体的纳税人。

（一）纳税人在经济中的地位与身份

在市场经济中，纳税人必须具有独立自主的分散决策权。资源配置过程是从决策开始的。它具体地表现为企业的生产（供给）决策和家庭的消费（需求）决策。市场经济下产权明确、利益独立的多元化主体，决定它是一种自主经营、自负盈亏、自我发展、自我约束的经济组织。作为市场主体，作为经济人，在独立决策时，企业以追求利润最大化和资产增值最大化为目标，消费者以获取效用最大化为原则。企业的决策受市场信号引导，决定生产的方向、规模和产品的结构，并适应需求变化把产品及时提供到市场上。家庭决策受商品价格变动的制约，决定消费支出的方向、数量和结构。供给与需求双方在市场上的相互作用，形成了市场价格的运动。若干个经济主体分散决策形成的供给和需求，通过市场联系起来，协调为一个总的经济活动。在市场经济中，经济主体之所以能进行独立自主的分散决策，是因为他们具有明确的财产所有权或控制权，因而有自身的经济利益和预算约束，都要追求自身经济利益最大化并对其决策结果承担经济责任。这在客观上形成了一种经济约束机制，保证它们及时、慎重决策。

经济主体享有契约自由和消费者主权，生产要素的流动和生产规模、结构由市场需求决定。市场经济是契约经济，契约自由表现为消费者选择自由、开业自由、择业自由和交易自由。企业生产什么、生产多少以及如何生产，都是由市场需求的规模和结构决定。社会总供给和总需求发生变化，经济主体决策必然做出相应变化，力求收益最大而损失最小。

税收政策是通过对纳税人经济利益的调节来达到宏观调控目的的。在高度集中的计划经济体制中，纳税人没有独立的经济利益，也没有自主的经济决策权，因而，税收政策的作用方式、作用机理与在市场经济条件下也是完全不同的。

（二）市场机制的完善

与其他任何一种经济调控一样，税收政策也是通过市场价格与竞争机制发生作用的。资源配置的核心问题是如何把有限的或者稀缺的资源配置到最需要的地方，从而使资源得到最有效利用。因此发现和确定产品的稀缺程度，也就成为问题的关键所在。市场价格的变动就是显示产品稀缺程度的信号。价格由供求关系决定，反过来又调节供求，在这一过程中，竞争作为经济主体追求自身利益内在动力的外在表现，又形成巨大的压力和强制作用，迫使经济主体必须有效地运用资源。价格信号的作用和竞争过程在市场经济中无处不在，贯穿于经济运行的始终，就像一只“看不见的手”，调节整个经济活动。税收政策正是通过影响价格来发挥调节、导向功能。如果价格不能灵活变动，税收对纳税人的利益影响就无从体现，税收政策意图也就无法传导，税收调控必然形同虚设。

（三）纳税人的纳税意识

纳税意识是指纳税人对纳税的认识和理解。税收政策目标从根本上说是以人为本的，即政策最终服务于一定的社会阶层。纳税人作为税收政策的利益相关者，其对税收的认同程度直接影响税收政策的可能效果。纳税意识越强，纳税人就越能配合税收政策发生作用，趋利避害；纳税意识越淡泊，则税收政策效应越可能被扭曲。作为一种社会意识，纳税意识也具有历史继承性，即受各国历史文化背景的影响。例如，在我国，自古以来，“三十税一”、“轻徭薄赋”是人们的一种朴素的税收理想；与此相对，“苛捐杂税”、“杀鸡取卵”、“涵养税源”观念影响人们的价值取向，对偷逃税持温和甚至同情的态度，凡此等等，形成了偷逃税款的心理。显然，国民纳税意识亟待提高，社会各界应通力合作，利用大众传播媒介，形成共振效应，使人们逐渐形成依法纳税观念。

第二节　税收政策作用原理

税收政策之所以可以发挥诸多的作用，从根本上来说，是由于其自身所具有的收入效应与替代效应。在这两种效应的作用下，税收作用的机制得以形成，从而成为国家实施特定的经济政策和宏观战略的有力工具。

一、税收政策作用的理论基础

从经济理论角度看，税收之所以可以作为一种政策工具对经济发生作用，是因为其自身所具有的替代效应与收入效应。

税收的替代效应是指由于征税改变了一种经济行为相对于另一种经济行为的机会成本而产生的影响。通常情况下，政府的征税行为会影响某些商品或服务的相对价格或相对效益，这会使得人们选择某种消费或活动来替代另一种消费或活动。不同税收的替代效应内容也不相同。个人所得税的替代效应主要是工作和闲暇之间的替代关系：如果所得税累进税率提高，使得劳动者工作的边际效益减少，劳动者就可能选择休息（闲暇）来代替部分工作时间。选择性的或差别税率的商品流转税，其替代效应主要是对商品供给方向和消费方向所产生的影响。在含税的计划价格不变的条件下，提高或降低某一特定商品流转税税率，就相应降低或提高这种商品的生产利润，从而或者导致生产者减少这种商品的供给，而被别种商品所替代，或者替代别种商品而增加这种商品的供给。在自由价格条件下，如果需求有一定弹性，提高或降低某一特定商品的税率，从而相应提高或降低这种商品的价格，那么消费者也就可能改变其消费支出的方向，然后还会迂回地影响生产者的生产方向，从而产生一种替代效应。消费税是典型的例子：消费税属于选择性征税，即有的商品征税，有的不征税，这就极容易产生税收的替代效应。纳税人进行生产决策时如果感到自己更加努力工作的机会成本过高，一般都会尽可能地避开征税的活动或税收负担重的活动，即以不投资代替投资，以免税、低税活动代替有税、重税的活动，以闲暇代替更加努力的工作；而消费者也可以选择购买或者不够买。因此，税收替代效应一旦产生，纳税人实际的经济活动以及政府的税收总量都会受到影响。

税收收入效应是与税收替代效应对应的概念，它是指由于征税导致了纳税人可支配收入的减少，从而产生对纳税人的影响。政府征税会对纳税人的收入产生直接的影响，将资源从纳税人手中转移到政府手中——这并不会造成经济的无效率。但是，税收的收入效应引起纳税人对劳动、储蓄和投资等所做出的新决策，却会改变经济的效率与状况。一般认为，税收收入效应有利于提供更多的生产要素，在其他因素不变的条件下，有利于经济增长与福利增进。以个人所得税为例，由于其对提供生产要素（劳动）的报酬征税，因而会减少纳税人的总收入，作为对征税的反应，纳税人可以通过提供更多的同类要素（即更多的劳动）来弥补实际购买力的损失。

税收的替代效应与收入效应都是对市场配置资源的一种干扰。税收的替代效应由于改变了产品或服务的相对价格而对经济主体（纳税人）的经济决策（生产、经营和消费）产生影响；而税收的收入效应则通过改变纳税人的相对收入（所得）对其经济行为发生作用。在许多情况下，税收的这两种效应还会带来社会福利的损失——税收的超额负担。

税收的超额负担的产生是由于政府征税影响纳税人的经济决策，造成资源配置的扭曲，从而导致社会福利净损失。在市场资源配置处于最优的情况下，政府征税给纳税人所造成的负担包括两部分：一部分是政府所征的税款给纳税人带来的直接成本；另一部分是由于政府征税影响经济决策、扭曲资源配置而产生的超额负担，这种负担属于社会福利的净损失。在替代效应与收入效应的作用下，税收无疑会改变经济主体（企业、消费者等）的生产、经营、消费等经济决策。一方面，征税会提高商品的相对价格，这既会影响到消费者对商品的需求，又会影响企业的生产经营决策；另一方面，征税减少了纳税人的收入，这无疑会对纳税人（包括企业和消费者）的决策产生影响。对消费者来说，征税导致的商品价格提高、收入减少会使其减少消费，相应地，其通过消费所获得的效用也会减少。而对生产者来说，不仅收入的减少会对其生产经营带来不利影响，而且流转税的转嫁性会使其提高商品的价格从而影响需求，这反过来又会导致生产者的生产经营活动处于非帕累托最优的状态。这都是由于税收的替代效应和收入效应而带来的社会福利净损失，即税收的超额负担。

尽管税收的替代效应与收入效应可能带来超额负担，但是，也正是因为税收具有这两种效应，政府却可以将其作为调节经济、实施宏观战略的重要工具。税收政策之所以能够有效地发挥作用，在很大程度上是由于税收本身所具有的这两种效应：税收的这两种效应在微观领域对经济主体的经济行为有着重要的影响，这些影响又通过乘数效应的作用在宏观政策中得以放大，从而对社会经济的发展、国家战略的实施发挥着极为重要的作用。

二、税收政策手段

税收政策的实质是政府利用税收杠杆干预经济。这种干预往往通过税收的替代效应与收入效应对经济发生作用。一般而言，政府通过税收政策干预经济通常有两种方式：一种是“自动稳定器”；另一种是“相机抉择”。但是，无论是在“自动稳定器”还是在“相机抉择”的作用机制下，税收政策作用的发挥都要通过一系列具体的税收措施来实现。一般而言，这些税收措施可以归结为两类：即税收总量的调整和税收结构的调整——这是税收政策作用的着力点，即税收政策的手段。

（一）税收总量调整的政策手段

根据税收政策在调节国民经济总量方面的不同作用，可以把税收政策分为轻税政策、重税政策和中性税收政策。

1. 轻税政策即是扩张性税收政策，指在国民经济存在总需求不足时，通过减税或削减税率，使居民的可支配收入增加，扩大社会总需求。减税的种类和方式不同，其扩张性效应也不同。具体说来，间接税的减税在增加需求的同时也刺激供给，其扩张效应主要体现在供给方面。直接税的减税，其扩张效应较为复杂。公司所得税的减税，一般会刺激投资的增加。个人所得税的减税，如果是通过降低低档次边际税率进行的，会使低收入者的可支配收入提高，从而有助于提高整个社会的边际消费倾向，使经济扩张。如果是通过降低高档次边际税率进行的，将使高收入者的可支配收入提高，从而使整个社会的边际消费倾向降低，因而其扩张效应较差。相反，重税政策指紧缩性税收政策，即在经济已经出现总需求过旺的情况下，通过增税或提高税率的手段来减少居民可支配收入，达到抑制需求，消除通货膨胀缺口。

2. 中性税收政策是指税收保持中性，其中包括两种含义：一是征税使社会付出的代价以税款为限，尽可能不给纳税人或社会带来额外损失和负担；二是国家征税应避免对市场经济运行的干扰，使市场在资源配置中发挥基础性作用，最大限度地维护市场效率。一般而言，中性税收政策指的是税收政策的制定和实施应对各类纳税人一视同仁，不给任何对象以歧视。从本质上说，就是尽量发挥市场机制这只"看不见的手"配置资源的作用，不至于因税收而发生效率损失。税收中性原则的提出，作为一种学术观点，其意义之一就在于，应当通过市场竞争机制形成价格，引导资源配置，税收不应进行不必要的干预。在这方面，公平税负、鼓励竞争原则更能体现这种要求。公平税负的两个方面的内容，都有利于开展平等竞争，这是对市场机制的一种保护、促进和完善；而中性则是不进行税收调节，放任生产经营条件和纳税能力不同的纳税人进行不平等竞争，这会导致市场机制不能正常发挥作用。税收中性原则的另一重要意义在于，要使纳税人在交纳税款之外，尽量减少其他损失和负担。

（二）税收结构调整的政策手段

1. 税基的确定与调整

税基是征税主体据以计算应纳税额的基数。税基的确定可在两方面体现税收政策的意图。一是税基决定税种，进而决定着税收政策的调控方向和性质。如以商品流转税额为税基的流转税，主要调控涉及生产、流通、劳动服务等领域，通过对商品或劳务的生产和销售的征税来制约或诱导消费方向和消费水平；以所得税为税基的所得税类税种，则通过对各种纳税人的所得进行征税，调节纳税人实际可支配的收入。二是税基决定着税收政策调控的力度和范围的大小。扩大税基则加重纳税人的负担，缩小税基就减轻纳税人的负担。具体地说，税基确定有不同的方式，主要有确定起征点、免征额、扣除项目（包括国际税收中的税收扣除法）、税前列支、加速折旧以及亏损弥补等。例如，所得税税前扣除项目允许从个人收入中扣除的费用，包括两部分：一部分是必要费用，即纳税人为取得该项收入而必须支付的款项；另一部分是生计费，即纳税人本人及赡养人口维持生活所需要的一般生活费，这是为了照顾纳税人的最低生活需要。

2. 税收优惠

税收优惠政策是指对某些特定纳税人和征税对象给予鼓励和照顾的税种，它的直接目的和效果是减轻纳税人的税收负担。减税、免税和出口退税是税收优惠的主要内容，此外，税收优惠还包括其他一些内容。（1）优惠税率。是指税法在规定某一税种的基本税率的基础上，规定一个或若干个低于基本税率的税率，对某些特殊纳税人和征税对象按照这种较低的税率征税，作为对其的一种鼓励和照顾。（2）起征点与免征额。起征点是指对征税对象开始征税的起点的数额；免征额是指税法规定的征税对象中免予征税的部分。（3）缓交税款。是指纳税人因资金周转发生困难，经税务机关批准，推迟缴纳税款的行为。（4）税额扣除。是指按照税法规定，纳税人在计算缴纳税款时，对于以前环节的税款准予扣除。（5）税项扣除。是指对于某些特定地区、产业、企业、行业、业务和服务，纳税人在计算缴纳税款时，对于构成计税依据的某些项目，准予从计税依据中扣除，从而减轻纳税人的税收负担。（6）加速折旧。是指在计算缴纳所得税时，税法规定，对某些特殊行业、企业的固定资产或者企业的某些特殊固定资产允许采取加速折旧的方法。（7）盈亏互抵。是指在计算缴纳所得税时，准许纳税人在某一年度发生的亏损，用以后年度的盈利去弥补，从而减少以后年度的应付税款的规定。（8）税收饶让。是指在计算缴纳所得税时，对纳税人来源于境外的所得，其在境外所享受的减税免税、纳税后又得到补偿以及由他人代为承担税款等税收优惠，可在合并纳税人时视同在境外已经缴纳的税款，准予扣除。

（三）总量调整与结构调整的关系

总量政策的作用具有全面性、整体性，因而影响面大；而税收结构政策的作用是相对而言的，呈现出局部性、多样性的特点。当然，经济的总量平衡，也需要以结构平衡为前提，因此，税收结构政策也间接影响税收的总量目标。税收结构政策的局部性是由其调整调控对象的局部性决定的，同时调控对象的局部性还决定了其调控对象的复杂性，因而使税收结构政策的作用呈现出多样性。

第三节 税收政策与其他财政政策工具的配合

税收作为一种财政政策工具，必须与其他财政政策配合协调，才能体现财政政策的系统功能，形成合力，达到宏观调控的总体目标。

一、税收政策与公债政策的协调

公债是政府以债务人的身份，按照国家法律的规定或合同的约定，同有关各方发生的特定的权利和义务关系，是政府以国家信用的方式向社会经济组织或个人借取资金的一种特定的经济行为。

（一）两者的区别

1. 形式与范围的区别

从形式上看，税收具有无偿性、强制性和固定性；而公债是政府以债务人的身份取得的收入，需要支付利息并于债券到期时归还本金，可见公债并不具有无偿性。公债的认购大多是自愿的，虽然在某些特定时期，也有少量强制性公债，但它仍具有有偿性，政府同强制公债的应募者之间还是债务人与债权人的关系。因而，强制性公债不能等同于税收，公债并不是政府取得收入的经常形式，故不可能是固定的收入。从范围上看，税收覆盖的范围是具有纳税义务的所有纳税人，而且，为体现税负的公平原则，各国税制的设计常常将大多数社会经济组织和公民都包括在纳税人范围之中，税收的涉及面是十分广泛的；而公债一般遵循自愿认购的原则，其范围仅限于认购者。

2. 政策运用的区别

公债既是政府平衡财政收支的重要工具，也是国家调节货币供求、协调财政与金融关系的重要政策手段。一般认为，公债的调节会产生三种效应。一是“排挤效应”，即公债的发行使民间部门的投资或消费减少。二是“货币效应”，即发行公债引起货币供求变动，一方面使部分“潜在货币”变为现实流通货币，另一方面则可能把沉淀于民间部门的货币转到政府部门或由于中央银行的公开市场业务而增加、减少货币的投放量。三是“收入效应”。由于公债主要依靠未来年度增加税收来偿还，而公债持有人在公债到期时，不仅收回本金还得到利息报偿，政府发行公债主要用于社会公共需要，人人均可享用，这样，在公债的持有人与一般纳税人之间就产生了收入的转移问题。此外，公债所带来的收入与负担问题，不仅影响当代人，而且还存在所谓的“代际”收入负担的转移问题；而税收政策不会直接影响货币供求，因而也不具备类似于公债的金融功能。

（二）两者之间的协调

根据“李嘉图等价定理”，就政府而言，采取税收或举借公债来增加政府收入，均既不会制约居民的消费，又不会影响资本的形成。如果政府减少一定量的税收，相应发行一定量的公债就可以抵消，反之，政府发行一定量的公债，可以减少一定量的税收。发行公债应该考虑到居民的应债能力以及政府的偿债能力。在采用积极财政政策时，可以在发行公债的同时，减少税收，两者共同刺激经济。

二、税收政策与公共支出政策的协调

公共支出主要是指政府满足纯公共需要的一般性支出（或经常项目支出），包括购买性支出和转移性支出。购买性支出，包括商品和劳务的购买，是政府的直接消费支出；转移性支出不通过市场而直接由政府转移到企业或个人手中，民间消费不发生变化。

（一）两者的相互关系

政府公共支出的主要来源是税收，政府通过税收组织的财政收入越丰厚，可以用于安排公共支出的资金来源就越充足。由此可见，税收与公共支出是一种“源”与“流”的密切相关关系。

此外，公共支出中的转移性支出，包括社会保障支出、财政补贴，其中财政补贴包括一种比较特殊的支出——税式支出。税式支出是以特殊的法律条款规定的、给予特定类型的活动或纳税人以各种税收优惠待遇而形成的收入损失或放弃的收入。就刺激经济活动和调节社会生活的税式支出而言，其一般形式大致有税收豁免、纳税扣除、税收抵免、优惠税率、延期纳税、盈亏相抵和加速折旧等。可见，公共支出政策与税收政策的一部分是重合的，两者必须协调运用。

（二）政策协调

税收政策与公共支出政策的配合与协调集中体现为财政收支平衡以及对经济总量平衡的调节上，收支平衡的财政政策意味着税收与公共支出在总量上的基本一致。在高度集中的计划经济体制中，由于财政控制了社会资源的绝大部分，因而，为实现社会总供给与总需求的均衡，财政政策应以自身收支（税收与公共支出）平衡为目标。在市场经济中，税收与公共支出是否持平，不仅要考虑政府财政的要求，而且应考虑社会总供求矛盾的变化。在一定时期内，既可以选择收支平衡的中性财政政策，也可以运用收大于支的紧缩性或支大于收的扩张性财政政策。无论哪一种政策，都意味着税收政策与公共支出政策的配合与协调。例如，在实施紧缩性财政政策时，政府常常是在减少公共支出（包括购买性支出和转移性支出）的同时，适当增加税收征收总量，以抑制经济过快增长，防止经济泡沫及通货膨胀的发生。

三、税收政策与政府投资政策的协调

政府投资是财政用于资本项目的建设支出，最终将形成各种类型的固定资产。在市场经济条件下，政府投资的项目主要是指那些具有自然垄断特征、外部效应大、产业关联度高、具有示范和诱导作用的基础性产业、公共设施，以及新兴的高科技主导产业。

（一）两者的相互关系

税收与政府投资都可以引导资源流向，服务于经济结构协调。政府投资主要作用于市场失灵、市场缺位的领域，政府作为经济活动主体介入市场。税收调节经济运行，主要是通过利益传导机制实现，例如采用有利于某些产业的税收优惠和补贴政策，促使投资者投资于这些领域，但政府是以经济管理者的身份参与经济活动的。

（二）政策协调

政府投资应限于特殊产业，合理控制投资规模。考虑到国民经济基础产业的“瓶颈”制约现状，政府投资所产生的效应，就不会局限于自身的投资收益。作为一种诱发性投资，它可以将“基础瓶颈”制约所压抑的民间部门的生产潜力释放出来，并使国民收入的创造达到一个较高的水平。这就是政府投资在“基础瓶颈”条件下产生的“乘数效应”。但是，一定时期内，政府对基础产业、“瓶颈”产业的投资常常受到各方面的局限，例如，资金的短缺、风险的过于集中等，这是就需要吸引、鼓励社会资金加入到这类投资的行列。但是，众所周知，社会投资是要追求利润的，为降低社会资本投资于基础产业的投资成本，税收政策可做出相应的倾斜，对该类投资确定各种减免税的优惠。税收政策的实施可以起到“四两拨千斤”的作用，一方面为社会资本开辟了更为广阔的投资市场；另一方面也改变了财政独家承担投资风险的局面。

第四节 我国税收政策的调整历程

中华人民共和国成立60多年来，随着我国政治、经济形势的不断发展变化，我国的税收政策经历了一个不断发展、不断完善的过程。这个发展过程大体可以分为以下几个阶段。

一、1950~1957年的税收政策

1949年中华人民共和国成立后，财政经济面临着巨大的困难。当时，加强税收工作最迫切的一项任务，就是要统一全国税政、建立新税制。1950年1月，中央人民政府政务院颁布《关于统一全国税政的决定》的通令，并同时颁布《全国税收实施要则》（以下简称《要则》）。这两个文件是整理和统一全国税政的综合性法规，明确确定了新中国税收政策、税收制度和税务机构建立的原则等重大问题。《要则》规定，除农业税外全国征收14种中央税和地方税。以后政务院陆续公布了各有关税收的暂行条例，在全国范围内统一执行。这是一种“多税种，多次征”的复税制体系，是与当时我国多种经济成分并存的经济情况是相适应的。随着新的税收制度的建立和贯彻执行，城市工商税收收入开始迅速增长，1950年上半年就达到了与公粮收入相等的地步，完全改变了以往国家财政收入主要依靠农村公粮收入的局面，新中国成立初期的困难局面迅速扭转，财政收支接近平衡，通货停止

膨胀，物价趋向稳定。

从1953年起，我国进入了大规模经济建设时期。新中国成立初期所建立的税收制度，开始同这一时期的经济发展形势出现不相适应的地方，出现了“经济日渐繁荣，税收相对下降”的现象。同时，新中国成立初期建立起来的工商税收制度比较繁琐，不利于国家对经济计划的管理和国营企业的经济核算。为了保证国家有计划的大规模建设，依据“保证税收，简化税制”的精神，我国对原来的工商税收制度做了若干修正。这次修正税制的主要内容是试行商品流通税，对某些特定商品按其流转额从生产到消费实行一次课征的税收。它是把商品在生产环节应纳的货物税、营业税、印花税以及在商业批发环节和商业零售环节交纳的营业税、印花税，合并为一种税，在生产环节销售时一次征收。凡已交纳商品流通税的商品，在流转过程中，都不再征收所有属于流转额的税收。

二、1958~1978年的税收政策

1956年，我国基本实现了对农业、手工业和资本主义工商业的社会主义改造，国民经济的构成发生了根本变化，社会经济结构由多种经济成分并存变成为基本上单一的社会主义经济，税收征纳关系也由以资本主义工商业为重点变为以社会主义全民所有制和集体所有制经济为重点。在这种情况下，我国于1958年进行了工商税制的改革，统一了全国农业税制。工商税制改革的方针是“基本上在原有税负基础上简化税制”，改革的主要内容是试行工商统一税：将原来的商品流通税、货物税、营业税、印花税合并，对工商业和个人按其经营业务的流转额和提供劳务的收入额征税。统一农业税制的内容主要是：废除原来在革命根据地实行的累进税制，在全国范围内统一实行分地区的差别比例税制，并继续采取“稳定负担，增产不增税”的政策。1958年的这次重大改革，对于巩固和发展包括农村集体经济在内的公有制经济、正确处理国家和广大农民在收入分配上的关系以及加强工农联盟起到了重要的作用。

1966~1976年，在“左”倾错误路线的影响下，我国当时的工商税收制度被批判为“有利于资本主义，不利于社会主义”，是“繁琐哲学”，我国社会主义税收被认为只在积累国家资金方面发挥作用，而不具调节经济的作用。在这种情况下，1973年对工商税制进行了一次较大的改革。这次改革提出的原则是“在保持原税负的前提下，合并税种，简化征税办法。”改革的主要内容是试行工商税，把企业原来交纳的工商统一税及其附加、城市房地产税、车船使用牌照税、屠宰税、盐税合并。合并以后，国营企业只需

缴纳一种工商税，集体企业只要缴纳工商税和工商所得税两种税。这次改革由于受到了“左”倾错误思想的影响，片面追求税制简化，不适当地合并税种，大大削弱了税收调节经济作用的发挥。

三、1979～1993年的“利改税”政策

1979年以来，我国开始逐步实施利改税政策，把原来国营企业向国家上缴利润的方法改为征税的办法。1979年11月，五届全国人大第五次会议通过的《关于第六个五年计划报告》把国营企业逐步推行以税代利列为第六个五年计划后三年经济体制改革重点要做三件事中的第一件事。由于价格体系没有理顺，利改税政策的实施是分两步进行的。第一步改革的总原则是把国家、企业、职工三者的利益分配关系处理好。最重要的是管住两头：一头是把企业搞活；另一头是国家要得大头、企业得中头、个人得小头。这次改革的主要内容是对国营企业普遍征收所得税，但对国营大中型企业征收所得税后的利润，采取多种形式上交国家，实行税利并存。第二步改革的基本内容是将国营企业应当上交国家的财政收入按八个税种向国家交税，也就是由“税利并存”逐渐过渡到完全的“以税代利”，税后利润归企业自己安排使用。

我国的这次利改税改革既有积极的一面，又有着明显的失误。从积极作用来看，它突破了长期以来对国营企业不能征收所得税的理论禁区，对于理顺国家与国有企业的分配关系具有重要的意义。同时，这次利改税改革还使我国税收工作在理论和实践上都发生了转轨性的变化，税收地位得到提高，税务机构大大加强。从失误方面来看，这次利改税改革过于超前，与之相应的同步配套的各种改革没跟上，导致仓促上马出现失误。同时，由于对税收概念认识模糊，混淆了国营企业作为经济法人与企业经营者双重关系的界限，搞成了“以税代利”，更是造成利改税失误的主要根源。这样从一个极端（“非税论”）走向另一个极端（“税收万能论”）的做法无疑会极大地削弱税收政策的作用。

四、1994年的税制改革

改革开放以来，随着我国经济的转型与社会的发展，客观上要求进行深层次的税制改革，以适应社会主义市场经济发展、宏观调控以及理顺分配关系等方面的需要。在这种情况下，1994年，我国施行了新税制。这次税制改革是国家发展社会主义市场经济的重大举措，其意义无论是从它所涉及的范围还是从它变革的深刻性上来说，都不亚于第二步利改税和1984年的工

商税制改革，成为新中国税制建设历史上的一个重要里程碑。

1994 年税制改革的指导思想是：统一税法、公平税负、简化税制、合理分权，理顺分配关系，保障财政收入，建立符合社会主义市场经济要求的税制体系。其主要内容包括：从 1994 年起统一内资企业所得税，取消国营企业调节税和“两金”，同时用税法规范企业所得税前的列支标准，并取消税前还贷；原来的个人所得税、个人收入调节税和城乡个体工商业户所得税合并，建立统一的个人所得税；建立起以规范化增值税为核心的与消费税、营业税互相协调配套的流转税制。

1994 年的税制改革是一次全方位、根本性的改革，在时间上也体现了一揽子推出的特点。其改革力度之大、利益调整之深、影响范围之广，在新中国历史上从未有过，从世界上看也是十分罕见的。

五、2003 年以来的税制改革

2003 年 10 月，党的十六届三中全会通过了《中共中央关于完善社会主义市场经济体制若干问题的决定》，做出了“分步实施税收制度改革”的战略部署。自此开始，我国开始了以结构性调整为特征的新一轮税制改革，并取得了极大地进展。

——农村税费改革。2006 年，在全国范围内全面取消农牧业税和除烟叶外的农业特产税，标志着延续了 2600 年的农业税从此退出了历史舞台。农业税的取消，对于促进农村经济发展，维护农村社会稳定，具有重大而深远的意义。

——增值税转型改革。从 2004 年 7 月 1 日起，在东北地区部分行业实行了增值税由生产型转为消费型的改革试点。自 2007 年 7 月 1 日起，国家在中部地区六省份的 26 个老工业基地城市的 8 个行业中进行扩大增值税抵扣范围的试点。自 2009 年 1 月 1 日起，我国在所有地区、所有行业推行增值税转型改革。这一改革对于应对全球金融危机、促进我国经济发展发挥了重要的作用。

——个人所得税法修订。2005 年 10 月，全国人大常委会修改了《个人所得税法》，一方面调高工薪所得者扣除额，减轻了中低收入者税收负担；另一方面要求年所得 12 万元以上者自行纳税申报。2006 年、2008 年和 2011 年，全国人大常委会三次修订个人所得税法，对工薪所得的起征点进行了三次上调。

——内外资企业所得税合并。2007 年 3 月通过《中华人民共和国企业所得税法》，自 2008 年 1 月 1 日起统一内资、外资企业所得税税率，统一并适当降低企业所得税税率，统一和规范税前扣除办法和标准；统一税收优惠政策，产业优惠为主、区域优惠为辅。

2012 年党的十八大以来，为应对经济新常态，配合全面深化改革，我国新一轮税制改革的重点主要是优化税制结构、推动税收法定两项内容。从税制结构的优化来看，我国启动了“营改增”、消费税改革等多轮税制改革，在税制结构合理化、结构性减税方面取得显著成果。据统计，2016 年 5 月 ~2017 年 4 月，我国累计减税 6 993 亿元，98.7% 的试点纳税人实现税负降低或持平，所有行业税负只减不增的预期目标已经实现。分行业看，新增试点的建筑、房地产、金融和生活服务四大行业累计减税 2 419 亿元，前期试点的“3 +7”行业（交通运输业、邮政业、电信业 3 个大类行业和研发技术、信息技术、文化创意、物流辅助、有形动产租赁、鉴证咨询、广播影视 7 个现代服务业）累计减税 2 162 亿元，原增值税行业，主要是制造业累计减税 2 412 亿元。①

从税收法定的推进来看，在党中央的高度重视下，税收法定取得显著进展。2015 年 3 月，十二届全国人大第三次会议以 2 761 票赞成表决通过对《立法法》的修改，更加充分彰显了“税收法定原则”。2016 年 12 月，《中华人民共和国环境保护税法》经十二届全国人大常委会第二十五次会议表决通过，是党的十八届三中全会提出“落实税收法定原则”要求后，全国人大常委会审议通过的第一部单行税法。

① 资料来源：新浪财经 http：//finance. sina. com. cn/roll/2016 - 12 - 28/doc-ifxyxvcr7804425. shtml.

第八章　税收管理

税收管理是国家以法律为依据，根据税收的特点及其客观规律，对税收参与社会分配活动全过程进行决策、计划、组织、协调和监督控制，以保证税收职能作用得以实现的一种管理活动，也是政府通过税收满足自身需求，促进经济结构合理化的一种活动。它是保证财政收入及时、足额入库，实现税收分配目标的重要手段。

第一节　税收管理概述

对税收管理的含义理解包括广义和狭义两个层次。

从广义来看，税收管理应该包括从税收法律的立法、执法到司法的整个过程。在这个过程中，税收的立法环节体现了国家的决策及其相应的税收实施计划；税收执法的过程是保证税收及时足额入库、发挥税收作用的关键环节，是税收管理最为重要的内容；而司法环节则是关于税收争议案件的处理，虽然其在很大意义上属于法律范畴，但从更广泛的意义上来说，它也是税收管理中不可或缺的内容。

狭义的税收管理则仅指税收的执法管理过程，它包括税收征收管理和税收行政管理两个方面的内容，这两个方面正是通常意义上税收管理的主要内容。

一、立法

税收立法也称税法的制定，是指国家机关及其授权机关依据法定权限的法定程序，制定、修改、废止税收法律规范的活动，主要包括税收立法体制和税收立法程序两个方面。

（一）税收立法体制

主要指立法机关和立法权限的划分。我国的立法体制是一元性、多层次的立法体制。所谓“一元性”，是指国家立法权统一由全国人大及其常委会行使，只有全国人大及其常委会有权制定法律。所谓“多层次”，具体表现在：根据宪法的规定，全国人大及其常委会制定法律；国务院根据宪法和法律及全国人大及其常委会的授权，制定行政法规；国务院下属的部委根据法律和行政法规，制定规章；省，自治区、直辖市人大及其常委会在不与宪法、法律、行政法规相抵触的前提下，可以制定地方性法规；民族自治地方的人大有权依照当地民族地区的政治、经济和文化特点，制定自治条例和单行条例等。就法的效力位阶而言，上位阶的法的规范优于下位阶的法的规范，下位阶的法的规范不能和上位阶的法的规范相抵触。与此相适应，有关税收的立法，主要属于中央一级的立法权，包括全国人大及其常委会行使的国家立法权，国务院根据宪法和法律制定行政法规的行政法规制定权，以及全国人大及其常委会对国务院的授权立法权。

（二）税收立法程序

税收立法程序是指有权的机关，在制定、认可、修改、补充、废止等税收立法活动中，必须遵循的法定步骤和方法。目前，我国的税收立法程序主要包括以下三个阶段。

1. 提议阶段。无论是税法的制定还是税法的修改、补充和废止，一般由国务院授权其税务主管部门（财政部或国家税务总局）负责立法的调查研究等准备工作，并提出立法方案或税法草案，上报国务院。

2. 审议阶段。税收法规由国务院负责审议。税收法律在经国务院审议通过后，以议案的方式提交全国人民代表大会常务委员会的有关工作部门，在广泛征求意见并做修改后，提交全国人民代表大会或其常务委员会审议通过。

3. 通过和公布阶段。税收行政法规，由国务院审议通过后，以国务院总理名义发布实施。税收法律，在全国人民代表大会或其常务委员会开会期间，先听取国务院关于制定税法议案的说明，然后经过讨论，以简单多数的方式通过后，以国家主席名义发布实施。

二、执法

税收执法是指税务机关和税务人员按照税法的要求，严格履行税法规定的权利与义务，进行税收的征收、管理、稽查、处罚等项活动，从而确保国家的税收及时、足额入库，即实现所谓“征收遵从”，它是依法治税的重要前提。税收执法是一项具体的、经常的、实际的组织管理活动，是最能体现税收法律关系的一个环节。

税收执法活动一方面，是由具体的执法者代表国家实施征税权，体现国家的意志，以国家的强制力作为后盾和保障；另一方面又是执法者把抽象的、概括性的法律、法规作用于具体的人和事的活动，是一种具体的行为。从理论上讲，执法者的每一项活动都应有严格的法律依据，但面对纷繁复杂的实际事物，法律、法规的规定是有一定的可调余地的，因而执法者可以运用行政自由裁量权，在一定范围内灵活处理有关事项。正是由于税收执法活动的这种特点，如果对执法者的行为不加约束，便容易导致滥用职权和各种腐败现象的泛滥。为保证税收执法活动的正常进行，必须对税收执法主体——税务机关的权利、义务做出明确规定，用以约束、规范税收执法活动。

税务机关的权利主要有征税权、税法解释权、委托代征权、税收保全权、强制执行权、行政处罚权、税收检查权和税款追征权等。同时税务机关负有依法办理纳税事宜的义务、保密义务、实施税收保全及依法解决税务争议应履行的义务等。

税收执法的具体内容是从税务登记到税款征收，再到纳税检查的一系列活动，它体现在税收征收管理的全过程中。

三、司法

税收司法是指国家司法机关根据法定职权和法定程序具体应用法律处理税务案件的专门活动，是国家司法活动的重要组成部分。

税收司法活动与其他司法活动相比，除具有强制性、程序性等共同点之外，还体现着其经济性的自身特点。经济性是基于税收的基本要求而使税收司法体现出的一个明显特征。税收司法以保证国家税收收入的实现为根本目的，为此，必须以保证和维护税收关系的正常发生为前提，例如，在出现涉税诉讼时，应以首先满足国家税收收入的实现为前提。对于这一点，《中华人民共和国税收征管法》第八十八条已做出明确规定："纳税人、扣缴义务人、纳税担保人同税务机关在纳税上发生争议时，必须先依照税务机关的纳税决定缴纳或者解缴税款及滞纳金或者提供相应的担保，然后可以依法申请行政复议；对行政复议决定不服的，可以依法向人民法院起诉。"当然，为保护纳税人的正当权益，《税收征管法》对纳税人在涉税案件中，其正当经济利益受到损害，也提供了必要的司法保护。

人民法院和人民检察院是代表国家行使司法权的专门机构。相应地，司法权包括审判权和检查权。通常认为，司法机关是法律得以实施的最后一道关口，它具有国家权威性和很强的专业性。在行使税收司法权方面，强调法律面前人人平等；以事实为根据，以法律为准绳；司法机关依法独立行使职权，不受任何机关、团体和个人的干预。只有保证税收司法制度的独立、公正，才能有效地保障纳税人依法行使权力、履行义务。

尽管从广义看，税收管理包括上述三个环节的内容，但是，税收管理常使用的是其微观层面的含义，即税收的执法管理过程——其中，税收征收管理和税收行政管理是最为重要的两方面内容。

第二节 税收征收管理

税收征收管理是代表国家实施征税权的税务机关依照国家税收法律、法规的规定进行税款征收，组织财政收入入库，并对日常的征纳活动进行管理、监督、检查等一系列工作的总称。

一、税收征收管理的意义

税收征收管理作为国家财政管理和财政监督的重要组成部分，是国家组织收入的基础性工作，也是贯彻国家税收政策法规、实现税收职能、发挥税收作用的基本保证。

（一）通过税收征管，可以使税收政策、制度、法规等得以真正地贯彻执行

税收政策、制度、法规等都不能自发地起作用，再好的法律、法规，如果束之高阁，不去贯彻执行，也只能是一纸空文。有关税收的法律、法规等，只有通过税务机关的日常税收征收管理活动，才能使之贯彻到每一个纳税人。

（二）通过税收征管，可以使分散的税款缴入国库，从而保证财政收入

组织税收收入是税收征收管理工作基本的和首要的任务。国家取得税收收入，一靠正确的税收政策，二靠依据税法所进行的征收管理。税收政策、法规等确定以后，必须经过税务机关进行大量的管理工作，采取一系列的措施、方法，才能将分散的、零星的税款征缴入库，完成税收任务，保证财政收入，满足社会主义建设的资金需要。

（三）通过税收征管，可以发挥税收调控经济的职能作用

税收征管是发挥税收经济杠杆作用的重要方式。在制定税收法规时，通过对税种、税目、税率的不同设计，体现奖限政策，以调节生产、流通和消费，在宏观上具有实施国家的产业政策，促进产业结构优化的调控经济的职能作用，如税法规定的减免税、开征消费税等。但税收的这一调控经济的职能作用，必须通过税收管理的具体工作，才能贯彻落实到每个企业、单位和

每一个纳税人。

（四）通过税收征管，可以发挥税收监督的职能作用

税收的监督管理作用体现了税收反作用于经济的能动性。税收监督能促进企业建立健全账簿、凭证，按财务会计制度进行正确的业务处理和成本核算，加强企业经济核算，挖掘企业内部潜力，提高经济效益；可以通过惩处企业的偷抗税现象，规范企业的行为。但税收的这一职能作用，只有通过大量的事前管理、事中控制、事后检查监督的征收管理活动，才能真正发挥。

（五）通过税收征管，可以增强公民的纳税意识，提高其纳税自觉性

从整体上讲，我国公民的纳税意识还很淡薄，这是由诸多历史的、社会的因素造成的。只有通过日常的、大量的征收管理工作，才能增强和提高公民的纳税意识。首先，要利用报刊、广播、电视、文艺等手段和形式，大力开展关于税收意义和税收法规的宣传教育，使一个人都要认识到国家收税是为了实现国家职能，满足社会需要，同每一个人的切身利益密切相关，依法纳税是每个公民应尽的义务。其次，税务机关要经常地深入企业等各单位进行纳税辅导，尤其在税收政策发生重大变化时，更应集中进行，使企业办税人员熟悉税法。最后，要经常开展税务检查活动，对于违反税收法规的偷抗税典型案件，要大张旗鼓地进行公开处理，绳之以法，以儆效尤，以维护税法的严肃性和权威性，促进公民纳税意识的增强。

（六）通过税收征管，可以及时反馈有关经济和征管状况的信息，为税务决策提供客观依据

税收征管是税务机关对纳税人应纳税额征收入库的管理过程，同时也是社会经济信息及税收征管状况信息的反馈过程。通过对纳税人办理税务登记，进行纳税申报和缴纳税款等活动的管理，可以了解经济税源的变化情况，掌握税收进度及计划的完成情况；还可以反映管理形式、征收方式等的适应程度。通过对纳税人履行纳税义务的检查，又可以反映出税收政策、法规的贯彻执行情况及税务机关征管方面存在的问题。而所有这些，又都起到了检验某些税收政策、法规等规定的是否正确、是否合乎实际的作用，进而为税收政策、法规等的改进、充实、完善，为正确的宏观税务决策和改进征管工作，提供了可靠的依据。

此外，由于税收征管工作涉及国民经济的不同领域、不同部门，以及社会再生产的不同环节，联系面广，信息灵通，通过税收管理工作，从中可以研究并向有关部门提供经济结构、生产布局以及利润分配、商品供求等生产、经营情况和存在的问题等资料信息。这些信息，经过纳税人的申报和税务机关的核实，一般具有及时性、广泛性和真实可靠性的特点。

（七）通过税收征管，可以保障涉外税收，维护国家权益

税收历来是国家行使主权的一个经济杠杆，是实行对外开放政策的一个重要的促进和制约手段。通过征收管理，可以贯彻税收法律、行政法规，调节进出口产品的品种和数量，保护国内生产；可以吸引外资和引进国外先进技术，促进国家经济发展；并且在维护国家主权的同时，促进对外经济交往。随着对外经济交流的日益扩大、进出口贸易的日益增长，对税收征收管理必将提出新的要求。

二、税收征收管理的目的和要求

（一）税收征收管理的目的

税收征管的目的就是按法定程序正确执行税法，以确保税收收入及时征收与入库。如果正确执行税法后，税收收入仍然不足，那么就需在税收制度的制定与调整中，通过提高税率、扩大税基等方法来加以解决，而不应在税收征收管理环节对税收政策进行变动。因为这样，不仅有悖税法的严肃性，而且不利于加强税收征收管理。

（二）税收征收管理的要求

税收征管的要求就是一切征管活动都应有法律依据，遵循法定的程序，不得在征管过程中随意改变税法或靠主观判断行事。只有做到这一点，才能真正加强税收征收管理，充分发挥税收作用，做到严格意义上的依法治税。

三、税收征收管理的基本特点

（一）税收征收管理是国家宏观管理的重要组成部分

国家宏观管理包括财政、金融等多方面的管理。税收作为财政的一个重要组成部分，是国家调节经济的一个重要杠杆，而税收征收管理是发挥税收作用的主要手段之一。从这个意义上讲，税收征收管理是国家宏观管理的重要组成部分。通过加强税收征收管理，可以充分发挥税收的宏观调控功能，更好地贯彻国家的税收政策、执行税收制度、完成税收计划等，使税收征收管理作为国家宏观管理的一部分真正起到管理经济的作用。

（二）税收征收管理是一种执行性管理

税务机关工作人员的主要职责是执法，在征管过程中，只能按既定的税法正确执行，而不得改变税法，也不得放弃税法要求履行的职责。衡量税务机关征管工作优劣的主要标准并不是税款征收得越多越好，而是是否严格依法行事。因此，在税收征管过程中遇到税收法规无法执行或脱离实际等问题，必须通过信息反馈，最终以修正税收法规的形式来解决。在税收法规未

修改之前，只能依照执行。

（三）税收征收管理是一种系统管理

税收征收管理包括税务登记、账簿凭证管理、纳税申报、税款征收以及税务检查等内容。这几个方面之间是相互联系、相互补充且相互制约的，是一个统一的有机整体。其中，自税务登记开始的管理，属事前管理，它是征收与检查的基础与前提；以税款解缴入库为主要内容的征收，是事中控制，它是整个征收管理的中心环节，也是其主要目的之所在；而纠正违反税收法规行为及处理违法案件的检查，则是事后监督，它既可以反映事前管理存在的问题，又可以检查事中征收的质量，是管理的深入和实现征收的保证。可见，税收征收管理自成体系，在贯彻税收政策、发挥税收作用的过程中起着至关重要的作用，是整个税收管理系统的极为重要的组成部分。

四、税收征收管理的内容

（一）税务登记

税务登记又称纳税登记，是纳税人依照税法规定，就其经营活动，在指定的时间内向所在地税务机关办理书面登记的一项制度，也是税务机关控制纳税户数和对纳税义务人进行监督的一项依据。根据办理税务登记的具体情况，可分为开业登记、变更登记和注销登记等。税务登记作为整个税收征收管理的首要环节，在整个征收管理中起着基础性作用，是税务机关掌握经济税源，加强依法治税的重要保证。

1. 税务登记是税务机关掌握税源情况、防止漏管漏征的基本工作环节。对税务机关来说，通过税务登记，可以全面了解管辖范围内纳税人的基本情况，掌握税源的分布状况，合理地调配征管力量，建立科学、严密的征管组织，同时有利于对税收实行源泉控制，防止漏管漏征、打击偷逃税行为，为加强申报征收工作创造条件。此外，还有利于税务机关掌握纳税人的生产经营情况，为编制税收计划、研究制定税收政策、进行税收决策提供客观依据。

2. 税务登记是纳税人依法履行纳税义务，获得税收权益的证明。税务登记是对税收法律关系的内容即征纳双方权利与义务关系的确认。税务登记证件的颁发和领取，一方面，以书面形式确认了税务机关享有依法征税、管理、检查和处罚的权利，同时负有接受纳税人监督、正确行使权利的义务；另一方面，纳税人则必须履行依法纳税、接受税务机关管理的义务，同时也享有依法申请税收优惠的权利。

目前，我国对税务登记证的核发日益完善，根据2014年国家税务总局关于推进工商营业执照、组织机构代码证和税务登记证“三证合一”改革的若干意见，税务登记证和工商营业执照、组织机构代码证实行“三证合一”，由“三证联办”和“一证三码”逐渐发展为“一证一码”。为进一步深化、完善税务登记制度的改革，浙江省于2015年7月1日在全国率先实行营业执照、组织机构代码证、税务登记证、社会保险登记证和统计登记证“五证合一”登记制度。2016年6月30日，国务院办公厅发布了《关于加快推进“五证合一、一照一码”登记制度改革的通知》从10月1日起正式实施“五证合一、一照一码”，在更大范围、更深层次实现信息共享和业务协同，巩固和扩大“三证合一”登记制度改革成果，强化相关部门间信息互连互通，实现企业基础信息的高效采集。

（二）账簿、凭证管理

账簿、凭证管理是税收征管的另一个重要环节。在此，账簿是指纳税人用来连续地登记各种经济业务的账册或簿记，包括总账、明细账、日记账以及其他辅助性账簿；凭证则是指纳税人用来纪录经济业务，明确经济责任，并据以登记账簿的书面证明。账簿、凭证管理是指税务机关按照有关法律、法规和政府有关财务、会计方面的规定，对纳税人、扣缴义务人的会计账簿、会计凭证等进行管理和监督的制度。

账簿、凭证既是纳税人进行财务会计核算的基本手段，又是征纳双方稽征和缴纳税款的重要依据。纳税人必须依照税收法规和财务会计法规的规定设置账簿，根据合法有效的凭证记账，进行核算，依法办理和履行纳税事宜。纳税人建立健全账簿凭证管理制度，是税收征管的一项十分重要的工作。在社会主义市场经济条件下，纳税人只有不断努力提高经济效益，才能在市场竞争中不被淘汰。因而，纳税人必须建立健全财务会计制度，正确使用账簿、凭证和会计报表进行会计核算，以保证及时准确地反映计税依据，真正达到加强经济核算、提高经济效益的目的。如果纳税人不建立相关账证或在账证处理上弄虚作假，进行偷漏税等非法经营活动，不仅侵犯了国家税收权益和其他经营者或消费者的合法权益，而且由于弄虚作假所受到的处罚也损害了自身的正常经济利益，从宏观上讲将不利于纳税人的公平竞争，违背了公平税负的原则。所以，加强对纳税人的账证管理，对于加强纳税人经济核算、提高管理水平和经济效益、增强市场竞争能力、维护国家税收权益、保证财政收入等，都具有重要意义。

发票是指一切从事生产和经营的单位和个人在购销商品、提供或者接受服务以及从事其他经营活动中，开具、收取的收款凭证。它是商品经济活动最大量、使用最普遍的商事凭证。作为商事活动的原始凭证，对发票的管理是税务部门对企业财务凭证管理的重要内容。具体讲，发票管理就是税务机关对纳税人领购的发票所实施的监督管理，其内容包括发票的印制、领购、开具、保管、检查和违章处理等。

由于发票的重要性，所以也有必要对发票管理的作用详细进行阐述。

1. 发票是掌握和控制税源的重要手段。因为发票既是合法的财务收支凭证，又是维护纳税人自身合法权益的证明。因此，纳税人为了能够从事正常的合法经营，就必须开具或索取发票。税务机关要求纳税人在购领发票之前，必须办理税务登记，同时税务机关大力加强发票印制、领购、保管等各环节的管理，堵塞发票非法来源渠道，纳税人要使用发票就必须办理税务登记。由此，通过税务登记这一环节，税务机关便能有效地控制税源。

2. 发票是税务机关稽核的原始凭证，是编制会计分录、登记账簿的基本依据，纳税人在收入、成本、费用以及应纳税额等方面存在的问题，有相当一部分是由于其取得或开具发票不符合真实性、合法性和完整性的原则，不能进行正确的会计核算。因此，要保证纳税人依法纳税，就必须加强发票的稽核检查，查税必查票，发票就成为税收检查的重要内容。

3. 发票管理是社会经济管理的重要组成部分。通过契约实现经济活动，是市场经济有序性的表现之一。发票具有契约的性质，通过开具、取得发票，可以形成比较规范的权利义务关系。加强发票管理，能够促进商品交易双方认真履行契约，有利于建立良好的市场秩序。在经济活动中，一些不法分子往往利用发票进行贪污受贿、走私贩私、偷税骗税、侵吞国家财物等违法犯罪活动，私自印制、倒买倒卖、伪造、变造及转借、虚开发票等违法犯罪活动屡禁不止，严重地干扰了社会主义市场经济秩序。因此，加强发票管理，严厉打击利用发票进行违法犯罪活动，已成为社会经济管理的重要内容。

（三）纳税申报及税款征收

纳税申报是指纳税人按照税法规定的期限和内容向税务机关提出的书面报告，是纳税人履行纳税义务向税务机关办理的纳税手续，也是基层税务机关办理征收业务、核实应征税款、开具纳税凭证的主要依据。

实行纳税申报制度，对于强化税收征管、杜绝税收违规现象、提高征管效率、保证应征税款及时足额收缴入库，具有重要意义。

1. 实行纳税申报是依法治税的需要。我国《税收征管法》明确规定，纳税人或扣缴义务人必须在法律、行政法规规定的或税务机关依照法律、行政法规的规定确定的申报期限内办理纳税申报。由此可见，纳税申报对纳税人或扣缴义务人来说，是必须履行的一项法定义务。通过纳税申报，可以衡量纳税人纳税态度端正与否，有无偷漏税行为，形成纳税人自我约束机制，增强纳税人依法纳税的意识，提高其纳税自觉性。

2. 实行纳税申报是监控税源的需要。税源是税收收入的来源，纳税申报是税源的间接体现。税源的丰裕程度直接反映在纳税人申报税款的数量上。税务机关要完成税收任务，就必须掌握和了解所辖纳税人的税源情况，纳税申报表就是税源的“晴雨表”。税务机关通过对纳税申报的管理，可以及时掌握和了解纳税人生产经营发生的变化，进行税源预测，保证税收收入任务的完成。

3. 实行纳税申报是税务机关强化税收管理、提高税收管理效率的需要。对纳税申报的管理是税务机关的一项基础管理工作。纳税申报率的高低直接反映出税务机关和税务人员的征管水平如何。建立普遍的纳税申报制度，可以使税务人员从“登门”征税中解脱出来，强化稽查力量，降低征管成本，提高征管效率。

税款征收是指税务机关将税款及时足额地征收入库的一系列活动的总称，是整个税收征收管理工作的一个重要环节，也是其关键所在。就其具体的征收方式而言，可以分为查账征收、查定征收、查验征收、定期定额征收以及自报自缴税款等。

税款征收对及时足额地将应征税款征缴入库、确保财政收入的实现具有极为重要的意义。

（四）纳税评估

纳税评估是指税务机关运用数据信息对比分析的方法，对纳税人和扣缴义务人纳税申报（包括减免缓抵退税申请）情况的真实性和准确性做出定性和定量的判断，并采取进一步征管措施的管理行为。纳税评估不仅对提高税收征管质量、防止偷逃税行为有着重要作用，同时，它也是税务机关实行人性化管理和优化纳税服务的具体体现。

一般而言，纳税评估工作应本着强化管理、优化服务；分类实施、因地制宜；人机结合、简便易行的原则来进行。其主要工作内容包括：（1）根据宏观税收分析和行业税负监控结果以及相关数据设立评估指标及其预警值；（2）综合运用各类对比方法筛选评估对象；（3）对所筛选出的异常情况进行深入分析并做出定性和定量的判断；（4）对评估分析中发现的问题分别采取税务约谈、调查核实、处理处罚、提出管理建议、移交稽查部门处理等方法进行处理；维护更新税源管理数据，为税收宏观分析和行业税负监控提供基础信息等。

通常情况下，纳税评估工作主要由基层税务机关的税源管理部门及其税收管理员负责，其工作对象为本辖区内的所有纳税人及其应纳所有税种；重点税源和重大事项的纳税评估也可由上级税务机关负责。但是，从总体上看，纳税评估是一项综合性的工作，它也需要各级税务机关的相关部门密切配合、分工协作。

（五）税务检查

税务检查是国家赋予税务机关的一项执法权力，是保证税款征收的重要手段。它是税务机关依法对纳税人、扣缴义务人的纳税情况所实施的审查，包括对各种税收违法行为的查处。

税务检查作为依法治税、保证征收的重要手段，其基本任务是依照国家税收法律、法规查处税收违法行为、保障税收收入、维护税收秩序、促进依法纳税、保证税法的贯彻实施。首先，税务检查有利于严明税收法纪，保证税款征收。税务检查作为税收征收管理的重要环节，一方面，能够有效地监督纳税人、扣缴义务人依法履行纳税义务，通过税务检查这一环节查补税款，防止和堵塞各种偷税、骗税的渠道，以保证税收的财政职能；另一方面，税务检查又能够监督税务干部的执法情况，建立起征管与检查相互监督的管理机制，从根本上保证税收法纪的贯彻实施。其次，税务检查有利于强化税收监督，维护税收秩序。税务检查作为国家实施税收监督的重要环节，能够及时发现和查处各种税务违法行为，有效打击偷税、抗税、骗税等危害国家税收秩序的犯罪行为，维护税收秩序。因此，强化税务检查的力度，不仅有利于引导纳税人自觉履行纳税义务，还可以在全社会建立起税收监督的法网，以保证税收的经济职能。

五、税收征收管理的手段

长期以来，我国税收征收管理的手段一直以手工操作为特征，征管效率低下。近二三十年来，随着经济和科技的迅速发展，运用科技手段、实行信息化管理已成为大势所趋。但就我国目前的征管状况而言，还不具备对税收实行完全信息化管理的条件，因而，只能循序渐进、逐步发展。

目前我国的税收征管手段基本上处于一种由手工向信息化迈进的过渡阶段，即人机结合的阶段。而这一阶段又可以分为两个较小的阶段：一是计算机的推广、普及和在征管上的一般性应用阶段；二是随着 2016 年“金税三期工程”完成推广工作后开始实施，逐步开通了税务系统的局域联网和广域联网，开始步入电子化管理阶段，但一般还是局限于税务系统的连接，仍然属于封闭型。尽管如此，运用科技手段向税收征管的完全信息化迈进已显示出了其勃勃生机。尤其是在面对电子商务的严峻挑战面前，推行税收信息化建设具有更为重要的意义。

（一）先进的征管手段，有利于改进征管模式

在现代科技日益发展的情况下，税收征管必须采用现代化的科技手段，

以利提高税收征管的质量和水平。科技加管理，已成为税务系统的共识。为此，国家税务总局重新制定了税务管理信息系统一体化方案，提出了税收信息化建设的总体目标，即根据一体化原则，用十年时间，建立一个基于统一规范的应用系统平台，依托税务系统计算机广域网，以总局为主、省局为辅的信息处理高度集中，功能覆盖各级税务机关行政管理、税收业务、决策支持、外部信息应用等所有职能的功能齐全、协调高效、信息共享、监控严密、安全稳定的税务管理信息系统，税收征管模式从依靠纸介质的手工操作，逐步向依托信息技术和网络的计算机操作方向转变。

（二）先进的征管手段，有利于增强税收征管力度和刚性

税务信息系统的应用对征管力度与刚性的影响也是深刻的。实行计算机管理之后，大量税收管理的政策都固化在软件系统中，并通过软件的使用达到实时的监控制约，大大减少了征收管理的随意性。另外，通过利用信息技术，税务部门能够与工商、财政、银行等相关执法单位或信息拥有部门联网，大量采集纳税人的涉税信息，将税收征管与国民经济信息通过网络集中起来，确保税务机关准确地把握经济动态，实施税源分析与监控。

（三）先进的征管手段，有利于增强税务机关自上而下的监控能力和管理力度

税务信息系统建设与征管改革，促进了税收征管业务和行政管理的规范化，提高了层级监控的能力，以信息管理为基础的管理制度已经初步形成，信息不再因地域的关系而被阻隔，管理层面将趋于扁平化，从总局到基层税务机关，税收征管的各个环节均分到各个岗位，相互之间的制约变得更易操作。税务管理信息系统在一定程度上规范了税务行政管理行为，初步形成了对内监督和对外监控的制约机制，提高了层级监控的能力。

（四）先进的征管手段，有利于加强税收管理

在信息技术的支持下，税收管理执法权由集中于一局而分解到各局，有相当一批人将被剥夺一部分权力，而被赋予更大的责任。对于一户企业的税收问题不再能够一个人说了算，对于维护税法的严肃性、公平税负，较好地避免执法不严和违法违纪问题的发生起到了十分积极的作用。此外，税务信息系统的建立，给各级税务机关行政管理流程也带来了深刻的变革。以前，听汇报、作调研、看报表是税务机关管理人员决策的主要的信息来源，间接的渠道使信息的传递无法做到及时与准确；在信息技术的支持下，数据将成为决策的主要依据，税务管理已由被动管理转为主动管理，从而大大加强了税收管理。

（五）先进的征管手段，有利于改进纳税服务方式，提高税收征管效率

税务信息系统的建立对纳税人服务体系产生了深刻的变革。在早期，对纳税企业实行的是“保姆式”服务，后来改由税务机关在纳税服务大厅坐等纳税人，纳税人上门申报。现在随着多元化纳税申报方式特别是电子申报方式的推行，纳税人可以不再为繁琐的现场纳税程序所困扰，也不再局限于地域与时间的限制，纳税行为将变得更加轻松和有序。这种自助式的纳税服务正在逐步成为纳税服务体系的主要内容。而且，由于信息技术的引入，税务部门的工作效率和整个税收管理的效率正在大幅度提高。原来的一份公文从制定到下发到各地执行，需要很长时间。近几年，税务机关普遍使用了网络化的公文处理系统，不但办文过程中实现了无纸化，而且通过网络传输公文，可以使上级机关的要求更快地贯彻到下级税务机关，下级税务机关的情况也能够更快地被上级税务机关掌握。比如，最早的出口退税要严格按照要求，一月申报一次，实行计算机管理后，纳税人可以随时申报，税务机关根据掌握的各方面的基础信息，在信息系统内部自动进行对审，既减少了人为干预，又大大缩短了出口退税周期。

（六）先进的征管手段，有利于征税双方的思想观念的转变

一方面，各级税务管理人员对信息技术在税收管理中的作用的认识有了一个质的飞跃。从初期的不了解、甚至抵触情绪，到主动的利用信息技术替代手工提高工作效率，现在已经发展到对信息技术的知识普遍了解，对信息技术的作用普遍认同的阶段。大家开始认识到，仅仅利用信息技术模仿手工是远远不够的，要充分发挥信息技术来改造税收管理工作，才能适应税收发展的要求。另一方面，纳税人已经意识到，税收管理的信息化已经给他们的纳税环境带来了一定的变化。纳税服务好了是一方面，而且少数纳税人想钻空子偷逃税的机会也变得越来越少，税收环境趋于公平。

六、税收征收管理模式

税收征收管理模式是指税收征管工作规范化的管理形式或格局，它指的是税务部门与纳税人发生征纳关系的形式及由此产生的税务征管机构设置和职责分工的具体组织形式。

（一）税收征管模式的原则

随着我国社会主义市场经济体制的建立和逐步完善，经济利益主体日益多元化，税收征管对象也越来越复杂。为建立公平、公正的税收环境，保证税制的全面实施和健康运行，必须尽快建立起符合经济发展规律，体现公平、规范、严密、高效原则的税收征管模式。因此，税收征管模式的建立应遵循以下原则。

1. 依法治税。依法治税是社会主义市场经济的内在要求，也是深化征管改革的最终目的。要通过征管改革，逐步使征管行为规范化、法律化。

2. 规范统一。要对现行的征管模式、征管组织形式和征管业务流程等加以规范统一，为征管的规范化和计算机的全面应用打下基础。

3. 整体协调。在改革的设计上要通盘筹划，各项改革措施要协调配套，既讲求整体推进，又提倡重点突破，审时度势、把握时机、循序渐进，先城市后农村，先试点后推广。

4. 因地制宜。要从国情及本地区的具体情况出发，防止一哄而起，搞形式主义，允许有快有慢，有先有后，不搞一刀切。

5. 实用易行。要紧密联系我国税收征管的实践，重视借鉴国际上税收征管的先进经验，取长补短，使改革的成果不仅有利于税收征管，而且方便纳税人。

6. 监督制约。通过深化征管改革，不断提高征管的专业化程度，在机构设置、职责划分、运行机制和管理服务方式上，巩固和完善“外防偷漏、内防不廉”的制约机制。

（二）税收征管模式的内容

我国目前的税收征管模式是“以纳税申报和优化服务为基础，以计算机网络为依托，集中服务，重点稽查，强化管理”。具体说来就是要建立“一个制度，四个体系”。一个制度，即建立纳税人自行申报纳税制度；四个体系，即服务、监控、稽查和组织体系。前三个体系实际上是征管运行机制的组成部分，后一个体系则是与征管运行机制相适应的组织保障。

1. 建立纳税人自行申报制度。全面推行纳税人自行申报制度，从征管机制上割断了纳税人对税务专管员在纳税中的依赖性，确立了纳税人在纳税中的主体地位，从法律上明确了纳税人的权利、义务及责任，从而确立了征纳双方的责任关系。由此可见，纳税人自行申报纳税是建立新的征管模式的基础和关键。

2. 建立税务机关和社会中介组织相结合的服务体系。要使所有纳税人都能依法自行申报，就必须具备良好的税务服务体系。为纳税人服务应该采取以税务机关的专业服务为主、中介组织的社会服务为辅的二者结合的办法，实现“四化”目标。第一，税收政策法规日常公告制度化。保持税收政策法规的高度透明性是有效规范征纳双方行为的需要。除了国家公布的法律、行政法规外，国家税务总局应通过适当的形式公布税务行政规章、制度和其他规范性文件，省以下税务机关要定期向纳税人提供现行有效的税法信息和纳税实务指南等。为使纳税人及时、准确地了解税法信息，要建立起中央和省两级税收法规信息库。第二，办税服务场所设置合理化。在城市和县城以及其他交通便利、纳税人较为集中的地方，应本着相对集中、讲求实用、方便纳税和不扩大基建规模的原则合理设置办税服务场所，以集中、公开的形式为纳税人提供各种纳税服务。第三，税务代理社会化。部分纳税人由于受到时间、地点等各种因素的限制或者出于自身的需要，寻求社会中介服务组织进行税务代理，所以搞好社会化税务代理是优化征管服务的不可缺少的外部条件。应在进一步完善税务代理规章制度的基础上，加强税务代理队伍建设，并强化宣传以增进全社会对税务代理的全面了解和认识。第四，税收征管服务手段科学化。推广应用计算机是改善征管服务手段的必然取向。一要从我国实际出发，合理布局，科学规划，有计划、有步骤地实现税银、税企的计算机联网，提高计算机应用的整体功能；二是开发高水平的、统一的税收管理应用系统，实现从税务登记、纳税申报到税款入库过程的监控电算化；三是选择适宜的计算机系统模式，开发实用的计算机软件，保障业务管理和数据共享的需要；四是加大计算机开发的资金投入，搞好技术人员的培训。

3. 建立以计算机为依托的管理监控体系。要在实行计算机管理的基础上强化对纳税人的监控，主要是做到以下四点。一要建立统一的纳税人识别号。这是依托计算机监控管理的前提，是归集、处理、交换、查询税务信息的先决条件。除特殊情况外，对每一个纳税人都应赋予一个唯一的纳税人识别号，由国家税务总局统一编制，逐级发放管理。二要开发、完善高水平的征管监控应用系统。要在加强税收日常管理工作的基础上，把从税务登记至税务稽查的各项征管业务全面纳入计算机系统管理，依托计算机对征收管理的全过程实施监控。三要抓住重点加强监控。一个时期、一个地区要有重点地实施监控，要抓住增值税、出口退税、个人所得税等重点税种和重点环节加强监控。四要建立和完善四级计算机监控管理网络。为使税收监控管理水平在技术手段、信息处理、管理能力等方面不断提高，应在建成中央、省（区、市）、地（市）、县（市）四级计算机网络的基础上不断完善之。

4. 建立人工与计算机结合的稽查体系。一是要建立分类稽查制度。既要有针对特定行业或某类纳税人的重点稽查，又要有周期性地进行常规税务审计，还要有根据举报或前两类稽查发现的重大案源进行的个案稽查。二是要建立科学的稽查规程。新的稽查方式将主要借助于以计算机为依托的监控系统选择并确定被查的纳税对象，依照选案、制订计划、实施检查、审理、执行的流程规范操作，并对稽查结果进行分析以弥补制度上的疏漏。三是要建立健全社会协税护税网络。要加强与公、检、法部门的协调配合，尤其要依靠计算机监控系统与公安机关联网，及时通报重大案件线索，还要完善税务信访、举报案件处理制度，打击各种涉税犯罪。四要加强人员培训与考核，提高税务稽查人员的道德素质、业务水平及纳税服务的能力，严格考核稽查人员的工作业绩。

5. 建立以征管功能为主的机构设置体系。要本着“精简、效能”的原则，建立以征管功能为主的机构设置体系。承担税收征管工作全部任务和执行税收收入计划的基层征收单位（主要指直接面对纳税人的税务局或税务分局），其内设机构要根据不同情况，按照管理服务、征收监控、税务稽查、政策法规四个系列分别设置。人力应当根据机构设置的形式及上述四个系列的职能划分，从实际出发合理加以分配。农村税务所原则上按经济区划设置。

第三节 税收行政管理

税收行政管理是税务机关为了提高行政效率，依据国家法规行使职权，对内部事务进行有序管理的一种活动，是税收管理的重要组成部分。

税收行政管理的主体是代表国家行使职权的税务机关和税务干部；税收行政管理的依据是国家法规，包括税收实体法、税收程序法、税收管理权限、人事法规、财务法规等管理法规；税收行政管理的客体是行政行为，就是管理国家税收事务的活动；税收行政管理的目的是保证机关正常运转，提高行政效率；税收行政管理的过程包括税务行政决策、税务行政、税务行政监督等环节，发挥对税收管理活动统筹规划、掌握政策、信息引导、组织协调，对税务活动的管理提供服务和检查监督的职能作用。

一、税收行政管理的要求

首先，税收行政管理要求税务机构设置必须与税收管理体制相适应，有明确的隶属关系，并有利于贯彻执行税法，开展征收管理工作，有效地组织税收收入；对税务人员的配备应包括税务人员的培训教育、岗位组合、业绩考核等，从而使税收行政管理真正成为税收管理工作得以顺利实现的组织保证。

其次，必须合理地组织税收管理活动中的管理人员、管理机构、管理制度等各个要素，使各要素能够在整个管理体系中发挥各自的最佳作用。如管理人员如何实现最佳组合，管理机构如何适应管理对象、管理形式和管理体制的需要，管理制度如何做到严密健全、行之有效等，都有一个合理有效地组织安排与不断调整问题。

再次，必须保证税务管理流程的畅通。税务管理流程是指税务管理活动中税款征纳入库的过程以及税收信息产生、传递和处理的统一过程。为了保证税收管理流程的畅通，要求在税收管理的各个环节、各个阶段所采取的决策、计划、组织、监督和协调的措施和手段严密有效、互相配套，从而使税收管理活动有条不紊、畅通无阻地进行。

最后，要不断提高税收管理的综合效益。税收管理的综合效益是以税收基本职能的实现程度来评价的，如果管理的结果是及时足额地实现了财政收入的计划目标，达到了预期的调节经济和监督管理的目的，则这种管理就是有一定综合效益的管理。

二、税收行政管理的内容

（一）税务行政机构

税务行政机构（简称“税务机构”）是国家为实现税收职能而设立的专门工作机构。它是国家机关的组成部分，依照税法和税收管理体制的规定，行使管理税收的权力。

就法律地位来说，税务机构作为一个管理机关，既不同于国家权力机关——各级人民代表大会及其常委会，也不同于国家司法监督机关——各级人民法院和检察院，而是属于国务院系统的行政管理机关。它除了执行通常意义上的行政机关的职能外，还拥有一定的行政执法权。

我国税务机构经历了新中国成立初期的建立加强阶段，20 世纪 60 ~ 70 年代的简并阶段和十一届三中全会以后的全面强化阶段共三个阶段。随着 1994 年分税制的实施，税务机构设置也发生了重大变化，按照“精简、统一、高效”的原则，在定岗、定员、定责的“三定”基础上，设置了中央和地方两套税务机构，即国家税务局和地方税务局两大机构体系。

国家税务局主要负责中央税、中央与地方共享税的征收管理，实行国家税务总局垂直管理的领导体制，在机构、编制、经费、领导干部职务审批等方面按照下管一级的原则实行垂直管理，不受地方政府行政约束。其机构设置为：国家税务总局；省、自治区、直辖市国家税务局；省辖市、自治州、盟国家税务局；直属征收分局，县（市）、区、自治县、旗国家税务局。各级国家税务局根据行政区划，按行业设置征收分局，根据税源分布的情况，按经济区划设置税务所。第四层次属于基层税务机关，负责具体的征收管理工作。目前，绝大多数基层税务机关都设置了征收服务大厅，集中办理纳税人的各种涉税事务。

为了规范机构体系，1994 年分税制改革后，原海洋石油税务局和进出口税收管理处，都并入了当地国家税务局系统。

地方税务局负责地方各税的征收管理，在管理体制，机构设置和人员编制上实行系统垂直管理，其机构设置分为三级：省（自治区、直辖市）地方税务局；地区（市、州、盟）地方税务局；县（区、旗）地方税务局。

税务所是县级税务局的派出机构，原则上按行政区划设置，但为了降低税收成本，在税源比较分散的地区，也可以跨行政区（如乡、镇）集中设置税务所。

（二）税务行政法制

税务行政法制主要包括四个方面的内容，即税务行政处罚、税务行政复议、税务行政诉讼和税务行政赔偿。

1. 税务行政处罚是指公民、法人或者其他组织有违反税收征收管理秩序的违法行为，尚未构成犯罪，依法应当承担行政责任的，由税务机关给予行政处罚。税务行政处罚是行政处罚的主要组成部分。

2. 税务行政复议是指当事人（纳税人、扣缴义务人、纳税担保人）不服税务机关及其工作人员做出的税务具体行政行为，依法向上一级税务机关（复议机关）提出申请，复议机关经审理对原税务机关具体行政行为依法做出维持、变更、撤销等决定的活动。税务行政复议是我国行政复议制度的一个重要组成部分。

3. 税务行政诉讼是指公民、法人和其他组织认为税务机关及其工作人员的具体税务行政行为违法或者不当，侵犯了其合法权益，依法向人民法院提起行政诉讼，由人民法院对具体税务行政行为的合法性和适当性进行审理并做出裁决的司法活动。税务行政诉讼是行政诉讼的一个重要组成部分。

4. 税务行政赔偿是指税务机关作为履行国家赔偿义务的机关，对本机关及其工作人员的职务违法行为给纳税人和其他税务当事人的合法权益造成的损害，代表国家予以赔偿的制度。税务行政赔偿属于国家行政赔偿的一个部分。

税务行政处罚、税务行政复议、税务行政诉讼和税务行政赔偿都属于税收法制管理的内容，是保障税收工作得以顺利进行，税收收入得以及时入库的必要条件。这四者之间的关系也是极为密切的：在一定程度和范围上讲，四者之间环环紧扣，前者是后者的必要前提，后者是由前者所造成的结果。当然，并不是所有的税务行政违法行为都会经历这四个程序，有的可能只涉及其中的两到三个步骤，但其顺序是不能任意颠倒的，即只能依次进行。

第四节　我国的税收管理

近年来，随着经济的发展和综合国力的进一步提高，我国的税收管理水平也不断发生质的飞跃，在保证国家财政收入、实现对经济的宏观调控等方面发挥了极为重要的作用。但也不可否认，我国目前的税收管理中还存在一些突出问题有待解决。

一、我国税收管理目前存在的问题

（一）税收征收管理中存在的突出问题

1. 税收征收管理概念外延不清，层次混乱，从而导致管理实践中职责、权限的交错、混淆。如前所述，税收征收管理是一种执行性管理，其主要职责是依照税法组织税款的征收及相关的一系列工作。如果依法所组织征收的税款不能满足政府执行职能的需要，则应通过税收制度的重新制定或调整来实现增加财政收入的目的。而我国目前的情况是，对税务机关工作的考察并不是以其对税法的执行为标准，而是单纯以收入多寡来评判。这样，上一级税务机关为保税收任务的完成，将收入任务分解为各层次指标，层层下达；下一级税务机关则以完成承包任务为目标。在承包任务指标与税法有较大差距时，人们所关心的并不是税法的执行情况，而是税收任务的落实进度。由此带来的后果：一是在实际征收中，或者竭泽而渔、寅吃卯粮，或者越权减免、“藏富于民”；二是国家在调整税收政策时很难找到科学、可靠的依据，税收政策制定后也很难产生预期的效应。

2. 税收征管模式有待进一步完善。我国“以纳税申报和优化服务为基础，以计算机网络为依托，集中服务，重点稽查，强化管理”的征管模式进一步明确了征纳双方的权利和义务关系，促进了征管手段和服务方式的改善，对优化税收环境作用明显，基本上能适应经济发展的需要。2005 年 3 月，国家税务总局下发了关于《税收管理员制度（试行）》的通知，明确了税收管理员的工作职责、工作要求和管理监督等方面内容。税收管理员制度对于贯彻科学化和精细化的管理理念、解决“户籍不清、评估困难、淡化责任、疏于管理”等矛盾发挥了重要的作用，在强化征管、优化服务、协调工作等方面也取得了显著效果。尽管我国现行税收征管模式在实践中成效卓著，但仍存在一些亟待解决的问题，突出地表现为：管理幅度过大，征税成本过高——在一些基层税务局，平均每个税务人员分管几百户企业，若要管好，难度显而易见；保姆式管理并未废除，激励机制尚未建立；税收管理员与税务机关的法律责任风险加大等。

3. 税收征收管理面临电子商务的巨大挑战。电子商务是指双方或多方通过计算机和某种形式的计算机网络（直接连接的网络或 Internet 等）进行商务活动的过程。在经济日益全球化的今天，电子商务正在以不可阻挡之势迅猛发展，对现行税收制度、税收政策、税收管理等都提出了巨大的挑战。税收征收管理如何面对这一挑战，将直接影响到我国税收这一宏观经济杠杆作用的发挥。因此，如何对电子商务复杂的涉税问题进行税收管理面临着相当大的挑战。

（二）税收行政管理中存在的突出问题

税收行政管理中存在的突出问题主要体现在税收法制建设不够完善，制约了税收管理质量的提高。主要体现在以下四个方面。

1. 税收立法层次不高。目前我国已开征的税种，绝大多数还停留在暂行条例、暂行办法等低层次的法规上，真正通过全国人大立法的税收法律不多。税收基本法酝酿多年，至今尚未出台，使税收立法缺乏根本依据。《中华人民共和国税收征收管理法》作为我国唯一一部税收程序法，已明显不适应税收管理和税收执法的需要。

2. 税法体系不完备。一个国家的税法应该是由多种涉税法律构成的一个完整的法律体系。它不仅要包括不同税种的税法，还应包括税收立法法、税收征管法、税收计划法、税务行政复议法、税务行政诉讼法以及税收司法体系（如税务法庭、税务警察等）；而我国目前的税法体系与此还有一定的差距，必须尽快加以完备。

3. 现行的某些税收法规还不够规范，弹性大、变化多，法律责任界定模糊，可操作性差，惩罚手段单一，对故意拖欠税款等不履行纳税义务行为无法追究其法律责任。

4. 地方行政干扰税务执法。

（1）以发展地方经济为借口，超越权限滥施税收减免。这种做法一方面助长了企业偷税、漏税的风气，加剧了地区经济发展的不平衡；另一方面也不利于税务部门征管水平和征管质量的提高，使地方保护主义蔓延。

（2）脱离税源实际，片面追求“政绩”和地方收入规模的最大化。在地方政府的压力下，出现了征“过头税”、“空转税”、“买卖税”、“以票引税”等税收违法违纪问题。

（三）税务人员综合素质不高是一个十分突出的问题

税务人员的综合素质不高，不适应新时期税收工作的总体要求，也影响了税收管理的效率和质量。少数税务人员的政治素质低，经不起改革开放的环境考验，以权谋私，收“关系税”、“人情税”；有些税务人员业务素质低，尽管有做好工作的愿望，却没有做好工作的能力，尤其缺乏现代科技知识，难以适应现代化管理的要求；有的税务人员法制观念淡薄，不学法、不懂法，有法不依、执法不严、随意性大，有的甚至知法犯法，与不法分子勾结合谋偷税骗税；等等。总之，对税务人员的素质问题必须加以重视。

二、解决我国税收管理中存在问题的途径

（一）解决税收征收管理中存在问题的途径

1. 对税收征收管理的指导思想做出明确定位。为此必须具体界定税收制度制定、调整与税收征收管理两大类工作的决策主体、执行主体以及各自的职权范围。从法理上来讲，就是要真正建立起立法、执法、司法各司其职、相互制约、相互协调的税收法律体系。

2. 积极采取措施，优化现行税收征管模式。多年的理论探索和实践经验告诉我们，优化征管模式要遵循科技与管理相结合，“管户”与“管事”相结合，模式基本内涵的同一性与模式发展的阶段性、多样性、务实性相结合，模式的相对固定性与各地对既定模式具体操作的特殊性相结合的原则。一是应用信息技术的成果，不断提高科技应用于税收管理的层次，丰富和发展征管的时代内涵，提高征管水平。二是征管模式应有一个基本的框架，而且这个框架应当具有相对稳定的特性。三是通过征管权利的调整，实行“管户”与“管事”双管齐下，互为补充。新税收征管模式可表述为：“以纳税人自主申报纳税为前提，以促进税法遵从为目标，以风险管理为导向，依托专业、信息化管理方式，优化服务，加强评估，集约稽查，依法征收。”具体来说，主要是建立“三个体系”。

一是建立人机结合的税源监控体系。要实现征管信息采集、传递、反馈与共享的目标效能，全面加强税收征管，总体上的要求是抓好户籍监控、发票监控、稽查监控、日常巡查监控管理，建立健全税源监控体系，采取“上户管理”、“坐厅管理”与应用计算机辅助征管，直接监控与间接监控相结合。所谓“上户管理”，就是成立管理监控机构，由税务人员以组上岗，对税源实施全方位的监控管理，动态采集业户的生产经营和纳税等方面的信息，并及时输入电脑网络，与受理纳税申报所得到的信息进行对比，互相补充和修正，形成纳税人开业、停业、资金往来、经营管理、申报纳税等全面信息，并通过网络系统做出分析处理，为税款征收、发票发售、税务稽查等项管理工作提供真实可靠的信息依据，增强税务管理网络系统的预警功能。当前应充分利用新征管法对部门协力治税做出明确法律规范的契机，建立健全与工商、海关、银行等部门之间的信息互通制度，逐步实现外部电脑联网，从根本上解决漏征漏管户数较多、偷税骗税现象较为严重的问题。对于“城市模式”来说，宜采取电脑监控管理为主、人工监控管理为辅的方式，“人”、“机”的主辅比重要因地制宜，结合当地实际。只有强调“人”、

"机"的有机结合，才能使间接信息最大限度地转化为直接信息，实现信息流与业务流的有机统一。

截至目前，我国增值税防伪税控系统已经进入全面的三期推广阶段，全面覆盖增值税一般纳税人，达到增值税专用发票必须通过防伪税控系统进行开具的目标。金税三期工程属国家级信息系统工程，是国家电子政务建设的重要组成部分。它融合了税收征管变革和技术创新，统一了全国的国地税征管应用系统版本，搭建了统一的纳税服务平台，实现了全国税收数据的大集中，使我国对税收的监控和征管水平达到了新的高度。

二是建立良好的办税服务体系。要改变集中征管的思维定势，淡化办税服务厅作为办税服务的主阵地的功能。具体来说，就是要着力构建多元化纳税申报和多渠道办税体系。在信息化程度及其集中度日益提高的情况下，应提高电子申报、电话申报、持卡纳税等方便快捷的纳税申报方式的比重，使有条件的业户足不出户就能履行纳税义务，从根本上解决征收期办税服务厅"排长龙"的问题，降低纳税人申报纳税的奉行成本。此外，在开发税收征管软件时，要充分考虑到城乡有别、税源的集中与分散有别、经济发达与经济发展相对滞后有别的实际情况，采取集中研究开发、多层次选点试用、逐步修改完善的思路，以避免脱离实际，低层次重复开发，征管软件与征管实际不相适应，一些征管环节的工作受电脑软件的局限，影响办税效率等问题。

三是建立能保证严查重罚的稽查体系。着力健全稽查各项制度，真正实施严控管、重处罚，营造依法纳税的良好社会环境。加大稽查及处罚力度，增强税收的威慑力，甚至可以考虑让稽查机构独立于国税、地税机构之外。在以信息化为支撑、实施税源分类管理的同时，规范稽查，取消税务稽查的收入任务指标，使税务稽查由"收入型"向"执法型"转变。

以上是优化税收征管模式的三个基本方面，此外，还要辅之以严格的内部管理制度，从而做到标本兼治；要注意与整个财政税收管理体制相适应，发挥系统效应；要以不断完善的信息、司法体系等作保障，保证征管模式的顺利运行。

3. 完善税收征管，应对电子商务的挑战。针对电子商务对税收征管提出的新问题，要积极借鉴国际经验，同时结合我国实际，采取以下措施。

一是尽快建立、完善与电子商务有关的税收征管政策。众所周知，政策是管理与执行的前提。只有有了专门针对电子商务的完善的税收政策依据，才能在为加强对电子商务的税收管理奠定基础。目前，要抓紧时机尽快出台相关税收政策，以适应经济发展的需要。

二是加大对电子商务税收管理的力度。应尽快建立往上税收系统，与银行、海关等部门共同建立电子监控系统，如“电子支付纳税系统”等，打击偷骗税、堵塞往上交易的税收漏洞。首先，建立专门的电子商务税务登记制度，即要求纳税人在办理上网交易手续后，必须到主管税务机关办理电子商务的税务登记，将与上网有关的材料，如网址、电子信箱等，报与税务机关。其次，建立电子商务的外汇汇出代扣税制度，对境内居民汇出外汇，实行外汇用途申报，对其中属于商务性的，可以由汇出银行或邮局代扣一定比例的税费。最后，依托计算机网络技术，开发可以自动征纳税款的软件，并逐步实行在同城企业的智能型服务器上设置有追踪统计功能的征税软件，在每笔交易进行时自动记录交易类别和数量。从长远看，要开发一种完善的电子税收系统，从而完成“无纸税收”。

三是税务机关要加快信息化建设。税务机关要大力提高税务人员的综合业务素质，使税务干部成为外语、计算机技术、税收专业等方面知识样样精通的高素质复合型人才，保证税务工作与现代经济发展同步，以适应网络税收工作要求，保证国家税款及时、足额入库。

四是加强国际间税收的协调与合作。随着电子商务的发展，防止网上交易造成的税收流失、解决国际税收管辖权的冲突等，仅靠一国国内税收制度的调整是不够的，必须通过国家间的协调与合作共同解决。因此，我们一方面要关注世界各国电子商务的发展和税收对策；另一方面要加强与世界各国的合作，在税收立法、征管、稽查等方面与国际接轨，协调一致，更好地做好电子商务的税收征管工作，促进我国的经济发展。

（二）解决税收行政管理中存在问题的途径

1. 强化税收执法保障，完善税收立法。首先，要加快我国税收立法步伐，提高税收法律层次和强制性。要尽快制定税收基本法，将宪法中关于公民的纳税义务原则具体化，为各税种实体法的制定提供立法依据，使税收的整体行为做到有法可依、有章可循。其次，要尽快建立税收司法保障体系。因为，没有独立的税收司法保障体系，是税收执法缺乏刚性的重要因素，也不符合国际惯例。随着我国对外开放的深入和市场经济的发展，涉税案件越来越多，亟待建立税收司法保障体系，使税务机关能独立行使税收执法权，依法及时、有效、准确地打击各种涉税犯罪，遏制国家税收流失，保护税务人员依法执行公务，维护社会经济秩序，保障市场公平竞争。

2. 强化党政领导税收法制观念，支持税务机关依法征税。地方行政干预税务机关依法治税，对坚持依法治税原则、优化税收执法环境危害极大。强化各级党政领导的税收法制观念是当前优化税收环境必须解决的一个重要问题。各地每年的税法宣传，应把党政领导作为其中的一个重点，使他们学习掌握税收政策，依法管理和领导税收工作。

（三）加快税务队伍建设，提高干部素质

1. 深化人事制度改革，切实把好人员入口关，疏通出口关。首先要严格按照税收工作的专业要求，经过严格考核，择优选拔人才，确保进人质量。其次要建立优胜劣汰机制，切实做到干部能上能下、人员能进能出，改变目前只上不下、只进不出的状况，为优化税收管理、提高税收管理质量奠定良好的基础。

2. 强化培训和考核，提高税务干部综合素质。除了要求税务人员熟悉税收业务、税收法规、财会制度、查账技能外，还要具备写作、计算机应用、数学分析、调查研究等多方面的能力。同时，还要培养税务人员良好的职业道德和较高的文化素养。要建立规范的培训和考核制度，形成鼓励税务人员自学成才的机制，促进税务干部队伍整体素质的提高。

3. 大力加强思想政治工作，提高税务干部政治素质。要坚持开展讲学习、讲政治、讲正气，大力加强新时期思想政治工作，引导税务干部树立正确的人生观、价值观、世界观，提高拒腐防变的能力，正确运用手中的权力，认真贯彻执行党的路线方针政策，模范遵守国家的各项法律法规，文明执法，勤政廉洁，努力实现税收优化管理，提高税收管理质量。

三、我国税收管理由“监督打击”型向“管理服务”型的转变

自从国家税务总局提出“以纳税申报和优化服务为基础，以计算机网络为依托，集中服务，重点稽查，强化管理”的征管模式后，全国税务系统本着在执法中服务，在服务中执法，努力为纳税人、为社会、为经济发展服务的原则，使得我国的税收管理逐步由“监督打击”型向“管理服务”型转变，在一定程度上引导了纳税遵从，优化了税收秩序。但是由于我国纳税服务研究的理论仍比较落后，实践也只处于摸索阶段，我国纳税服务的理念、服务的类型、服务的广度和深度与国外比较仍存在明显的差距，需要进一步完善和提升。

（一）优化纳税服务对促进税收管理的意义

纳税服务是征税人和纳税人接触的第一环节，是税收征管最基础的工作。纳税服务建立不起来、建立不好或者不把它放到基础地位，整个税收征管体系就会成为空中楼阁。只有明确建立和优化纳税服务的意义，才能更积极主动地开展纳税服务。具体而言，纳税服务对于促进税收管理的意义在于

以下几个方面。

1. 推行纳税服务是公共行政管理发展的科学取向。20世纪80年代以来，为适应社会经济发展的需要，西方大部分发达国家均出现了大规模的政府再造运动。虽然各个国家改革的内容、方式、进程并不相同，但其总体上代表着人类寻求良好政府管理的一种努力，在某种程度上反映了社会以及社会公民对有效率的政府服务的合理期待。在许多国家的行政改革实践中也出现了这种思想和趋势，在谈到税收征管工作时，经常把管理改成服务，如美国国税局（Internal Revenue Service，IRS）。2008年我国国家税务总局批准成立了第一个专司纳税服务管理职能的行政管理机构——纳税服务司，这表明，在社会主义市场经济下，纳税服务工作的顺利展开具有了坚实的组织保障。

2. 优化纳税服务是实现依法治税的现实选择。无论从国际税收征管主流发展趋势看，还是从我国60多年税收工作发展的实践历程看，“管理服务”型税收征管模式都是税收管理的一个更高层次，也是我国税收工作发展的方向。随着我国经济体制由计划经济向市场经济的转变，我国的税收工作也相应从“计划治税”向“依法治税”过渡。这种过渡是符合税收工作历史发展要求的，但却在一定程度上牺牲了征纳双方的良性互动：纳税人往往抱有强烈的抵触情绪，甚至与税务机关博弈对抗。从国际趋势看，越来越多的西方发达国家已经或正在将服务机制引入税收工作，通过为纳税人服务以促进其依法履行义务并支持税务机关的工作，从而降低税收成本，缓解税收阻力，实现征纳双方的双赢。因此，优化纳税服务既是我国税收工作实现现代化的战略需要，也是提高纳税人对税法的遵从度、降低税收成本、实现依法治税的现实选择。

3. 优化纳税服务是建立税收征管新格局的客观要求。新征管机制的每一个环节都离不开纳税服务。只有强化纳税服务，才能使纳税人更迅速、准确地了解和掌握纳税程序和税收政策，正确进行申报；只有强化纳税服务，才能通过计算机系统建立多元化申报方式，使纳税人纳税申报更加便捷；只有强化纳税服务，建立功能齐全的办税服务中心，向纳税人提供全方位的服务，才能真正实现集中征收；只有强化纳税服务，才能为稽查工作提供良好基础。总之，纳税服务贯穿了税收征管的各个环节，贯穿了税收工作全过程，纳税服务搞好了，新征管机制才能更加顺利有效地运行。

4. 优化纳税服务是维护纳税人合法权益的需要。只有切实做好为纳税人服务工作，体现法治、公平、文明、效率的新时期治税思想，使纳税人真正感受到税务机关的优质服务，才能不断增强纳税人的依法纳税意识，提高其依法纳税水平，才能切实维护纳税人的合法权益。为此，《税收征管法》对税务机关规范税收执法行为、优化纳税服务、保护纳税人合法权益提出了明确要求，将从严治税工作要求上升到了法律高度，成为依法治税、规范税收执法行为的一个重要组成部分。

（二）优化我国纳税服务的建议

优化纳税服务是建立税收征管新格局的客观要求，是实现依法治税的现实选择，有利于更好地维护纳税人的合法权益。因此，应借鉴国际经验并结合我国实际优化我国的纳税服务。

1. 进一步增强纳税服务意识，提高纳税服务的法律地位。思想观念的彻底更新和转变是优化纳税服务的关键，纳税服务观念要努力实现以下几个方面的转变：由监督打击向管理服务转变；由被动服务向主动服务转变；由职业道德要求向具体行政行为转变；由注重形式向内容、形式、效果相统一转变。同时，应努力提高纳税服务的法律地位。《税收征管法》第七条已经为纳税服务的发展奠定了较为坚实的法律基础，下一步，可以考虑在制定《税收基本法》时，将纳税服务作为其中的一项重要内容；可以参照国际惯例，建立纳税人宪章，把纳税人的权利义务和征税机关应当为纳税人提供的服务以法规形式明确下来；同时，根据税收征管法及其实施细则，制定为纳税人服务的基本内容和操作总原则，并据此制定纳税服务的具体内容、服务标准、工作方式和岗责体系等。这样，纳税服务就有了根本的法律制度保障。

2. 合理设置纳税服务机构。设立专门的纳税服务机构是实现优质、高效纳税服务的根本组织保证。国家税务总局专门成立了纳税服务司，对纳税服务工作的统一和规范，乃至整个纳税服务工作的有效开展起到了极大地促进作用。从全国来看，应结合我国国情，根据“统一领导，分级管理”的原则，从省局到各级基层税务机关自上而下建立和健全纳税服务机构。在省级、地市级税务局设立纳税服务中心，在各基层税务分局设立纳税服务科，从而保证各地各级税务部门均设立相关的纳税服务机构。同时，在城市和县城以及其他交通便利、纳税人较为集中的地方，本着相对集中、讲究实用、方便纳税和不扩大基建规模的原则设置办税服务场所，以最大限度地为纳税人服务。

3. 以无缝隙组织构建为保障，革新纳税服务工作机制。将“无缝隙组织”的管理理念有机引入税收领域，通过改革组织内部结构、打破部门壁垒、优化人力资源配置为纳税人提供优质、高效的纳税服务。具体内容包括：清除税务组织传统层级结构所形成的内部障碍，组建职能交叉的团队，以计算机网络为依托，将以纵向层级控制为主变为横向过程控制为主，将后台细致的专业化分工变为前台综合便捷的服务，为纳税人提供一步到位的信息和服务；培养复合型税收人才队伍，提高人员素质，为纳税人提供优质、高效的服务；发展税务机关与纳税人的协作关系，加强税务机关与纳税人之间信息、情感等方面的交流与沟通，建立灵活迅速的纳税人抱怨处理机制和回应系统等。

4. 优化纳税服务的形式和渠道。一是积极推行多元化的申报缴税方式，扎实推进税银一体化管理。这样既可以极大地缩短办税时间，方便纳税人办税，又可以提高征管效率，降低征税成本。二是借鉴国际经验，增加纳税服务渠道。三是建立纳税人洞察体系，实现税收服务个性化等。

5. 建立纳税服务考核和监督机制。应围绕优化服务制定科学可行的考核指标和方法，加强和量化对服务的管理考核，充分发挥和调动税务人员优化服务的主观能动性和创造性；建立公开的、由社会各界共同参与的监督评估机制，进一步畅通税务机关与纳税人之间的沟通渠道，使税务机关能够正确地认识自身的服务现状，及时加以改进。

第九章　税收成本

税收成本思想最早起源于英国，它是税收原则理论的重要组成部分，是随着税收效率原则的产生而产生的，并随其发展而不断完善。17 世纪英国古典政治经济学创始人威廉·配第提出的“简便”、“节省”的税收标准，是西方税收成本思想的萌芽。1776 年，英国古典政治经济学家亚当·斯密继承和发展了前人的税收原则思想，出版了经济学名著《国民财富的性质和原因的研究》，第一次明确而系统地阐述了“平等、确定、便利、最小征收费”四项税收原则，这标志着税收效率原则得以确立。“一切赋税的征收，需设法使人民所付出的，尽可能等于国家所收入的。”亚当·斯密的这段经典名言高度概括了税收成本思想。其后，德国阿道夫·瓦格纳等经济学家进一步发展了税收原则理论，为税收成本理论的发展奠定了坚实的基础。

第一节　税收成本概述

税收成本是考察税收效率的一个重要的指标，税收效率是通过税收成本与税收收入的对比得以衡量。正确认识税收成本问题，将有助于提高税收效率，发挥税收的调节作用。

一、税收成本的概念

税收成本的含义是不断发展演变的。在现代的税收理论中，税收成本已成为考察税收效率的一个重要的指标，反映的是如何在税收征收费用、纳税人纳税费用以及课税对资源配置的负效应、对经济主体行为扭曲度最小的前提下有效实现税收的职能。

（一）税收成本的概念有狭义与广义之分

狭义的税收成本是指税务机关的征税费用，广义的税收成本是指一国的税收征纳双方因税收存在而发生的税收征收管理费用、纳税费用以及课税对经济运行产生的负效应即税收超额负担之和。

广义的税收成本的构成要素包括以下三方面。

1. 征收管理费用。它是指政府为取得税收收入而支付的各种费用，一般特指税务机关为征税而花费的行政管理费用，包括税务机关工作人员的工资、津贴、奖金和福利费支出等；税务机关办公场所、办公设施及交通、通信设备的经费，其他固定资产购置、维修费或货币支出；税务机关为筹备税收立法、实施税制改革而付出的费用；对纳税人的辅导费用、税法宣传普及费、税务人员的培训费用、协税护税费用、委托代征、代扣费用；税务机关在征税过程中因采取特定手段、实施特定措施而支出的其他费用等。税收征收管理费用是税收成本中最直接、最容易量化的一类。

2. 纳税费用。它是指纳税人在按照税法规定纳税过程中所支出的费用，包括纳税人因填写纳税申报表，自行设置账簿，核算财务费用的支出，或者要雇佣注册会计师、税务顾问或税务代理人所花费的费用；公司、企业为个人代缴税款所花费的费用；纳税人花在申报税收方面的时间（机会成本）和交通费用；纳税人为逃税、避税所花费的时间、精力、金钱以及因逃税行为未成功而受到的惩罚等。纳税费用一般不容易计算，特别是纳税人所花费时间、心理方面的支出，更无法用金钱来计算，因此很难找到精确的指标来衡量，又称为“税收隐蔽费用”。

3. 税收超额负担。它是指政府课税对经济运行和纳税主体的经济决策产生了不可避免的扭曲，因而形成了除应纳税款以外的损失或负担。税收超额负担分为资源配置方面的额外负担和经济机制运行方面的额外负担。税收超额负担一般受税收制度、税制结构、税种设置、税率选择、征管水平的影响较大。

（二）税收成本构成要素之间的关系分析

1. 税收超额负担是从宏观角度考察税收成本的，侧重课税对经济社会的影响，而征收管理费用和纳税费用属于微观范畴，三者之间都会受到税收制度、税制结构、税种设置、税率选择、征管水平等因素的影响，但是超额负担本身对征收管理费用、纳税费用并无直接影响，存在间接影响的可能性，这种可能性受到一定经济社会的宏观层面对微观层面的影响制约。

2. 征收管理费用与纳税费用存在相关关系，二者之间的直接影响表现为四种情况。

第一种情况：征收管理费用与纳税费用同时增大。例如，税制结构复杂化，必然导致二者同时增大，但二者存在增幅的差异，有时征收管理费用的增幅大于纳税费用的增幅，有时征收管理费用的增幅小于纳税费用的增幅。

比如，针对零散税源的开征税种，因为开征新税种，产生新的纳税人，因此增加纳税费用，而零散税收的征收难度大，征管费用比较高。此时，征收管理费用的增幅比纳税费用大。另外，税务机关完善特定税种的征收管理办法而对纳税人提出较高要求时，征收管理办法复杂，税务机关的费用支出在原有基础上会有小幅度增长，但纳税人为遵从更加复杂的征管办法，付出的时间、金钱方面的代价，会超过税务机关的费用。

第二种情况：征收管理费用与纳税费用同步减小。例如，税制结构简化，二者会同步减小，但仍存在减幅差异。当某税种的征收范围缩小时，税务机关仍然征收该税，征收管理费用会随纳税人数量减少有一定幅度降低，征税范围缩小会有一部分纳税人不再缴纳该税种。因此，这部分纳税人在该税种上的纳税义务消失，费用会同步消失，在这种情况下，征收管理费用的减幅小于纳税费用的减幅。当按照纳税人的地理分布合理减并税务机构时，征收管理费用会大幅度减少，此时纳税人会因节约交通费而减少纳税费用，在这种情况下，征收管理费用的减幅大于纳税费用。

第三种情况：征收管理费用增加，纳税费用减少。例如，当税款的征收方式由自核自缴变为定期定额征收时，税务机关要逐户核定纳税人的税款定额，进行行业评议，征收管理费用大幅度增加。纳税人改为定期定额征收后，可以减轻会计核算、税款计算的负担，因此纳税费用会大幅度减轻。科技手段在税收征管中的运用，会在一定时期增加税务机关的征收费用，但给纳税人带来的便利可以节省纳税费用。可以看到，情况不同，二者之间的增幅与减幅的差异总是存在的。

第四种情况：征收管理费用减少，纳税费用增加。在地域广阔地区，为节省征收管理费用而盲目减并税务机构，或在纳税人数量众多的情况下，进行税务人员精简，的确会直接减少征收管理费用，但税务机关和税务人员的减少，会降低为纳税人服务的水平，增加纳税人的交通、时间成本等，直接增加纳税费用，因为纳税人数量众多，显然，节省的征收管理费用与增加的纳税费用给社会带来的效率损失相比是微不足道的。

二、税收成本的分类

（一）税收成本按其发生的主体不同分为征收成本、纳税成本和经济成本

征收成本是指税收征收费用，其主体为税务机关。

纳税成本是指纳税人的纳税费用，其主体为所有纳税人。

经济成本是指超额负担，其主体一般是经济社会。

按这一标准分类是为了更全面地认识税收成本的内涵，充分认识税收成本在内涵上的多层次性和复杂性，明确控制税收成本的责任主体。

（二）税收成本按其发生的不同阶段可分为期前成本、期中成本、期后成本

1. 期前成本是指为制定、改革税收制度而发生的调研、决策费用，为宣传、落实税收制度而发生的宣传费和人员培训费。

2. 期中成本是指征税机关和纳税人在征纳税款过程中发生的人员、设备费用等支出。

3. 期后成本是指税款征收后发生的一系列成本。包括：税收对经济效率的损失，税务机关为防止偷逃税而进行的查证、审计费用。

按这一标准分类有助于树立对税收成本的全过程控制观念，明确税收成本所发生的环节，以利于更有效地控制成本。

（三）税收成本按发生的形态可分为有形成本和无形成本

1. 有形成本有具体的发生形态，并且能够用货币明确地计量统计，如税务机关发生的征收费用。

2. 无形成本没有具体的发生形态，也很难用货币明确计量，如税收对经济造成的效率损失。

按这一标准分类揭示了税收成本在表现形式上的多样性、在计量上的复杂性，有助于我们更全面地认识税收成本的内容。

（四）税收成本按是否可控分为可控成本和不可控成本

1. 可控成本是指对某一主体而言可以控制其发生数量的成本项目。如税务机关的人员经费、差旅费、审计费，纳税人因欠税、偷税而缴纳的滞纳金、罚款。

2. 不可控成本是指对某一主体而言无法控制其发生数量的成本项目。如税制一旦确立，其对经济可能造成的效率损失对税务机关而言就无法控制。

按这一标准分类有利于明确各个主体在税收成本控制中的责任，客观地评价和考核各主体控制税收成本的绩效。

（五）税收成本按其发生数额与税收收入增长的关系可分为可变成本和固定成本

1. 可变成本随着税收收入的增长而增长。如为加强零散税源征收，而雇用更多协税人员或委托代征的经费支出。

2. 固定成本与税收收入数量无关。如税务部门的机关管理人员经费支出、办公场所的投资支出，均与税收收入增长无直接关系。

按这一标准分类有助于分析税收成本发生的原因，客观地评价不同国家、不同地区在税收成本水平上的差异。

三、税收成本的特点

从税收成本的内涵及其构成要素之间的相互关系考察，税收成本有以下特点。

（一）依附于税收而存在，不可能超越一定的经济发展阶段

税收是国家存在的内在要求，是国家提供公共物品的基础，税收的取得必然要付出代价，这种不仅仅表现在经济上的代价就是税收成本。国家消亡了，税收也就不存在了，税收成本便无从谈起。因此，税收成本不可能超越一定的经济发展阶段而消失。

（二）不易于量化

税收超额负担是客观存在的，但它又是动态的、难以量化的。纳税成本包括纳税人付出的金钱、精力、时间，精力和时间是不易计量的。征收管理费用比较容易计量，但因其涉及范围较广，准确计量也是很困难的。

（三）不易于控制

税收成本不易于量化，决定了它不易于控制的特性。另外，税收成本涉及的主体很多，有税务机关、纳税人和所处的经济社会，情况千差万别，牵涉的因素较多，这也是其不易于控制的原因。

（四）是一种特殊的成本

税收成本作为一种经济代价，有投入与产出的比较，并且追求税收收入净收益最大化；但是，它有别于其他经济范畴在会计意义上的成本，税收成本一般不适用“成本—效益分析法”。可能在征收管理费用支出中，涉及税务机关的基建工程等固定资产投资方面，“成本—效益分析法”能够起到一些作用，但范围有限。

四、税收成本与税收效率的关系

作为政府参与资源配置的手段之一，税收的征收活动存在着“得者的所得和失者的所失”比较问题。政府通过税收形式将社会资源从纳税人手中转移到政府部门的过程，既是一个可以使政府乃至社会得到利益（税收收益）的过程，也是一个需要付出一定代价（税收成本）的过程。因此对税收成本与税收收益的研究，实质上是对税收效率问题的研究。

（一）税收效率的含义

税收效率，简言之，即税收征收的所得和所费的关系。税收效率有多层

次的含义：从资源配置的角度讲，税收要有利于提高社会资源配置的效率，使社会从可用资源中获得最大效益；从经济机制的角度看，税收要有利于市场机制的有效运行；从税务行政的角度讲，税务行政要讲究效率，税收制度要简便，征纳双方的费用要节省，从而使既定条件下的税收收入达到最大化。通常，税收效率分为税收行政效率和税收经济效率。

1. 税收行政效率。政府在税收的设计和实施方面，不仅要考虑筹措收入的能力和对经济活动的影响，而且还要考虑征纳双方在征纳过程中所发生的费用，即税收成本。税收行政效率，要求政府在充分筹集收入的同时，尽可能减少税务成本。

税收行政效率是通过一定时期直接的征税成本与入库的税收收入的对比得以衡量的。其中入库的税收收入是税收的直接收益，而直接的征税成本主要是税务机关为获得一定数量的税收收入的耗费。一般来说，直接的征税成本与入库的税收收入之间的比率越小，税收的行政效率就越高。更严格地说，一个预算年度内，直接征税成本的增量与入库的税收收入的增量之间的比率越小，税收的行政效率就越高，反之则越低。

税收在将社会资源从纳税人手中转移到政府部门过程中，势必对纳税人生产、消费行为产生这样或那样的影响，从而对宏观经济的均衡、稳定产生好的或不好的作用。因此，研究税收效率只停留在行政效率即税收本身的直接效率是不够的，还应对税收经济效率进行分析。

2. 税收经济效率。其主要反映的是税收对社会经济资源配置和经济运行机制的影响状况，通过征税对纳税人以及整个经济的正负效应的分析来判断税收是否有效率。

政府通过税收将社会资源从纳税人手中转移到政府部门，势必会对经济产生影响。如果这种影响只限于征税数额本身，那么这只是税收对经济造成的正常负担。如果在这种正常负担外，社会经济活动因此受到干扰和阻碍，社会利益因此受到削弱，那么这便产生了税收的额外负担。反之，如果除正常负担之外，经济活动还因此得到促进，社会利益因此得到增加，那么便产生了税收的额外收益。

（二）税收成本与税收效率的内在关系分析

税收成本作为衡量税收效率的一个重要指标，反映的是税收效率的整和概念，是政府在课税后所发生的或可能发生的一切负担之和。因此，正确理解和掌握税收成本与税收效率的关系，对于促进税收效率的提高具有重要意义。

1. 税收成本是影响税收效率的重要因素。在收益一定的条件下，税收成本成为税收效率的决定因素。由于税收收益并不表现为税收收入的绝对额，而是通过税收对资源配置状况的改善和经济运行效率的提高来表现的。因此，从优化税收成本的角度分析，提高税收效率的根本途径在于降低税收成本。

2. 由于税收成本所含内容的广泛性和多层次性，有可能造成税收成本各项目之间的相互抵消或相互叠加，使税收成本与税收效率并不总是表现为线性关系。如为了使税制更有利于经济效率的提高，各国的税收制度变得越来越复杂，从而导致征管成本大幅度上升；又比如征纳双方权利义务的变更，可能造成征管成本向纳税成本转移，但并没有使税收总成本降低。这就要求在采取降低税收成本措施时必须综合考虑，相机选择。

3. 税收成本不是决定税收效率的唯一因素，降低税收成本也不是提高税收效率的唯一途径。一般来说，加强税收征管力度，往往能够提高税收效率，但会带来税收成本的增加；相反，如果税收机关为了追求税收成本的降低，放弃对一部分纳税人的管理，造成税收收入的流失，并不能认为这样的征管方式是有效的。税收成本虽然是影响税收效率的一个重要因素，但不是唯一因素，应该多渠道寻求提高税收效率的途径。由于税收成本在内涵上的复杂性，不同国家、不同地区税收成本水平上的差异不仅与其征管水平、征税人员的努力程度有关，而且取决于企业、公民依法纳税的意识、征管手段的现代化程度及税源的情况等非主观因素。因此，衡量一个国家、一个地区税收效率的高低，不能只看税收成本的高低。

4. 税收成本与税收效率有可能相互转化。如一个对经济运行和资源配置起促进作用的有效税制随着形势的变化会变得不相适应，给经济带来额外负担，从而转化为税收成本。又如电子计算机应用于税收征管，从短期看是提高了税收成本，税收效率改善也不明显，但从长期看却能大大降低税收成本，提高税收效率。我们必须用辨证的、发展的眼光看待税收成本与税收效率的关系问题。

第二节 税收成本理论分析

任何经济活动都需要生产要素的投入，通过对成本与收益进行权衡，追求利润最大化。税收作为经济范畴，也应在既定的条件下，通过优化税收成本的要素组合，实现税收净收益的最大化，使税收对经济造成的效率损失最小。

一、衡量税收成本的指标体系

建立税收成本指标体系是衡量税收成本的前提和基础。通过对指标的考核与分析，可以反映各地区、各部门控制税收成本、提高税收效率的工作绩效和存在的问题。一般而言，衡量税收成本的指标可以分为绝对指标和相对指标。

(一) 绝对指标

税收净收益，即税收总收入减去税收成本后的余额。

$$税收净收益(R) = 税收总收入(T) - 税收成本(C)$$

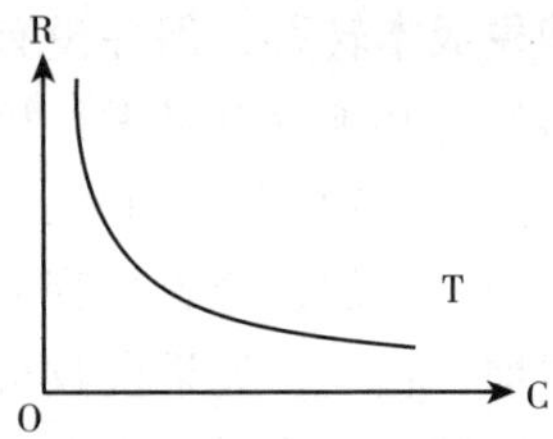

图 9-1　税收净收益与税收成本的关系

在税收总收入既定的条件下,税收净收益与税收成本呈负相关关系(图 9-1)。税收成本越小,税收净收益越大。税收成本越大,税收净收益越小。根据税收成本的特点,狭义的税收成本净收益可以用税收总收入减去税收征收成本的余额表示。

(二) 相对指标

1. 征收成本率

征收成本率是指一定时期的征收成本占税收收入的比重。其公式为：

$$征收成本率 = \frac{一定时期征收成本}{一定时期税收收入} \times 100\%$$

根据这一指标，可以具体计算一个国家或一个地区以及征税单位、某一税类或税种的征收成本率；并且可以横向比较同一时期不同国家或地区行政效率的高低，不同税类、税种的征收难度，纵向比较不同时期一个国家或地区税务管理水平的变化情况，同一税类、税种的费用变动情况。从理论上来说，征收成本率越高，其税收效率就越低；反之，其税收效率就越高。但在征管实践中，征收成本率往往受诸多因素的影响，如税收规模的大小、税源分布的状况、征管技术的水平、征税环境的差异等。因此，在横向比较不同地区及征税单位的税收行政效率时，要综合考虑诸多因素。

从上述公式中可以看出，征收成本率与征收成本成正比，与税收收入成反比。从理论上来说，随着费用支出的增加，税收收入也逐渐增加，但在经济总量与税收负担率一定的条件下，税收收入总量会达到一个最高点，到了这个点之后，无论支出增加到多大，税收收入都不会增加。图 9－2 表示税收收入与税收费用支出的非线性关系。

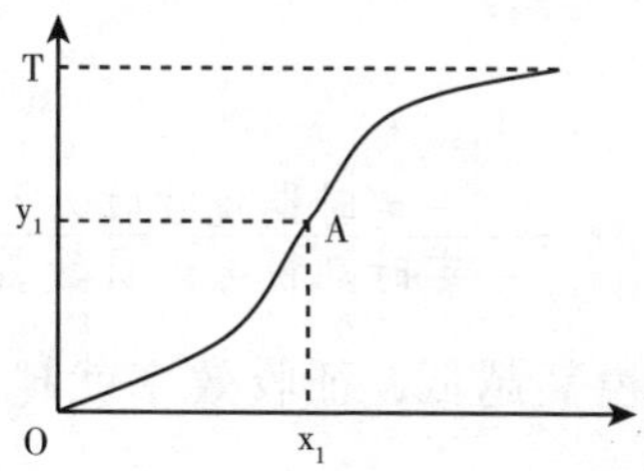

图 9－2　税收收入与税收费用支出的关系

其理论模型为：

$$\frac{\frac{dy}{dx}}{y}=\alpha(1-\frac{y}{T})$$

其中 x 代表费用支出，y 代表税收收入，T 为税收收入最高点，α 为参数。

求解得出：

$$y=\frac{1}{Be^{-\alpha x}+C}$$

其中：B、C、α 均为待定常数。

从图 9－2 可以看出，随着费用支出的增加，税收收入也随之增长，因而税收收入与费用支出呈正相关性；但税收收入不会随着费用支出的增加而无止境地增长，它会逐渐趋近于最高值 T。当税收收入已达到 T 时，即使再增加费用支出，税收收入也不会增加，此时增加的费用支出是一种浪费。

在图 9－2 中，A 点为拐点，可令 y 的一阶导数为零求得该点的函数值 $A(x_1,y_1)$。在 A 点的左侧，y 的一阶导数为递增函数，说明此时税源充足，在增加一定的费用支出时，税收收入增长较快；但到了 A 点以后，情况就发生了变化；在 A 点的右侧，y 的一阶导数为递减函数，说明此时税源较少，随着费用支出的增加，税收收入增长速度逐渐减慢，收入增长额逐渐趋近于零。因而 A 点是征收成本率最佳点。

当然，若以 100 元的税收收入作标准，征收成本率还可以“每百元税收收入征税成本”来表示。为了便于考核和控制，在这一指标下可以设置若干子指标：每百元税收收入的可控成本、每百元税收收入的可变成本、每百元税收收入的人员经费支出等。

2. 人均征税额

人均征税额是指一定时期的税收收入总量与税务人员数量之间的比例。其公式为：

$$人均征税额 = \frac{一定时期税收收入}{一定时期税务人员数量} \times 100\%$$

一般来说，人均征税额越低，征收效率就越低；反之，征收效率就越高。

我们通过对一个省国税系统的增值税、消费税入库数及在职在岗税务人员数量进行分析，采用回归分析法，利用数量经济学中的 TSP 软件，得出人均征税额（RJSR）与税务人员数量（R）的数学模型（图 9－3）。

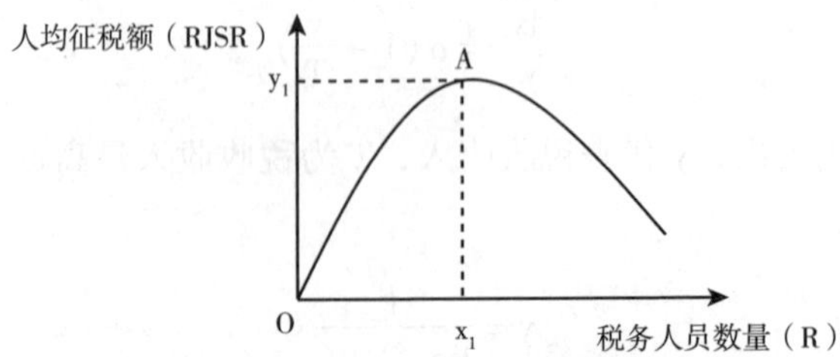

图 9－3 人均征税额与税务人员数量的关系

从图 9－3 可以看出，随着税务人员数量的增加，人均征税额也逐渐增加，但到一定的数值以后，人均征税额逐渐下降，说明税务机构必须配备一定的税务人员，才能保证税务机构的正常运转，税收收入才能足额上缴。当人员增加到一定数额时，人均征税额达到最高点 A，此时征收效率最高，征收成本相对较低；当人员超过 A 时，人均征税额逐渐减少，说明征收效率逐渐降低。因此，A 点是征收效率最佳点。A 的函数值可令上述二次方程的一阶导数为零求得，即 A（x_1，y_1），说明当税务人员数量为 x_1 时，人均征税额达到最高点 y_1，此时征收效率最高。如果人员未达到 x_1 人，说明税务人员过少，不能满足征税的要求，税收收入不能全部足额上缴，税务机构需补充税务人员以增加税收收入；如果人员数量超过 x_1 人，说明征收成本过高，需削减税务人员以降低成本，提高征收效率。

3. 税收成本收入弹性

税收成本收入弹性，是指在一定时期内某一税种的税收成本的相对变动对于该税种的税收收入的相对变动的反映程度。它是税收成本变动率与税收收入变动率之比。

$$税收成本收入弹性系数=\frac{税收成本变动率}{税收收入变动率}$$

可以表示为：

$$E_c=\frac{\frac{\Delta C}{C}}{\frac{\Delta T}{T}}=\frac{\Delta C}{\Delta T}\times\frac{T}{C}$$

其中，E_c表示税收成本收入弹性系数，C代表税收成本，T代表税收收入，$\frac{\Delta C}{C}$表示税收成本变动率，$\frac{\Delta T}{T}$表示税收收入变动率，显然，$\frac{\Delta C}{\Delta T}$为税收成本收入变动率，$\frac{T}{C}$为税收成本收入率，$\frac{C}{T}$为税收成本率。

当$E_c<1$时，税收成本缺乏弹性，此时，$\frac{\Delta C}{C}<\frac{\Delta T}{T}$，说明：税收收入每变动1%，引起的税收成本变动百分比小于1%，征税是富有效率的；$E_c<1$，则$\frac{\Delta C}{\Delta T}<\frac{C}{T}$，即税收成本收入变动率小于税收成本率，若存在税收流失，可通过增加税收成本来提高税收收入，即增加的税收收入要远比新增的税收成本大，加大税收成本投入是值得的，这时，税收成本率递减。

当$E_c=1$时，税收成本为单一弹性，此时，$\frac{\Delta C}{C}=\frac{\Delta T}{T}$，税收收入每变动1%，引起的税收成本变动百分比等于1%，征税仍然是有效率的；$E_c=1$，则$\frac{\Delta C}{\Delta T}=\frac{C}{T}$，即税收成本收入变动率等于税收成本率，若存在税收流失，仍可通过增加税收成本来提高税收收入，一般地，$C<T$，因此增加的税收收入绝对值仍比投入的新增税收成本大，但效率比$E_c<1$低，这时，税收成本率不变。

当$E_c>1$时，税收成本富有弹性，此时，$\frac{\Delta C}{C}>\frac{\Delta T}{T}$，说明：税收收入每变动1%，引起的税收成本变动百分比大于1%，征税是缺乏效率的；$E_c>1$，则$\frac{\Delta C}{\Delta T}>\frac{C}{T}$，即税收成本收入变动率大于税收成本率，若存在税收流失，可通过增加税收成本来提高税收收入，但是，新增的税收收入不抵增加的税收成本，征税是一种损失。除非征税有特定目的，从财政意义上讲，已经没有继续增加税收成本的必要了，这时，税收成本率递增。

4. 其他衡量指标

(1) 每百元税收的纳税费用。包括纳税人因申报纳税所支出的人员经费、交通费、资料费等，或委托税务代理所发生的代理费支出。这一指标可以从纳税人的会计资料中分析得到。

(2) 每次纳税平均占用时间。这一指标既反映纳税人的工作效率，又反映税收征管制度的效率。

二、税收成本影响因素的一般分析

税收成本作为经济范畴，不是孤立存在的。它与经济社会有着千丝万缕的联系，必须从宏观和微观角度分析其影响因素，才能揭示制约税收成本的客观规律。这有助于进一步理解税收成本的内涵及其本质，从而为探索优化税收成本的途径提供帮助。影响税收成本的因素很多，从一般意义分析，主要有以下八个方面。

(一) 生产力发展水平

生产力发展水平是影响税收成本的基础性要素。生产力发展水平反映一国生产技术水平的高低和经济实力的强弱，决定着税源充裕程度。生产力发展水平越高，社会产品就越丰富，人均 GDP 也比较高。税源充裕，整个经济对税收的承受能力就强，税收收入规模就会比较大。一般而言，税收成本的绝对额会比较高，但是税收成本占税收收入的比率却较低，因为生产技术进步不仅体现在生产速度的加快和生产质量的提高，而且还会带来低消耗和高产出。技术进步可以促进整个社会效率的提高，税务机关作为政府的职能部门，在技术进步的推动下，会通过提高税收管理水平来降低税收成本，这已被许多国家的实践所证实。当然，不同国家的税收成本也存在差异，这说明生产力发展水平并不是影响税收成本的唯一因素。

(二) 税收法制建设的完备程度

税收是以国家为主体的分配关系，国家征税凭借的是国家政治权力，这种政治权力通过立法来体现。税收法制建设的完备程度主要表现在税收立法、税收执法以及税法遵从度等方面。税收立法是一切税收活动的起点，是由制定、修改和废止税收法律、法规等一系列活动构成。只有通过立法把税收征纳关系纳入到法律调整范围，才便于税务机关执法，促使税务机关和纳税人提高税法遵从度，做到依法征税、依法纳税。若没有通过法律形式规定国家与纳税人的权力和义务、征税要素及其征税的权限和程序，甚至税收法律缺乏应用的权威性、规范性、稳定性，势必导致征纳双方在法律面前无所适从，发生税收争议，减弱税法遵从度，出现有法不依、法外征税等情况。

另外，税收法制不健全会降低法律效力、恶化税收执法环境，增大税收执法成本，从而影响税收成本，给经济社会带来效率损失。因此，在税源既定的情况下，税收法制化程度可以直接影响税收成本。

（三）税制结构的选择

税制结构是指一个税收体系中的税种构成及不同税种的地位和相互关系。税制结构是税收制度的重要组成内容，其合理完善与否，不仅关系到一国政府能否取得适度的税收收入，而且直接影响着取得税收收入而需要付出的必要的经济代价。

税制结构选择影响税收成本的机理在于：税制结构所包含的各种税收按照是否易于转嫁可分为直接税和间接税，不易转嫁的税种如所得税、财产税为直接税，容易转嫁的税种如增值税、消费税等各种流转税为间接税。一般而言，直接税具有累进性，征收难度较大，而间接税具有累退性，税基较宽，征收难度较小。因此，直接税的税收征收成本高于间接税，税制结构的选择就是确定税收制度有哪些税种构成以及直接税与间接税的比重，税收征收成本会随着直接税与间接税比重的变化而变化。

以直接税中的所得税为例，与其他税种相比较，所得税的征收成本较高，因为所得税是以净所得为征税对象，有各种形式的优惠以及成本费用列支规定，并且多采用累进税率，核算程序和课征方法远比其他税种复杂，税务人员在所得税征管和纳税检查中花费的时间要比其他税种多一些。

直接税与间接税在税收成本上的差异，决定了税制结构中的直接税比重较大的国家的税收成本一般较低，而间接税比重较高的国家，税收成本一般较高。

（四）税收政策的透明度、稳定性以及其简明程度

税收政策是征纳双方共同遵守的行为准则，税收政策是否公开、透明，直接影响其贯彻执行。税收政策若晦涩难懂、不公开、透明度差，会导致纳税人不了解税法，纳税的差错率自然会很高，税务机关纠正其差错的成本很高。

税收政策的稳定性对征纳双方的税收成本的影响也是至关重要的。一方面，税务机关为掌握新的税收政策，需要花费时间和精力，学习新政策、向纳税人宣传新政策的费用支出都会增大。另一方面，纳税人掌握新政策、适应新政策的花费支出也会很大。当然，国家为新政策出台而需付出的税收政策调研、制定、颁布、实施等“立法成本”也应计算在总的税收成本之中。税收政策连续性不强，变化过于频繁，还会对经济运行带来波动，形成税收额外负担。

简明的税制比繁琐复杂的税制更易于被税务机关和纳税人接受、掌握，这是无需证明的。因此，税收政策的繁简程度是影响税收成本的因素之一。

（五）税收管理水平的高低

在税制和税源既定的条件下，税收管理水平决定了税收收入规模，同时也决定了税收征收管理费用即狭义的税收成本的高低。税收管理水平具体体现在税务管理质量、国家对税务管理组织力量的安排、纳税人的守法程度、税务官员的廉洁程度等方面。一国的税收征管体制、征管模式、征管手段都会对税收成本带来影响。

税务机构的设置由税收征管体制规定。按照分税制财政管理体制或政府机构级次来设置，分税制会形成中央税、地方税两套税务机构并存，这种税务机构的重复设置虽然会保证中央税和地方税收入，但维持两套税务机构运行的费用支出以及纳税人应对两套税务机构管理的费用无疑会增大。因此，税收管理体制不仅影响税收征收成本，还影响纳税成本。

税收征管模式和征管手段的现代化水平可以影响税收成本的总体规模：科学、简便的征收方式、纳税程序，科技手段广泛运用于税收征管，可以使征收成本与纳税成本同时降低，使税收成本的总体规模降低。但是，在特定时期和特定条件下，税收征管模式或征管手段不会直接影响税收成本的总体规模，却会影响税收成本结构：一种情况是，可能出现降低征收成本的同时，增大纳税成本。例如，税务机关实行集中征收税款，可以降低征收成本，纳税人自行计算并缴纳税款，自行到税务机关办理纳税申报手续，则会增加纳税成本，因为纳税人为纳税浪费了时间、增加了交通费用；另一种情况，税务机关在征收手段方面加大科技投入，增加了征收成本，但因征收条件的改善，使纳税人在纳税方面得到了便利，会减少纳税成本。

（六）对税收成本的认知、关注程度

认知、关注程度对税收成本的影响虽不是直接的，但也是至关重要的。可以想象，税务机关对税收成本毫无认知，对税收成本核算、控制不予关注，坚持无本治税，一定会使征税成本过度膨胀；同样，纳税人对纳税成本没有了解，任由纳税费用增长，纳税成本超过一定限度会挫伤纳税人的生产经营积极性，将直接导致税收流失。若税务机关树立税收成本观念，加强税收成本控制、核算、分析等管理，并在税制设计、税收政策制定、税收管理、为纳税人服务等诸多方面对税收成本予以高度关注，纳税人便可以得到由于纳税费用减少所带来的利益。因此，经济社会对税收成本的认知与关注程度，将会使税收成本控制在与经济发展水平相适应的限度内。

（七）人力资源的配置

人力资源的数量和质量是人力资源配置对税收成本影响的关键。人力资源的数量应从税务人员数量和纳税人聘请的办税人员数量两个方面分析。人力资源的使用是有偿的，人力资源的成本包含受聘、受雇人员的工资薪金，从这个角度分析，税务人员的工资是征收成本的组成部分，雇用办税人员而支付的工资是纳税人的纳税成本的组成部分。可见，在税务人员和办税人员工资既定的条件下，税务人员、办税人员数量越多，税收的征收成本和纳税成本越大。人力资源的质量表现为税务人员、办税人员的素质和受教育程度，这是能否胜任本职工作、税收征管质量好坏、效率高低的决定因素。人员素质高，完成单位工作量的时间短，有裁减人员数量的基础，还可以节省人员培训费用，因此，人力资源质量高，可以降低税收成本。

（八）纳税服务质量

纳税服务包括税务机关和税务代理等社会中介组织向纳税人提供的服务。税务机关提供的服务包括税法宣传、税收咨询、税收培训等无偿服务，服务质量高可以帮助纳税人准确掌握税收法规，正确履行纳税义务，直接降低纳税成本，间接降低征收成本。税务代理等社会中介组织接受纳税人的委托代其办理涉税事宜，提供有偿服务，收取税务代理服务费。纳税人因不必直接和税务机关接触而节省的费用可以用于支付税务代理服务费。纳税人直接办税的花费与支付中介组织的代理费的差额，由税务代理等中介组织的市场化程度决定；即中介组织的纳税服务质量高，易于被市场所接受，形成一定规模，从而降低纳税人的代理费用，使纳税人的纳税成本有所降低。实际上，因为税务代理从业人员精通税法和办税程序，提供高质量的税务代理服务，可以很好地降低税务机关的征收成本，而且，降低幅度要比纳税成本大。因此，纳税服务质量高，可以降低税收成本的总体规模。

第三节 税收成本的优化

一、税收成本优化的内涵

税收成本优化是指通过对影响税收成本的要素进行改革、完善，使实际的税收成本无限地迫近理想的税收成本，最终实现提高税收效率、减少税收征管效率损失目标的过程。税收成本优化的理论意义在于以税收中性思想为指导，使税收在市场经济条件下通过优化资源配置、实现社会福利增进，使之更加符合“帕累托最优”状态。税收成本优化具有极其重要的实践意义，可以从税收成本的角度促进税收制度优化、推进税收征管改革。税收成本优化的标准是在一定现实约束条件下做到“三个有利于”，即有利于组织财政收入；有利于发展经济，减少税收对经济的扭曲，使税收额外负担最小化；

有利于实现公平与效率目标。

二、税收成本优化的国际比较

发达国家的税收成本较低，除了有完善的税收成本核算制度和较为完备的统计资料外，还有丰富的税收成本优化措施和经验。根据统计测算，在世界范围内，绝大多数发展中国家的税收成本高于发达国家，而至今一些发展中国家尚未对税收成本进行统计核算。“他山之石，可以攻玉”，借鉴发达国家的税收成本优化经验，对我国的税收成本控制显得尤为重要。从税收成本影响因素的一般分析可以看到，生产力发展水平、税收法制建设、税制结构等因素对税收成本优化有很大影响，但鉴于世界各国生产力发展水平不一，税收法制建设程度不同，税制结构也复杂多样，因此，本书重点从影响税收成本优化的重要因素——税收征管措施方面进行分析，总结国外税收征管方面优化税收成本的先进经验，进而归纳出对我国实现税收成本优化的借鉴意义。

从税收征收管理角度研究国外税收成本优化措施，可以从税收征管类型、税收征管程序、计算机在税收征管中的运用等几方面进行比较研究。

（一）税收征管类型，是世界各国优化税收成本时面临的首要选择

税收是政府财政收入的主要来源，世界各国普遍以税收形式取得财政收入。同时，世界上绝大多数国家为保证财政收入，都建立了专门的税务机构从事税收征管。综观世界各国的税收，以下几个方面可供借鉴。

1. 合理设置税务专业机构是发达国家控制征收成本的基本手段。税务机构是税收征管的实施机关，各国在设置机构时都十分注重效率和权责分明。显然，税务专业机构对税收成本的影响是直接的，设置合理、符合国情，税收成本相对优化；若机构设置重叠，职责不清，税收成本无疑大大增加。目前，大多数国家都分设海关和税务局，由海关管理进出口税，税务局主管国内税收，各司其职。也有少数国家只设一个机构统管关税和国内税收，巴西就是由财政部所属的联邦收入局主管全国的各类税收。还有一些国家尽管分设海关和税务局，但海关除管理进出口税外，还负责征收消费税。因此，从税务专业机构的设置来看，有三种类型：海关和税务局分设、海关和税务局合二为一、海关和税务局的管理范围相互交叉。美国、日本、加拿大等发达国家普遍采用海关和税务局分设方式。

2. 依据隶属关系和经济区域设置税务机构是发达国家降低税收成本的重要手段。在一些实行分税制的国家里，中央政府和地方政府都分别设有相对独立的税务机构。中央政府的税务机构称为国税局，主要征收管理属于中

央政府的税种和中央、地方共享税收入，地方政府设立的地方税务机构主管地方税，国税局的地方税局分别担负着保证中央和地方财政收入的任务。在许多没有实行分税制的国家里，税务机构由中央统一管理，统一的税务机构负责所有由税务部门征收管理的税种。有些实行了分税制的国家也没有单独设立国税局的地方税局。目前国外分设国税局、地税局的国家有美国、日本、印度等国家。大多数国家只设一套税务机构。

中央与地方税务机构都有各自的权限，不存在领导被领导的关系，有的只是业务联系，并且均注意相互协调、相互配合。国税系统实行垂直领导，下属主要根据经济区域划分，与行政区划截然分开，美国和加拿大，均按照经济区划设置税务局。如美国虽然有50个州，但却只设置7大税区，某一税区可能要包括几个州的疆域。税务机构内部按税收征管功能来组织实施，第一级机构下设检察科系、行政科系、征管科系、数据及纳税人服务科系、计划与研究科系、技术科系和稳定科系七个科系。第二级、第三级机构不完全与第一级相同，但也都是按照征管工作的需要设置。

可见，税务机构按照隶属关系，依据经济区域进行设置，既有利于征收管理，更有利于税收成本的优化，美国国税局只设置7大税区、加拿大联邦税务部下设6大税区的做法，为其税收成本控制奠定了基础。

3. 税务机构税收管理权限合理划分是发达国家控制税收成本时需要考虑的重要因素。从税收管理权看，主要有税收立法权、税收执法权和税收司法权。目前，绝大多数国家的税务机构都只有税收执法权和部分的司法权，只负责税收征收管理和享有对纳税人进行民事处罚的司法权力，刑事处罚一般由国家的司法机关负责。少数国家尽管专门设立了税务法庭，但是税务法庭是相对独立的。只有极少数国家如新加坡税务署，既有税收立法权，又有税收执法权，还有部分税收司法权。

税收管理权限过大，必然导致税务机构和工作人员增长，容易形成税务机关和司法机关的管辖权的重复，降低查处涉税案件的效率，税收成本不易优化。

4. 税收征收管理体制分级分权特征是发达国家逐级优化税收成本的体制保证。按税收征收管理体制分类有三种类型。第一类是美国、日本等国家，税务机构分为中央、地区和地方三级，实行分级管理，每一级都有相应的税收征收管理权限。如美国税务机构分为联邦、州和市县三级，各级都可以自行立法征税。第二类是如韩国，只分中央和地方两级，中央与地方分税种管理，或者是根据一个税种的不同因素、立法权和行政权来详细划分相应的税收管理权限。第三类如新加坡，全国只有中央一级的税务机构，所有税收管理权限尽归中央。因此可以说，国家地域的大小也关系着税收管理的层次结构。

税收管理体制实行分级管理，每一级都有相应的税收征收管理权限，甚至具有立法权，每一级都进行税收成本控制，较易于实现税收成本的优化。

5. 完备的税务代理制度是发达国家征收成本与纳税成本同步优化的关键手段。在大多数国家，纳税人直接向税务部门办理纳税事宜。但在有些国家如日本、韩国实行税务代理制度，由税务代理人代表纳税人处理纳税事项，向税务局陈述或作为纳税人的代表接受税务检查。在美国、英国等国家，纳税人可以聘请注册（公证）会计师处理账目，充当税收顾问并填写纳税申报表，由律师在税收法庭上代理纳税人出庭。如美国安达信股份有限公司主要从事税务代理业务，业务遍布世界各地。中介机构职业道德很强，保守客户秘密，对其代理申报的内容负责，美国的税务代理开展的非常普遍。因此，从税务部门与纳税人的关系来看，目前各国存在三种情况：纳税人——税务局；纳税人——税务代理人——税务局；纳税人——注册（公证）会计师、税务律师——税务局。

完备的税务代理制度直接关系税务机关的征收成本和纳税人的纳税成本，是否依托中介机构代为办理纳税事宜，对于纳税人来说，一是取决于该国中介机构的发达程度以及中介费用的高低；二是要看税务代理的质量和纳税费用的节约程度。当然，纳税人最终会选择能够降低其纳税成本的方式。

（二）规范税收征管程序，是发达国家优化税收成本的重要手段

世界上大多数国家都建立了一套与其经济发展水平和管理能力相适应的税收征管程序，税务人员一般按程序分工。税收征管程序，在具体征收管理中被频繁、重复使用，合理、科学地设计征管程序，被发达国家所重视，并通过不断优化税收征管程序，作为控制税收成本的常用、有效手段。如美国国税局的职员依职能分为纳税服务员、实地调查员、审计员、税务检察官、征收员和税收检查员，并且随着经济情况的变动，不断调整征管程序和职员的具体工作职能。只有少数国家仍由税务人员一手包办估税、征税、审计等所有重要的税收管理事项。从发达国家税收征管程序看，一般分为登记、申报、征税、审计、罚款或退税、上诉或起诉等六个步骤。前三个步骤对控制税收成本具有重要意义，现对此进行分析。

1. 税务登记的对象、范围、方法是控制税收成本的微观基础。大多数国家只要求有纳税义务的个人或法人进行税务登记。进行税务登记的目的是掌握纳税人的情况，为税收征管的后续环节提供基础和保障，因此税务登记的对象、范围和方法非常重要。税务登记的内容主要有：纳税人名称、经营范围、投资方、分支机构、子母公司、雇员人数和支付工资额、应纳税的税种。目前，税务登记过程中的确定税务登记号码即纳税人识别号（Taxpayer Identification Number，TIN）的方法尤为重要，它既是确认纳税人身份的重要编码，也是发达国家优化税收成本的技术手段实施的重要前提，纳税人识别号的确定方法可以分为两类。

一是全国实行统一规则来确定纳税人识别号。发达国家一般采用统一规则确定全国性的纳税人登记号码，例如美国、日本、加拿大等国家都是实行全国性的纳税人识别号码。美国借用全国性的社会保险号码作为纳税人识别号码。用全国性纳税人识别号的国家大都运用计算机对纳税人的信息资料进行管理，因此，防止纳税人识别号的重码，确保其唯一性，是运用计算机进行信息处理的关键。用号码代表文字来表明纳税人身份，不仅方便税务机关处理信息、存储税务档案，而且为纳税人采用先进的方式办理涉税事务提供了极大的便利，因此，唯一、明确的纳税人识别号是优化税收成本的微观基础。

二是地区性的税务登记号码。在一些发展中国家，当纳税人在地区税务局进行登记时，会得到一个地区登记号码，并据此建立文件档案，所有年度的申报表、付税单和其他相关表格都会按纳税人登记号码存放在有关纳税人的档案中。

显然，在现代化的征管程序中，建立全国性的纳税人登记号码是重要的，这是辨别所有与纳税人有关文件的关键。建立全国性的纳税人登记号码和实现纳税人资料管理的计算机化，有利于征税的审计，降低税收成本。

2. 纳税申报方式、内容的不同选择为发达国家优化税收成本提供了空间。纳税申报是税务机关据以征税的基础。西方国家各级税务机关均设有负责纳税申报事宜的机构，专门受理审计、核查纳税申报工作。几乎所有国家都明文规定纳税人必须按期申报纳税，而且一般都只要求每年申报一次，也有按季、按月申报的。纳税人向税务机关提交的申报表，是税务机关进行检查、征收、审计甚至起诉的法律依据。从世界各国看，都是缴纳一种税，填写一种申报表。纳税申报方式、内容的不同选择，为优化税收成本提供了空间。

第一，选择适当的纳税申报方式，可以极大地降低征税费用和纳税人纳税申报的奉行费用。通常，纳税申报方式包括上门申报、邮寄申报、电子申报三种方式。上述方式的顺序恰好反映了税务机关需要花费的征收费用从大到小的顺序。显然，纳税人采用上门申报方式时，税务机关必须设置大量的受理申报的场所，雇用大量的人力，征税成本最大；邮寄申报、电子申报，可以免除税务机关筹建大量办公场所、雇用大量人力的费用，因而征收成本较低，电子申报相较于邮寄申报，征收成本更低。从纳税人角度分析，上门申报的直接支出是交通费用和浪费时间所带来的机会成本，纳税成本很高。邮寄申报的纳税成本相对低一些，虽然花费一定的邮寄费用，但可以节约时间，通过时间价值得到弥补。电子申报最为廉价，纳税费用最低。所以，发达国家的纳税人多采用电子申报方式，例如，美国的电子申报（Electronic Tax Filing）始于1986年，1996年当年，美国国内收入局（IRS）受理了1 210万份电子申报和280万份电话申报，无纸化申报普及到36个州，使用人次超过1 468万人次；又如加拿大普及电子提交税收申报表（EFILE），可以达到税收数据准确、减少税务部门和纳税人的费用、减少纸张用量、申报表处理迅速的目的。

第二，纳税申报是否要求纳税人算出应纳税额，决定了受理申报的效率，从而影响税收成本。有的国家只要求纳税人在纳税申报表上填写有关纳税资料，税务部门收到纳税申报表，开具估税单，纳税人再根据估税单纳税。这种情况下，税务机关场所和雇员数量增加，征税费用增加，纳税费用也没有降低，不利于控制税收成本。同时，不可忽视因税务机关计算应纳税额发生的错误而承担法律责任的后果，即需要付出的应诉费用。发达国家一般不采用此种方式。发达国家如美国，纳税人不仅被要求在申报表上自己算出应纳税额，而且要附上相应税额的支票一并递送税务机关。这种方式可以直接优化税收成本。

第三，发达国家税制由繁杂变简单的趋势，决定了纳税申报环节的税收成本。一些发展中国家税制繁琐，纳税人核算水平低，税务机关代纳税人填写申报表，这种税制决定着发展中国家的征税费用较高。然而在发达国家，税制不断简化，纳税人自己填写或委托税务代理人、律师代为填写申报表。在美国，大约40%的纳税人填写纳税申报表需要税务代理人代为填报。有的国家，则完全是纳税人自己来填表。多数国家税务局一般不直接帮助纳税人填写纳税申报表，只是提供有关咨询。因为纳税申报表涉及法律责任，一旦税务局直接帮助纳税人填写纳税申报表，在法律上就很难分清税务机关和纳税人的责任，而且，税务机关还要增加相关费用支出。

第四，实行纳税申报差别待遇制度，可以提高优化税收成本的针对性。对于不同的纳税人，按照其守法程度和核算水平，确定其纳税申报待遇。例如，日本针对不同纳税人的会计制度和纳税表现，对财务制度比较健全的纳税人，由税务机关核定发放“蓝色申报表”，并在税务征收手续的政策上给予一定的优惠；对财务制度不够健全的纳税人则发放“白色申报表”。实行差别待遇，可以减轻部分纳税人的负担，节约纳税费用；实行不同颜色的申报表，可以提高税务机关的监控力度，对特定颜色的申报表进行重点监控，进而降低征税费用。

3. 征税、纳税方式是否简便也是判断税收成本是否优化的标志。税务机关征税过程和纳税人缴税过程是一脉相承的。世界各国大多规定纳税人缴税的地点、最后期限、缴款方式，对于某些特定的纳税人还有延期和分期缴纳的规定。

——纳税人的缴税地点。通常纳税人可直接到税务局缴纳税款，也可通过邮局或银行缴纳税款。到税务局缴税，纳税人承担的纳税费用较高，税务机关管理税款、征税成本也比较高。而到邮局或直接到银行缴税，无疑对征纳双方都有利，并且可以降低税收成本。从目前的情况来看，发达国家的纳税人可以采取任一种方式缴税，但纳税人通常会选择到邮局或银行缴税。

——缴税期限和次数。大多数国家为保证税收的稳定，规定纳税人应分期预缴，在纳税申报后进行结算。如澳大利亚、日本就是如此，也有少数国家没有分期预缴制度，纳税人在申报后一次缴清。显然，增加纳税人缴税次数会增加纳税成本。

——缴税手段。缴税手段多样化，可以方便纳税人选择，纳税费用较低；缴税手段单一，会增大纳税人负担。世界上的发达国家除收取现金和支票外，还有银行券、各种证券或印花税票等多种形式。

（三）科技尤其是计算机技术和现代信息技术在税收征管中的应用，是优化税收成本的关键手段

在西方发达国家中，美国于 20 世纪 50 年代末首先预计到了电子计算机这一先进工具在税务管理领域的巨大作用，提出了电子计算机处理税收事务的设想，为美国政府当时面临的由于战后经济繁荣带来的纳税事务大量增加的难题提供了一个有效的解决方案。美国税收征管计算机系统于 20 世纪 60 年代中期以后逐步投入使用，在全国范围内建立了计算机征管网络，系统由三个层次构成，包括 1 个国税局税务信息处理中心、7 个大区征税服务中心（数据处理中心）和 63 个地区税务局及近 700 个基层单位的计算机系统。科技在税收征管中的成功运用，使税收征管发生质的飞跃，工作效率显著提高，税收成本大幅度下降，计算机在税收预测、办理登记、纳税申报、报税审核、税款征收、税务审计选案及操作过程控制、税源监控等环节发挥着极其重要的作用。

英国、法国、加拿大、日本等发达国家受美国的启发，也于20世纪60年代先后开始研究制定本国的税务管理计算机化方案并予以实施。尤其是日本国税厅信息管理系统自20世纪60年代建成以来，计算机管理网络与银行和邮政局的计算机联网，纳税人可以在税务机关或遍布全国的多个银行分支机构和邮政局纳税，极大地方便了纳税人。由于系统处理速度快、信息传递迅速、利用率高，使税收成本大幅度下降，每百日元税收征收成本从1950年的2.8日元下降为1990年的0.92日元；税收工作效率大为提高，人均征收额从1950年的0.14日元增至1990年的11.1日元，增长近80倍；纳税申报率和申报正确率达到满意水平，1990年纳税申报正确率达到了96.5%。澳大利亚、意大利、新加坡、北欧诸国及欧共体其他国家的税务计算机化进度虽然稍晚一些，但也均于20世纪70年代建成了本国的税务计算机系统。我国的台湾省亦于这一时期实现了全岛的税务电脑化。

发展中国家税收征管计算机化起步较晚，20世纪80年代以后，中国、印度、泰国、菲律宾、印度尼西亚、马来西亚、阿根廷、墨西哥、埃及、东欧和独联体的一些国家，开始把税收征管计算机化问题提上议事日程。但目前除韩国、塞浦路斯等有限的几个国家和我国香港地区在80年代完成了税收征管计算机化外，绝大多数发展中国家均因国土比较广阔、经济和科技基础较差以及资金短缺等问题尚未完成这一工作。一般来说，中小型计算机和微机网络相结合的集中分布模式更多地为这些国家所采用，只有一些小国家继续采取了集中处理模式。限于税务机关自身的技术力量，发展中国家在进行税收征管计算机化的过程中较多地将系统规划、系统集成及软件开发等任务交由专业的系统集成公司或计算机软硬件厂商完成，以求利用这些公司的经验和能力，尽快完成税收计算机系统的建设。但由于发展中国家采用手工方式进行税收征管的历史普遍较长，一套以手工操作为基础的制度已经比较定型，且已为广大税务官员所习惯，因此，对原有业务进行重组和调整，需要付出很大的精力和较长的时间。

无论是在发达国家，还是在发展中国家，在税收征管领域广泛运用科技手段都产生了明显的效益，直接或间接地优化了税收征收成本和纳税成本。

三、我国税收成本优化思路

近些年来，我国的税收收入一直保持快速增长的态势，连续几年超过GDP增幅；但是，与此同时，政府为取得税收收入而付出的各类费用上升也很快。“高成本、低效益”已成为我国税收工作潜在的问题。和国外的税收成本相比较，我国现阶段的税收成本明显偏高，存在进一步优化税收成本的必要。

（一）加快税收法制建设，建立税收司法体系

依法治税的前提是有法可依，作为税法主体的征纳双方的权利和义务必须由法律来界定。如果税收法制建设滞后，将造成许多涉税问题的处理无法可依，无法保证执法的需要，降低税务机关依法行政水平，增加税收征收成本。

加快税收法制建设，一是要尽快研究制定税收基本法，健全税法体系，把税收的立法原则、纳税人的权利和义务、税法的解释权及税收管辖原则等用税收基本法的形式固定下来。二是要加快税收实体法和程序法的立法进程。按照落实税收法定原则的要求，加快税收立法进程，将大量的税收暂行条例修订后上升为法律。三是要进一步完善税收征管法，尽快修订税收征管程序和措施，适应我国市场经济发展的需要。四是要建立税收立法、执法、司法相互独立、相互制约的税收司法体系。

（二）合理划分中央与地方的税收管理权限，提高各级政府依法行政的效率

中央政府必须统筹规划，改变税收管理权限完全集中于中央的现状，按照市场经济和建立与之相应的政府体制要求，正确划分中央政府和地方政府的税收管理权限，以保证中央政府对经济运行的宏观调控能力和全国的政令统一，同时要兼顾中央与地方利益，充分调动各级政府积极性，保证宏观经济健康协调发展。一般而言，中央与地方的税收管理权限可以做出以下安排。

1. 中央政府掌握以下税种的管理权：对整个国民经济产生全局性、战略性影响的税种；在国家财政体系中占据十分重要的地位，并能保证中央政府职能实现的税种；涉及国家宏观管理与调控的税种。

2. 让地方政府具有更多的自主、灵活处理地方税务的权力，逐渐下放地方税中税率的调整权，允许地方政府拥有开征、停征部分小税种的立法权。具有以下属性的税种，都应划归地方管理：纳税环节不宜掌握、税源分散，并对宏观经济不发生直接影响的税种；涉及维护地方城市基础设施建设的税种；与地方特性及第三产业密切联系的税种；针对地方特种经营行为而开征的税种等。

合理划分中央与地方的税收管理权限，可以降低税务机关的征收成本和纳税人的纳税成本，避免因征税在地区间存在差异而给地方经济带来的超额负担。

（三）进一步简化税制，优化税制结构

简化和完善现行税制，优化税制结构，建立一个简明、稳定和便于征管的税制模式，是降低税收成本的根本途径。简明的税制使纳税人易于理解和掌握，尽量给纳税人方便以减少纳税费用，提高纳税人的税法遵从度。稳定的税制，可以减少因税法频繁变动而导致的变动成本。

同时，在新经济形势下，应在稳定税负的基础上，着力优化税制结构。税制结构的优化，一是要逐步提高直接税的比重；二是要将税收政策调整的目标转向“公平”，实现企业生产经营的公平税收待遇，促进社会公平；三是要完善我国税制体系，打造涵盖各类税收在内的、符合我国经济社会发展状况的税制体系。

（四）建立科学严密的税收征管系统，运用创新思维和科技手段，积极推进税收征管现代化进程

随着“营改增”的顺利推进，新一轮税制改革的深化，必将对税收征管产生重大影响并提出更高的要求。总结我国税收征管的实践经验，借鉴国外税收征管的先进经验，建立有效的税收征管系统，可以从以下几个方面入手。

1. 建立以税收征管为中心的组织体系。由于目前信息技术的高速发展，信息传递越来越准确、便捷，我们可以逐步取缔一些小型税务分局和税务所，用职能部门来代替，科学合理地设置机构，提高税务干部整体素质，精简税务系统人员，降低税务行政费用。在我国一些省份，已有用税源管理科取代了税务分局的情况。这些职能部门可以与税务所之间相互督促，不仅能促进信息的共享和减少信息的传递，而且可以促进资源的合理分配。

2. 对税源实行专业化管理。目前，市场分工愈发精细，在征税过程中，我们须对各种税收对象进行合理科学的分类，根据管理对象所属行业、生产经营规模的不同特点，实施专业化管理，从而改善管理效率。专业化管理即将纳税人依据其各自的生产经营范畴不同和行业不同进行合理划分，对不同的纳税人实施适合它们的管理方式。由于信息管税的发展，包括第三方信息的采集利用、内部信息交流的更加通畅，使得许多税务机构能够得到超越原有地域的更多纳税人的信息，从而对这些信息进行科学剖析、专业管理、合理分类。我国于2008年建立了大企业税收管理司，由大企业税收管理司全权负责相关税收管理服务工作。可以说，大企业税收管理司制度是国内税源专业化管理的尝试性的一步，对我国进行试点改革具有重要意义。

3. 加强信息化建设。围绕加快实现税收现代化的目标，充分运用互联网思维和技术，实现“互联网 + 税务”，进一步打造高效、安全、覆盖面广的电子税务局，逐步建立并健全以需求导向、风险管理、网上办税、订制推送服务等为主要特征的现代税收管理服务体系，大力提升纳税遵从度和纳税人满意度。充分发挥云计算、大数据等现代化信息技术的优势，进行信息的全面整合，最终寻求税务系统内部各部门之间、税务部门与外部门之间的信息互联互通。2016 年全面上线的金税三期系统，其中一个主要功能就是更加强大的大数据评估及云计算。国税局运用“互联网 +”，依靠“网络爬虫”技术，自主研发了互联网涉税信息监控平台，在互联网信息汪洋大海中实时查找上市公司股权交易信息等，让税收征管效率呈现几何级倍增。

4. 积极、稳妥地发展税务代理服务。鉴于部分纳税人受到时间、地点等因素的局限或者出于自身的需要，税务机关应当鼓励和提倡其依照税收法规，寻求社会中介服务组织进行税务代理，实现降低征收成本和纳税成本的目的。有必要加快税务代理法制建设，建立独立的、完善的、全面的税务代理制度法律体系。应该为税务代理制度的发展创造有利的条件，发展税务代理服务市场，为税务代理人及中介机构的生存与发展提供必要的条件。如适当放宽税务代理从业专业门槛，借助业务培训、资格考试等途径，提升税务中介人员的综合素质与专业能力，使税务代理获得纳税人广泛认同感。实行政府和税务代理行业组织的双重管理；明确税务代理的业务范围，增加法定业务项目，扩大税务代理的社会需求；制定符合国情的税务代理收费制度。

5. 优化稽查局机构设置。税务稽查作为税收征管的最后一个环节，是税收管理的最后防线，设立这一环节的目的在于打击税收管理阶段出现的各类偷、逃、骗、抗税行为，确保税收工作的秩序性与规范性，全面提升纳税遵从度。从我国现阶段情况来看，尚未全面发挥稽查环节的工作职能，稽查流程也有待完善。在专业化税务管理的要求下，必须加强税务稽查组织机构的调整与优化，科学地进行职能定位。

（五）建立税收成本核算制度，完善衡量税收成本的指标体系

一直以来，受计划经济条件下“无本治税”思想的影响，我国并未建立税收成本核算制度，全国没有公开的、完整的、准确的税收总成本、分税种成本的统计数据。当前公布的一些区域性税收成本，统计口径差别很大。

优化税收成本，要树立税收成本观念，将税收成本引入税收政策制定和实际征管工作中。应尽快建立规范、系统、科学的税收成本核算制度，明确税收成本开支范围、成本核算方法、成本管理责任等内容，规范税收行政经

费管理，要科学地设计衡量税收成本的指标体系，加强成本控制和成本分析。同时，要建立和完善税收成本核算监督机制，明确相关监督考核机构的职能和权限，对各级税务机关的税收成本控制情况实施监督。税务机关要定期对征收成本进行统计分析、对纳税成本进行测算，向社会公开，接受舆论监督。

第十章　商品劳务课税

第一节　商品劳务课税概述

所谓商品劳务课税是以商品和非商品的交易额为课税对象的税种总称。商品交易额是指在商品交换过程中，因销售或购进商品而发生的货币金额。对于这个商品交易额，如果税法规定卖方为纳税人，就是商品销售收入额；如税法规定买方为纳税人，则是指购进商品支付的金额。非商品交易额是指一切不从事商品生产、交换的纳税人提供各种劳务而取得的服务性收入金额，例如，交通运输、建筑安装、金融保险、邮电通讯、娱乐、旅游和各种服务业取得的收入额。

一、商品劳务课税的特点

商品劳务课税与其他税类比较，具有以下几个显著特点。

（一）商品劳务课税以商品（劳务）的流转额作为课税对象，它与商品（劳务）的交易行为密切相连，可涉及复杂多样的交易额

从商品交易来看，一种商品从投入生产到进入流通，再从流通到最终进入消费，往往要经过无数次的转手交易。每经过一次交易行为，买者变成卖者，商品随之流转一次，于是就发生一次对卖者商品交易额课征商品税的问题。而如果商品是处于静止状态，没有发生流转交易额，也就没有纳税人和课税对象，因而也不会有商品税的课征问题。至于服务性的劳务交易额，虽然没有实物形态的商品随之流转，但其作为价值进行交易的性质与实物商品交易没有什么本质区别。

从整个社会的商品交易来看，流通中的商品种类和商品流通渠道是复杂多样的。即使是同一种商品，其所经历的流通阶段也会是不同的。有的流通环节多一些，有的少一些。在流通过程中，商品之间又可能发生分合的变化，同一企业生产的同一商品，经过流通，有的直接作为生活资料进入消费；有的则作为生产资料进入下一个生产流通环节。相反，不同企业的不同产品又可能在某一生产流通环节结合起来。以交易额作为课税对象的商品税，面对如此复杂多样的商品（劳务）流转状况，在课税环节、课税范围的选择上均需做出科学、合理的决策。

（二）商品劳务课税是一种间接税，课税隐蔽，税负落点不清

较之所得税和财产税来说，商品劳务课税是一种较为隐蔽的课征。在条件允许的情况下，纳税人缴纳商品税后，都会将税款加在价格之中，转嫁给消费者或下一个生产环节的生产者来负担（即使是在价外税制度下，纳税人在向消费者销售商品时也并不都是将价款与税款分别表明）。这种纳税人与负税人的不一致，对于最终负担税款的人来说，并不一定十分清楚，并不直接感到税收负担的压力，从而使税收的课征与运行具有明显的隐蔽性。因此对流转额课税，一般征收阻力比较小。也正是由于这个原因，商品税对于保证政府财政收入的及时、稳定和均衡具有不可替代的作用，成为许多国家政府首选的税种。

（三）商品劳务课税征收覆盖面广，税收负担较为普遍

在商品经济中，只要社会再生产进行，就会有商品劳务的交易，就会有交易额，也就必然有商品税的征税对象。从消费者的角度看，人们要生存就会有各种消费需求，就会形成对各种商品劳务的购买，也就提供了交易额的来源。所以，对交易额课税的最终结果是人人都直接或间接负担了税款。而所得税、财产税只是对有所得或有财产者才课税，无所得或无财产者则不课税，而且课税还往往附有免税数额的规定，在规定标准之下的所得或财产免于征税，因而税收负担面相对较为狭窄。

（四）商品劳务课税在负担上具有累退性

商品税一般采用比例税率，其税负是根据消费品的种类确定不同的比例。从表面上看，似乎消费数量越大者承担的税负越大；而且，大多数实行商品税的国家对普通消费品规定较低的税率，对高档消费品则规定较高的税率。因此，有理由认为，商品税体现了税收公平的原则。但是，众所周知，每个人对消费品消费的数量与个人的收入并不是等比例的；高收入者用于购买消费品的支出可能只占其收入的极小部分；而低收入者则可能是其收入的百分之百。从这个角度考虑，商品税就呈现出一定的累退性，即收入越少，税负相对越重；收入越多，税负相对越轻。特别是，在某些实行商品税的国家，将商品税的课征范围仅限定在生活资料方面，对生产资料实行免税。生产资料是投资购买的对象，而一般来讲，只有收入达到一定水平才有能力进行投资，且收入越高投资能力越强。这就使高收入者承担的税负相对较轻。另外，从不同种类消费品的需求弹性看，普通消费品需求弹性

小于高档消费品，税负更多由消费者承担，也在一定程度上体现了商品税的累退性。

（五）商品税的政策目的主要在于调节商品的供求

商品税可以选择对某些特定类别的商品劳务征收，也可以选择对全部商品劳务征收。即使是对全部商品劳务征税，也往往采用差别税率。政府可以通过差别税率体现对某些商品生产、消费的限制或鼓励政策。如对于某些有害于人体健康和社会利益的消费品，通常规定较高税率，以限制其生产和消费；对于奢侈品也可以课以重税，以达到引导消费的目的。

二、商品劳务课税与价格的关系

以商品的交易额作为课税对象，必然涉及商品的价格，从而会产生价内税与价外税的问题。商品税，当其构成价格的内涵时，属于价内税；而当其成为价格的外加时，就属于价外税。

价内税与价外税是以商品课税与价格的关系为标准对税收所做的分类。我国 1994 年税制改革以前的产品税、增值税、营业税等都属于价内税，其税金如同企业生产成本和利润一样，是商品销售价格的组成部分：

$$价格 = 成本 + 利润 + 税金$$

从公式可见，如果成本、利润不变，税金与价格成正比关系；而如果价格不变，税金与利润成反比关系。价内税体现的这种价格、利润关系的特点，便于政府利用税收杠杆配合价格政策，直接调节企业利润，调节生产，引导消费，实现国家的产业政策。由税金加成本、利润组成的价格称为含税价格。包含在价格之内的商品税金随商品销售的实现而同时实现，能够保证财政收入的及时和稳定。

价外税是指税金不包含在商品价格之内，而是在商品价格之外另加一部分税款的课税方式。价外税制度与价格确定方法关系密切。在市场经济的自由价格制度中，工业产品出厂价由生产成本加平均利润两部分组成。纳税人缴纳的税金不作为价格的组成部分，而是在价格之外另向购买者收取。这种税收与价格区别开来的做法增加了价、税各自的透明度，使商品的购买者十分清楚地了解到自己所购商品承担了多少税款。目前，大多数西方国家的消费税、销售税、增值税等都是实行价外税。我国 1994 年以来实行的增值税也采用了价外税的形式。价外税的价税分开使政府在税收、价格政策的制定和调整中，更好地利用其各自的特点，充分发挥各自的功能作用。

三、商品劳务税税制要素的设计

（一）征税范围的选择

商品劳务税按照征税范围的大小可以分为两种类型。一种类型是一般营业税，它将商品和劳务营业行为所发生的营业额均包括在征税范围内。如国际上通行的增值税，不分何种商品或何种劳务的交易，适用范围广泛，普遍进行征收，以发挥普遍调节的作用。它在税目设计上是采取概括征税、列举免税的方法，在税率设计上档次较少，税率较低。另一种类型是一般产品税，它是专对商品的交易课征，征收范围是生产和进口环节的工业品以及收购和销售环节的农产品。国际上通行的消费税都属于这种类型。一般产品税征税对象的范围有宽有窄，这是各国在设计上结合市场价格结构进行的选择，主要有三种情况。一是对消费品和生产资料都征税，如我国1994年以前的产品税。这主要是因为我国对消费品和生产资料的定价采用同样的原则，因而产品的盈利水平大体均衡。普遍征收流转税有利于保证国家财政收入和普遍发挥经济调节作用。二是只限于对消费品征税，对生产资料不征税，如苏联的周转税。主要是由于苏联对生产资料采用与消费品不同的定价标准，价格确定比较低，从而使其一部分价值转移到消费品中得以实现，征税范围的确定与此相适应，实际上也是政府利用税收政策与价格政策相配合的一种调节手段。三是只限于对少数消费品征税，如美国等西方国家的消费税。这是由于在自由浮动的市场价格体系中，税负转嫁的条件比较充分，如果对生产资料征税，会使一切相关商品价格产生连锁反应，干扰整个价格体系的运行，所以征税范围仅限于少数消费品。

在确定商品劳务课税范围的时候，应当着重考虑以下四个基本因素。

1. 财政收入的需要与提供税源的可能。在政府财政收入需求较大时，商品、劳务可以提供广泛的税基；在政府财政收入需求并不很大时，商品劳务课税也可以使政府和纳税人较为轻松地完成税款的征纳。但是，如果仅仅是为了多取得财政收入而将课税范围设得过宽，不顾税源的有限而伤及税本，则会对生产、流通和消费产生不利的影响，如影响商品、劳务的供应和购买，从而阻碍经济的发展。

2. 各税种的特点和征税目的。例如，增值税具有环环抵扣、税负均衡和防止偷漏税的连锁机制，因而需要尽可能地扩大征税范围。从理论上说，只有将所有的商品、劳务交易纳入增值税的征税范围，才能使这种税的优越性得到最充分的发挥。消费税既是政府取得财政收入的一种手段，也是调节消费的一个杠杆，因而可以将二者结合起来确定对哪些消费品课税，并通过规定高低不同的税率进一步体现调节的力度。关税除了财政职能和调节市场商品供应的职能外，还关系到国际间的政治、经济关系，一般应当以对等为原则。

3. 税负转嫁的可能性对价格的影响。尽管从总体上说，商品劳务课税来源于商品、劳务的剩余价值，这种课税并不会引起商品、劳务价值总量的变化，但在实际经济生活中，由于各种因素的作用，在不同的条件下，对不同的商品、劳务课税，对价格的影响是很不相同的。例如，在市场均衡的情况下，无论是通过提高价格的方式向前转嫁，还是以压低生产、经营成本的方式向后转嫁，商品、劳务的交易者都很难将其税负转嫁出去。而在市场不均衡的情况下，上述税负转嫁就比较容易了。又如，对某些消费需求弹性较大的商品课以较高的税，会促使一些购买者去购买较为便宜的替代品（如以国产商品替代进口商品）；而对非弹性商品或者消费需求弹性很小的商品课税的时候，不论税负高低及其引起的价格变化如何，买方都不得不承受。再如，对资本性商品的课税比较容易被生产、经营者以提高价格的方式转嫁出去，而由消费者负担的消费税则很难再转嫁给他人负担。

4. 征收管理的能力。包括纳税人对税法遵从的程度和税务机关的管理水平，也可说是纳税和征税的综合成本。纳税人依法纳税的自觉性越强，税务机关的征管能力越强，征税范围就可以宽泛一些。反之，在纳税人依法纳税意识淡薄、税务机关征管能力很弱的情况下，征税范围过宽就难以达到预期的目的。例如，增值税是一个征收范围非常宽泛的税种，同时它对征收管理方面的要求也很高。

一般而言，商品劳务税征税范围越广泛，越符合税收的普遍原则，对生产的调节作用也越大，从这个角度看，商品劳务税的征税范围狭窄是不行的。但也要看到，因商品劳务税与纳税人的负担能力不挂钩，造成征税范围过宽与量能负担的原则要求差距就越大，加之税负转嫁的存在，对商品竞争和对外贸易的干扰和消极影响也必然加大。

（二）纳税人的选择

商品劳务税的纳税人通常为销售应税商品和劳务的单位与个人（不考虑价内税或价外税，也不考虑税负能否转嫁）。因为税负转嫁现象客观存在且成因复杂，不可能要求纳税人与负税人的一致，而以销售和劳务收入的取得者为纳税人相对容易控制。对纳税人的选择也有一些特殊情形，即在没有发生销售行为和取得销售收入的情况下，也有可能发生纳税义务。这主要是考虑加强税源控制，防止偷漏税和平衡税率等因素，主要包括五种情形。

1. 视同销售。例如，按照我国现行的增值税制度，企业将货物交付他人代销，或销售代销货物的行为，均视同销售货物，负有增值税纳税义务。

2. 委托加工产品，即由委托方提供原料和主要材料，受托方只收取加工费和代垫部分辅助材料加工的产品。如我国现行的消费税制度规定，委托加工的应税消费品，应当缴纳消费税。

3. 自产自用产品。如我国的消费税条例规定，企业自产的应税消费品，用于在建工程、管理部门、职工福利、奖励等方面，应当缴纳消费税。

4. 进口产品。此类产品的税收通常是由进口者在报关进口时缴纳。

5. 中间产品。如我国过去实行的工商统一税、工商税等制度中都有对某些中间产品征税的规定。

（三）征税环节的选择

总体而言，商品流转，从生产到消费，工业品要经过工厂制造、商业批发、商业零售等环节；农林牧水产品要经过农业生产、收购、批发、零售等环节；非物质产品的劳务提供则要经过服务业经营环节；但具体到各个商品，其流转环节又不完全相同。例如工业品，无论是同一类商品，还是不同类商品，都会有流转环节的不同。有的只经过工厂制造和商业批发两个环节便进入消费；有的只经过工厂制造和商业零售两个环节；有的则是由工厂制造出来直接销售给消费者或使用单位，而不经过商业的批发和零售。农林牧水产品也会有类似的情况。商品流转环节的多样性，决定了我们在征税环节的选择上，必须考虑到商品中包含的积累在不同流转环节的分配情况，考虑税收征收管理的便利以及税收调节作用的发挥。

对征税环节的确定，既可以对所有流转环节征税，也可以选择一、两个环节课征。对所有流转环节征税也称作“道道征税”，我国 1994 年以前实行的产品税和目前实行的增值税都属于这种类型。道道征税，一方面可以使政府通过对商品流转各环节的征税实施调节与控制；另一方面也可以保证财政收入的及时、均衡入库。但是，如果以销售收入全值作为计税依据进行征税，道道征税必然会产生不公平，并进而阻碍专业化协作的社会大生产的发展。为解决上述问题，当前世界各国普遍实行增值税，即在每一环节征税时，仅以本企业新创造的价值（增值额），作为计税依据计算征税，将前一环节已征税的价值在计税时加以扣除，避免了重复计税，从而既保留了多环节征税的优点，又使征税充分体现了其公平与合理。

只选择个别个环节征收流转税，在各国也有一些实际的例子。如 1936 年法国实行的生产税，我国 1953 年实行的商品税，都是只在生产环节征收一道流转税，征税后在全国范围内流通，不再征收此类税。这种选择方法有利于控制税源，便于征收，同时可以解决多环节征收造成的重复课税问题。但是纳税环节的单一化又将大量有收入的企事业单位排除在征税范围以外，使税收失去了普遍性和均衡性，产生了新的税负不公平，而且也不利于国家对商品流转各环节的监督与控制。又如，我国目前的消费税，一般情况下，主要在生产销售和进口环节征收一道消费税，征税环节具有单一性。这是因为消费税是对各种商品普遍征收增值税的基础上再选择部分特定消费品进行征收的商品税，在征消费税之前已征收过增值税，因此没有必要在多环节征收消费税。这是流转税不同税种之间的配合。再如我国 1958 年实行的工商统一税和 1973 年实行的工商税，都是选择生产和零售两个环节征税，批发环节不征税。这种选择是由于当时大多数企业都是国营企业，而且，在计划经济条件下，商品价格由国家统一确定，税收对商品价格的影响不大，因而在税制确定中主要强调简化税收征收环节和保证国家财政收入，并不需考虑对商品供求的调节，因此认为批发环节没有必要征税。

（四）计税依据的选择

商品劳务税的计税依据选择可以分为两种。

1. 从价定率征收，即依据商品的销售价格确定相应的比例计算征税。根据商品劳务课税是否包含在销售价格之内，从价税又可以分为价内税和价外税。价内税将应纳销售税金包含在商品劳务的售价内；价外税将应纳销售税金附加在商品劳务的售价之外。一般来说，由于商品劳务税是对商品流转额征税，因此，按照商品的销售收入从价计算征税应是基本原则。选择这样的计税依据可以使税收与商品的销售收入紧密相连，商品价格的变化直接影响税收的增减，税收具有一定弹性，使其参与国民收入的分配更具合理性。

2. 从量定额征收。对于多种多样的商品，并不都适合采用从价定率的方法，采用从量定额征税也是必要的。例如，我国现行的消费税包括了啤酒、黄酒、汽油和柴油等应税消费品，这类商品日常销售量非常大，商品单位价值不高，每单位商品应纳税款数也不大。如采用从价定率方式计征消费税，将使征税成本大大提高，而采用从量定额的方式，既可保证税款的及时征收，又不会增加税务机关的征管工作量。又如，对于我国出口产品而言，改进产品的包装装潢、提高产品质量，是增加出口竞争能力的重要途径。采用从量定额征税，企业改进产品包装、提高产品质量后，产品售价提高，但税负不增加，增加了企业经济利益，这对企业无疑是一种促进。从计算方法来看，从量定额比从价定率课税方式要简单一些。但由于这种课税方式与商品的价格脱钩，税收收入不能随着商品价格的升降而增减，这对于保证财政收入的稳定增长和纳税人的公平负担是不利的。同时，在商品种类繁多的情况下，要求按照每种商品的销售数量计税，也很繁琐。

从价税、从量税各有优缺点，有不同适用范围。对供求关系矛盾较大、价格差异和变化大、计量单位不规范的商品，应采取从价定率的征收方式；对供求平稳、价格差异小、计量单位规范的商品，应采取从量定额的征收方式。

（五）税率的选择

商品劳务税的税率选择主要包括税率类型的选择和税率结构的选择。

商品劳务税的税率分为两种类型，即从价比例税率、定额税率（从量比例税率）。从价比例税率是按商品、劳务的销售价格或增值额的一定比例规定的税率，使用最为普遍。定额税率是按照商品销售数量课税时规定的税额标准，也较为常见。有时也将两者结合使用，但较为少见。

商品劳务税的税率结构一般有两种，即单一比例税率和差别比例税率。

单一比例税率对所有商品劳务按同一税率课税，便于征管，税负均衡，但不能对不同商品劳务的生产和消费进行调节，以体现政府的某些经济、社会政策；对高利润的生产、经营者和高收入消费者而言，累退性较强，不利于实现税制的纵向公平。

差别比例税率按不同类别商品劳务分别设计税率，可以体现政府的经济、社会政策，实现宏观调控，促进产业结构合理化；但征收管理工作较复杂，且对同一种商品劳务而言，仍有累退性。

在设计商品劳务课税税率水平的时候，通常要考虑以下几个主要因素。

1. 财政收入和经济发展的需要。在计税依据一定的情况下，当政府需要通过增加税收的办法增加财政收入的时候，可以考虑适当提高商品劳务课税的税率。如近年来各国普遍将提高烟、酒类商品的消费税税率作为增加财政收入的一项重要措施；但提高税率必须充分考虑纳税人的负担能力，不应当影响税源，更不应当伤及税本。当政府需要通过减少税收的办法促进经济发展的时候，也可以考虑适当降低税率。如为了促进农业经济的发展，我国多年来对应税农业生产资料和农业产品一直实行低税率；但降低税率也要考虑国家财政的承受能力，避免对政府行使职能造成不利影响。同时，以调整税率的方式调节经济也必须与其他经济手段，如价格、利率、工资、非关税壁垒等，配套进行，不应当造成人为的扭曲和不必要的税收纠纷。

2. 兼顾需求弹性和社会公平。根据需求弹性理论，不应当对那些需求弹性大的商品实行高税率，而需求弹性小的商品的税率却可以高一些。但是，这样做又违背了社会公平原则。因为，需求弹性大的商品多为奢侈品，而需求弹性小的商品多为生活必需品。从社会公平角度来看，对后者征收比前者更重的税是不合理的，也是不行的。较为可行的办法是，在对所有商品适度课税的基础上，再对奢侈品加征一道消费税。这样，既可以通过广泛的税基取得大量的财政收入，又照顾了低收入者的负担能力；还可以调节高收入者的消费，增加税收。按照公平原则矫正商品劳务课税的税率可能会对经济效率产生一些负面影响，所以在操作上应当适度把握。

3. 各税的特点和征税目的。增值税的特点是税基广泛、税负均衡，因而税率不能过高。消费税的特点是可以用以调节特定消费品的生产和消费，因而可以根据政策的需要规定高低不同的税率。关税税率的设计既要考虑国内市场与国际市场的衔接，又要考虑到国际间贸易关系的对等，因此既有优惠税率，又有普通税率，还有特别税率。

4. 税基的宽窄。在税额一定的情况下，当税基较窄时，税率就应定得高一些；当税基较宽时，税率可以定得相对低些。显然，前一种形式有利于税源的重点监控和调节高利润产品、行业的生产、经营，但是，税率过高，税负过于集中，有可能产生对经济的扭曲作用。后一种形式有利于均衡纳税人的税收负担，但是征收管理工作比较复杂，也不利于体现政府的某些经济、社会政策。如对某些低收入者予以适当的税收照顾，对某些高收入者予以适当的税收调节。另外，从技术上看，税基对于税率也有重要的影响，如就同一商品的税率设计而言，价外税的税率要高于价内税的税率。

5. 纳税人的盈利水平。一般地说，在纳税人盈利水平比较高的情况下，税率可以相对定得高一些；在纳税人盈利水平比较低的情况下，税率可以相对定得低一些。就生产同一种商品的诸多纳税人而言，由于种种原因，其盈利水平往往差别很大，这时就应当根据多数纳税人的盈利水平去设计税率，通常的做法是取中等或者中等偏下水平。

6. 税制结构。在税基和纳税人盈利一定的情况下，商品劳务课税所占的部分越大，其他税收所占的部分就越小，就会影响其他税收作用的正常发挥。如在所得税所占比重过小的情况下，该税种对纳税人利润的调节作用就会变得很微弱，从而间接对经济产生不利的影响。因此，在设计商品劳务课税税率水平的时候，也应当注意为其他税种留出适当的空间。

（六）征税方式的选择

商品劳务课税的方式可分为三种：一是综合征收制，即对所有商品劳务不加区别的一并征税；二是分类征收制，即按照一定标准将商品劳务划分为不同类别，分别征税；三是混合征收制即先对所有商品劳务普遍征税，再根据需要选择某些商品劳务另行征税。

在确定商品劳务课税方式的时候，应当重点考虑以下两方面因素。

1. 税收的调节作用。从税收的调节作用来说，如果不需要利用税收去调节产业结构，可以采用综合征收制，对所有商品、劳务同等课税，以体现税收的中性。反之，可以实行分类征收制，以体现税收的奖励或者限制政策，即对需要发展的产业和产品从轻课税予以鼓励，对需要限制发展的产业和产品从重课税予以抑制。

2. 市场价格。如果市场比较均衡，基本上不存在价高利大的商品与价低利微的商品的矛盾，可以采取综合征收制。市场经济比较发达的国家通常采用这种税制。这是因为，在市场经济条件下，商品的价格、利润等主要应当通过市场机制去调节，不适当的政府干预可能会导致市场信号的失灵，最终导致生产的盲目性和资源的浪费。如果市场很不均衡，价高利大的商品与价低利微的商品矛盾突出，可以采用分类征收制，实行计划经济的国家往往如此。例如，我国在计划经济时期曾经长期实行商品劳务课税与价格相配合的政策，对价高利大的商品课以重税，对价低利微的商品课以轻税，在价格、税制改革的时候往往强调“价税联动”。当我国经济向市场经济转轨之后，这种政策就改变了。但是，在关税领域中，不论是发达国家，还是发展中国家，都普遍采用分类征收制，只是繁简不同而已。这主要是为了将国内市场与国际市场衔接起来，保护国内市场，参与国际市场竞争。

综合考虑税收调节和市场价格因素，采用混合征收制也很有必要，在实践中这种做法也很普遍。例如，对于某些特殊的商品，基于调节供求关系、引导消费、保护资源与环境、调节价格与价值的差距、增加税收收入等方面的考虑，也可以在普遍征税的基础上加征一道税收，如对烟、酒、汽油等商品除了与其他商品一样征收增值税之外，还要征收一道消费税。

商品劳务税税制要素的设计，对于贯彻国家的税收政策、实现对国民经济的宏观调控；对于控制税源、保证国家财政收入都有重大影响。因此，必须根据国家一定时期的客观经济情况和财政经济政策慎重选择，以真正发挥税收促进国民经济发展的积极作用。

第二节 我国的商品劳务税

一、我国现行商品劳务税的布局

我国现行商品税制主要设置三个税种，即增值税、消费税和关税。从2012年在上海试点营业税改征增值税工作到2016年5月1日起全面推开“营改增”试点，我国形成了目前以增值税为核心，以消费税、关税相互协调配套的商品税制体系，即在生产、生活各领域普遍征收增值税；有选择地对某些消费品在征一道增值税的基础上再征一道消费税；在进口环节征收关税。

（一）增值税

将以往只对少数行业、少数产品征收的增值税扩展到全部产品生产和流通范围，并参照国际通行做法进行了规范。一是增值税的征收范围包括销售或进口的货物，提供的应税劳务，发生的应税行为。二是增值税采取一档基本税率、二档低税率、出口零税率的模式。主要是考虑到原有企业流转税负担基本合适，因而总体税负水平基本保持不变。现行增值税基本税率17%，低税率为11%、6%，报关出口货物税率为零。三是增值税实行价外税的办法，即以不含增值税的商品价格为计税依据计算征收。四是根据专用发票注明税金进行税款抵扣的制度。在商品零售以前各环节销售商品时，必须按规定在发票上分别注明增值税税金和不含增值税的价款，凡发票未注明税金的以及所用发票不符合规定或发票填写不符合要求的，不予进行税款抵扣。五是根据国际上的通行做法和我国试行增值税的实践经验，对会计核算不健全的小规模纳税人采用按征收率计征的简便方法，征收率为5%和3%。六是增值税实行专业化的征管、稽核制度，建立电子计算机征管系统。

（二）消费税

普遍实行增值税后，政府原在产品税中以高低不同的税率对不同的产品进行调节的功能便被削弱了，为此，选择部分商品，在征一道增值税的基础上，再征一道消费税。被选定征收消费税的产品大体可分为五类：（1）对人类健康、社会秩序、生态环境造成危害的特殊消费品，如烟、酒、鞭炮、焰火；（2）奢侈品、非生活必需品；（3）高能耗及高档消费品；（4）不可再生和替代的能源产品；（5）具有一定财政意义的产品。

（三）关税

关税是对进出国境或关境的货物和物品征收的税种。主要作用在于保护本国的工业生产和国内资源，是进行国际贸易不可缺少的工具。值得说明的是，按照我国税法规定，对征收消费税和增值税的货物，在进口时除征收关税以外，还征收消费税或增值税，主要目的是为了平衡国内外产品的税负，这与征收关税的作用是不同的。

二、增值税

（一）增值税的概念

增值税是以法定增值额为课征对象征收的一种税。

所谓增值额，是指企业或个人在生产经营中新创造的那一部分价值；所谓法定增值额，则是针对理论增值额而言的。从理论上讲，增值额相当于商品价值扣除在生产中消耗掉的生产资料的转移价值（C）以后的余额（V + M）。它主要包括工资、利润、利息、租金和其他增值性费用。对于理论增值额，可以从两个角度来理解：（1）就某一生产经营单位而言，增值额是其商品销售收入扣除各项非增值项目后的余额，这个余额大体相当于这个单位活劳动创造的价值；（2）就商品生产的全过程而言，一个商品生产和流通各个经营环节的增值之和，相当于该商品实现消费时的最后销售总值。

相对于理论增值额，法定增值额是在增值税税制的确定中，由于各国规定的扣除项目不同，增值额的具体内容也不相同，也就是说用于计税的增值额不是纯粹理论上的增值额，而是依据税法规定有所差异的法定增值额，例如，对外购固定资产，有的国家为了鼓励投资，规定购进固定资产的价格，不论是否消耗，允许一次扣除，从而使增值额相应缩小；有的国家则不鼓励过快更新设备，规定固定资产的价值不允许扣除，这样增值额就相应较大。这种理论增值额与实际运用中的法定增值额的不一致，是由各国具体政策不同决定的。

增值税是在现代商品经济条件下适应社会生产力和经济发展以及国家财政需要而产生的。它的产生和发展是税收制度发展的必然趋势。早在第一次世界大战结束时，美国耶鲁大学教授马斯·S·亚当斯和时任德国政府顾问的学者威尔海姆·F·西门子博士首次提出增值税的设想，当时他们称自己的设想是一个“精巧的销售税”。增值税的产生是因为传统的按商品全部流转额征收阶梯式流转税制所存在的重复征税问题，已成为商品经济发展的桎梏，严重束缚了生产力的发展。

流转税的特征是对商品流转的每一个环节都要征税，这就是所谓的“道道征税”。增值税以前的流转税在每一个环节征税时，均以全部流转额为计税依据，这样就使一件商品的整体税负随商品流转环节的增加呈阶梯式递增。

表 10－1　　阶梯式流转税整体负担率（税率 10%）

生产经营环节	销售额	税额	各环节税额之和	整体负担率（%）
原材料生产环节	30	3	3	10
产成品生产环节	70	7	10	14
批发环节	90	9	19	21
销售环节	100	10	29	29

将表 10－1 用图表示如下：

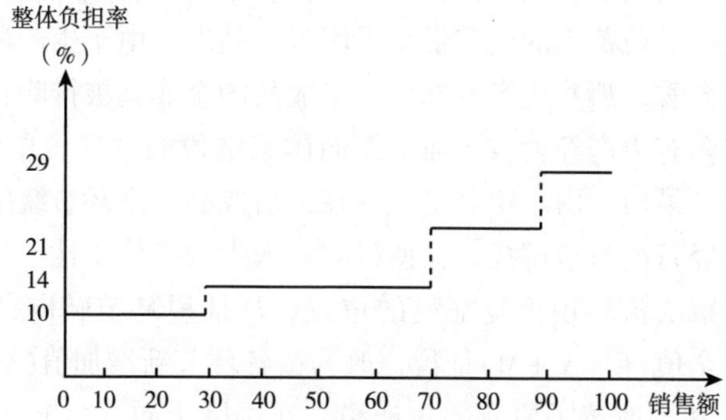

图 10－1 阶梯式流转税整体负担示意

从表 10－1 和图 10－1 可见，同一产品，由全能厂生产，由于产品只在最终全部完工后以其全部价值征收一道流转税，没有以前环节的重复征税，实际税收负担就轻；如由专业化厂进行生产，则产品需多次出厂，而每出厂一次，就需以其全部价值作为计税依据征收一道流转税，实际税收负担就重。例如，某一产品售价 100 元，产品税税率 10%，由全能厂生产与由专业化厂生产，其实际税收负担是不同的。

如果这个产品从零件到成品，都由一个全能厂生产，产品只需在全部工序完成一次出厂，一次计税，其税收负担为：

销售额全值 $100\times10\%=10$(元)

如果这个产品的零件和成品分别由两个专业化生产。假定，A 厂生产零部件售价 30 元，B 厂购进部件继续生产为成品，售价 100 元，那么，这个产品的税收负担为：

A 厂销售额全值 $30\times10\%=3$(元)

B 厂销售额全值 $100\times10\%=10$(元)

合计销售总值 130 元，税额 13(元)

以全值道道计征流转税导致的重复征税，其后果无疑对专业化、协作化生产的发展十分不利，这就是亚当斯、西门子等提出增值税设想的主要原因。增值税税制首次实施是在法国。1936 年，法国曾为解决原营业税重复课税问题设计了新型的“生产税”，生产税只在最后成品环节一次征收，对产品的零配件、部件一律不征税。当时认为营业税的重复征税，问题主要出在道道征税上，如果把道道征税改为只就最后产品征一道税，重复征税的问题就可迎刃而解。但在理论上看似合乎道理的问题，实际操作中却遇到很多新的麻烦。首先，最终产品的概念很难准确界定，有很多产品具有两重性，既可以作为最终消费品直接消费，也可以作为原材料、半成品进入下一个生产过程，这就给征税范围的确定带来了困难。其次，由于生产税只就产成品征税，从全社会看，那些生产零部件、半成品的企业就被排除在征税范围之外，出现了许多有生产经营收入而不需向国家纳税的“非税单位”，使税制失去了普遍性。最后，由于税金是集中在最后成品一个环节缴纳，既使政府丧失了对生产经营的节节调控，又使税收收入失去了均衡性。生产税存在的问题使人们将解决流转税重复征税的重点，从征税环节转向计税依据的调整。从按销售全值(C + V + M)征税，改为按各环节新增加值(V + M)计税。

1954 年，法国改革了原有的生产税，在国际上首先实行了增值税。此后，许多国家学习与效仿法国的经验，相继实行了增值税。到目前为止，世界上已有 140 多个国家实行了增值税；从经济状况看，既有发达国家，也有发展中国家；就社会制度而言，既有资本主义国家；也有社会主义国家。而且在很多国家，增值税在税收总收入中占据十分重要的位置。

（二）税制要素设计

1. 征税范围

从理论上看，应将所有商品和劳务都纳入增值税征税范围，以充分发挥该税的职能和作用，但由于经济情况、征管水平等方面的因素，增值税征税范围在各国不尽相同，从窄向宽依次可分为以下几种。

（1）只在工业制造环节实行。法国 20 世纪 50 年代实行增值税是以工业产制环节为起点的，欧共体国家相继实行也是始于工业产制环节，目前少数发展中国家增值税的征收仅限于工业环节。这主要是由于，工业产制环节较多，重复征税的问题最突出，首先解决该环节的问题成为增值税的最初着眼点。

（2）在工业产制环节和商业批发、零售环节实行，即将增值税的征收从工业产制延伸到商业。

（3）在工业产制、商业批发、零售和服务业实行。有些国家除对各种工商业物质产品征收增值税外，还将增值税的征收延伸到服务业，我国现行的增值税便属于这个范围。

（4）不仅包括工、商、服务业，而且向后延伸至农业环节。这也就是所谓的全面实行。例如，欧盟各国的增值税已包括农业生产环节。这些国家全面实行增值税，主要是由于其农业生产商品化和社会化的程度比较高，一方面，农业生产有机构成较高，原阶梯式流转税重复课征问题比较严重；另一方面，农业生产的高度商品化、社会化也为征管要求较高的增值税提供了条件。

从总体上看，多数国家增值税实施的范围较大，包括工业产制环节和商业批发、零售环节。其优点在于：首先，有利于彻底消除多环节阶梯式流转税所产生的税负不平及其他负面影响；其次，有利于国家财政收入的稳定，可以避免企业纵向联合而减少财政收入的现象；最后，有利于简化税收征管，建立凭发票扣税的制度，简化增值税的计算，发挥增值税交叉审计的优点，避免小范围实行增值税给征管带来的各种技术性问题，使税收征管更加严密。

我国增值税的征收范围是对所有销售或进口货物、提供加工修理修配劳务、提供服务及销售无形资产和不动产都征收增值税，同时通过免税的方法来体现对农业环节不征税。

2. 计税依据

按照增值税的基本要求，各国实行的增值税对于纳税人生产资料中的非固定资产项目，如原材料、半成品、零部件、燃料、动力、包装物等，都是允许扣除的；但对于购入固定资产，如厂房、机器、设备等是否允许扣除，则有不同规定。据此，增值税也分为三种类型。

（1）消费型增值税。即征收增值税时，允许企业将购入固定资产所含增值税款在购入时一次性全部扣除。也就是说，纳税人用于生产的全部生产资料都不包括在课税范围。从整个社会来说，课税对象只是限于消费资料，故称为消费型增值税。

（2）收入型增值税。即征收增值税时，只允许扣除固定资产当期折旧部分中所含的增值税款。这样，就整个社会来说，课税的依据相关于当期国民收入，故称为收入型增值税。

（3）生产型增值税。即征收增值税时，不允许扣除固定资产中所含的增值税款，这样就整个社会来说，课税的依据既包括消费资料，也包括生产资料，相当于生产的固定资产和各种消费资料的生产总值，课征的范围与国民生产总值一致，故称为生产型增值税。

从三种类型增值税的区别可以看出，其中消费型增值税由于在固定资产购入时（此时其价值并未全部转移到产品中），即可扣除其全部所含增值税款，可直接减少纳税人当期应纳税款，因而体现了鼓励投资、鼓励设备加速更新的政策意图。收入型增值税是一种中型税收政策的体现。它与消费型增值税相似，也允许对生产中使用的固定资产所含税款进行扣除，但允许扣除的时间较长。目前世界上实行增值税的国家普遍选择消费型或收入型增值税，其中，欧盟各国全面实行消费型增值税；发展中国家也有相当部分采取消费型增值税。生产型增值税由于扣除范围中不包括固定资产，因而仍在一定程度上带有阶梯式流转税的各种弊端。例如，会人为地提高新投资的成本，影响纳税人投资的积极性；在计税的划分上会遇到界限不清的问题等等。生产型增值税，一般是政府抑制投资、控制设备更新速度的选择。我国1994年确定的增值税属于生产型增值税，2009年增值税转型改革实现了从生产型增值税向消费型增值税的转变。

3. 税率

（1）增值税税率设计原理。增值税税率的确定是就应税产品的总体税负而言的，之所以如此是因为在实行税款扣除制的条件下，确定某一流转环节的税率时，不能只考虑该环节本身应承担多少税收负担，还必须把以前各环节承担的税负加在这个环节上，在各环节累计税负的基础上设计该环节的税率，这样才能使本环节的税收负担达到税率设计所要求的水平。税款扣除制不但要求税率必须按照整体税负进行设计，而且也为这样做提供了可能。因为，在实行税款扣除制的情况下，商品的整体税负一旦确定下来，就不会因流转环节的增减而发生变化，可以始终与税率保持一致。通过下述增值税税率公式，可以清楚地看出这一特征。

$$\begin{matrix}\text{某商品某一}\\\text{流转环节的税率}\end{matrix}=\frac{\text{该环节及其以前各环节应承担的税额之和}}{\text{该环节的流转额}}\times 100\%$$

这一公式如运用于最终零售环节，其增值税税率就体现了该商品的整体税负。由此可见，在实行增值税的条件下，由于增值税税率是按照整体负担率设计的，而整体负担率又不受流转环节变化的影响，所以，只需将商品的流转额直接乘以税率便可得出商品的整体税额，即：

$$\text{某商品的整体税额}=\text{该商品的最终零售额}\times\text{零售环节的税率}$$

阶梯式流转税税率的设计与此完全不同，由于阶梯式流转税在每一流转节都要按流转额全值重复计税，使得它的税率无法按照商品的整体税负进行设计，只能针对某一流转环节自身所应承担的税收负担分环节设计税率，而且商品的名义税率与其实际税负并不一致。

（2）税率设计原则。

原则一：考虑大多数纳税人负担能力。增值税基本税率设计为17%，是按原产品税的基本税率换算过来的。1994年以来的增值税实行价外税，按原来产品税价内税平均14%换算为价外税是16.28%，为便于计算，确定为17%，这样既保持了原来的税收总规模，又有利于经济发展和便于新税制的衔接与实施。同样的是，“营改增”后新增的11%和6%两档低税率也是对“营改增”前后整体税收负担平移，在不减少财政收入的情况下适当减少纳税人的税收负担换算出来的。

原则二：税率尽量简便化。根据中性和简便原则，增值税税率尽量简化。由于有消费税配套，通过消费税来承担特殊调节任务，所以无须设高税率，只需设置基本税率、低税率和零税率即可。

多数国家的增值税税率规定较少。有的国家实行单一税率，如秘鲁、智利等；有的国家实行差别税率，除规定一个基本税率外，还有两三个高低不同的税率，对必需品适用低税率、奢侈品适用高税率，如法国、意大利、巴西等国。这些国家实行差别税率时，基本税率的适用范围包括全部生产资料和大部分消费资料，只有少数消费品适用高税率或低税率。国际上通行的增值税，在税率运用上数目较少的主要原因有两点。

第一，增值税是在生产和流通环节普遍征收，这种普遍调节需要规定一个统一的基本税率，而且在税率设计上要比较低。特别是有些国家，增值税实施范围已延伸到商业批发和零售环节，所以要求档次越少越好。因为商业企业往往是多品种综合经营，特别是大中型商业企业，经营的品种数以万计，每天都要进行大量的、次数频繁的交易。如果税率档次过多，企业就需根据各种不同商品所适用的不同税率对其营业收入进入划分，以便分别计算税款，这会给实际操作带来很多困难。

第二，世界上大多数实行增值税的国家一般都采取增值税与消费税交叉征收的税制结构，对增值税规定一个基本税率，进行普遍调节。然后在此基础上，选择某些需要特别调节的商品，再征一道消费税。由于特别调节的功能由消费税来体现，所以，增值税的税率档次可以规定的少一些，甚至可以实行单一税率。此外，在增值税的计算征收上，普遍推行凭发票抵扣税款的制度，也需要增值税采用较少的税率。凭购进货物发票上注明的税款进行扣税的办法，具有计算简便、数字准确、征收费用低的优点。因此，大多数实行增值税的国家均采用此办法，而要有效地实行凭发票抵扣制度，首要条件就是全面推行增值税。要全面推行增值税，则只能采用少税率，甚至是单一税率。

我国基本税率为17%，“营改增”后低税率档次为11%和6%，两两之间税率差距小。

原则三：税率适用范围按货物品种和服务类型划分。17%的基本税率适用货物（另有列举除外）、应税劳务、有形动产租赁服务。11%包括除了适用6%低税率的服务外，还将以前适用税率为13%的内容纳入进来。

原则四：严格限制低税率的货物品种。根据中性和简便原则，适用低税率的货物尽可能少。

原则五：零税率的运用。税法中既规定了增值税的正税率，也规定了零税率的适用范围。零税率是税收优惠，属于免税范畴，本应在“减税免税”条款中明确，但这样处理，易使人们对零税率和一般免税概念的理解产生混淆，为此，零税率的适用范围也尽可能小，只限于出口货物和符合规定的跨境应税行为。零税率与一般的免税概念不同，免税只免了本环节的应纳税款，对于消费者来说，只有在零售环节免税才有意义，在其他环节免税，消费者是得不到好处的；而零税率是免除了全部环节的增值税，消费者能享受到零税率的好处。我国零税率对出口货物使用，可以不含税的价格参与国际市场的竞争。

根据上述原理和原则，同时，由于“营改增”刚在我国全面推开，我国现行增值税税率设有四档，基本税率为17%，低税率为11%、6%，出口货物适用零税率。在日常征收中，实际只有前三档税率。

考虑到小规模纳税人经营规模小，会计核算不健全，难以按规定税率和使用增值税专用发票抵扣进项税款，因此采用简易办法，以其销售额全值与征收率计算应纳税款，包含根据“营改增”的规定适用征收率为5%的情形和除此以外适用征收率为3%的情形。

4. *征税方法*

增值税的纳税方法可分为直接计算法和间接计算法。

(1) 直接计算法。所谓直接计算法是指，计算时先计算出增值额，再乘以税率，求出应纳增值税。直接计算法又分为两种：加法和减法。

加法，是将构成增值额的各要素相加计算出增值额。其计算公式为：

增值额 = 本期发生的工资 + 利润 + 租金 + 其他属于增值项目的金额

应纳税额 = 增值额 × 增值税率

这种方法，从理论上看，对于属于增值额的项目似乎很明确，但在实际操作时，核实这些数字是非常复杂的，不利于税收的征收管理，因此没有哪个国家实际采用。

减法，也称扣额法，是以产品销售额扣除法定扣除额后的余额作为增值额，以计算税款。扣除项目包括外购的原材料、固定资产、燃料动力、包装物等的金额。其计算公式为：

增值额 = 企业本期销售额 − 规定扣除的非增值额

应纳税额 = 增值额 × 增值税率

(2) 间接计算法（扣税法）。所谓间接计算法是指，计算时并不直接计算增值额，而是采用抵扣税款的方法，直接计算应纳增值税。其计算公式为：

$$应纳税额 = 销售额 \times 税率 - 本期购进货物中已纳税额$$

实行扣税法，对于应扣除的税款可以购货发票所列已纳税款为依据，其优点在于：凭发票扣税，具有国家统一严格管理的外部凭证作依据，计算准确可靠，又不必与成本核算挂钩，只需把发票上注明的税款累计起来，就可以求出应扣除的税额，大大简化了税额的计算，较易于被纳税人所接受，从而有利于增值税的推行。同时，实行扣税法，还可以对纳税人的纳税情况进行交叉审计，防止偷漏税现象的发生。目前世界各国普遍采用扣税法。

我国增值税采用的是扣税法的间接计算法，即以企业销售商品全值的应纳税金减去法定扣除项目的已纳税额，作为企业销售商品应纳增值税金。这种方法既可以达到避免重复课税的效果，又可以避开直接计算增值额的麻烦，简便易行。按照国际上通行的操作办法，通过采用统一的扣税凭证，外购项目的已纳税款在购货发票上有专栏列明，扣除的税款十分明确，在计算纳税人应纳增值税额时，只需按税法规定从当期销项税额中扣除允许扣除的已纳税款即可。其计算公式为：

$$应纳税额 = 当期销项税额 - 当期进项税额$$

（三）我国增值税的改革

1. 简化增值税税率结构

“营改增”后，对一般纳税人，我国现有17%的基本税率和11%、6%的低税率；对小规模纳税人，有5%和3%的征收率；除此之外，还有零税率。这显然偏离了国际增值税税率结构的发展动向。税率档次的增加，不仅提高了税务机关的征收管理成本，降低税务机关工作效率；同样也提高了纳税人的纳税遵从成本，影响税收的中性原则作用的发挥，也为纳税人偷逃税款提供可乘之机。此外，不同档次税率差距较大，影响了增值税进项税额的抵扣，增加了部分企业因进项税额扣除减少而加重的税收负担，从这个角度讲没有对这些企业起到结构性减税的作用，反而加重了其税收负担。因此，目前可以将六档税率简化到四档，未来随着经济的发展和税收征管水平提高，时机成熟之际，可进一步简化到两档或一档。通过简化税率档次，可以营造更为公平、透明、高效的税收环境，进一步减轻企业税负。

2. 课税范围的扩展

“营改增”后，增值税征收范围延伸到了服务领域，成为在商品和服务领域普遍征收的税种，目前将农业排除在征收范围之外，而在理论上与实际中都对这种范围的选择提出调整的要求。

现行增值税对农产品采购商购买免税农产品按买价的11%计算进项扣除，在实施中也产生了一些问题，主要是，以农产品作为主要原材料的工业产品税负增高，1994年以前是按农产品实际采购成本的14%计算抵扣税金，2017年7月1日以前是按买价的13%计算抵扣进项税额，与现在的抵扣率有较大差别。这使得经营农产品的企业无利可图或仅有微利，影响了农产品的收购及向工业品的转化，不利于农业生产的发展。

对于农产品的税款抵扣问题，国外一些做法值得我们借鉴。一是采取"农业统一加价补偿法"，即农民从事农业生产活动所购入的投入物所含的增值税，通过向采购商收取一个加价比例得到补偿，这一加价比例可以作为采购商的进项税额予以抵扣，这样农民不仅没有承担增值税的缴纳义务，而且也没有造成增值税抵扣链条的中断。二是对于农业生产者可依据规模进行分别处理。即对那些大规模经济或从事商业性经营活动的农场，将其纳入增值税征收范围，按照正常的增值税制计算纳税；对于小规模经营的农户予以免税；对于界乎两者之间的农户，则可实行依据购入的农业生产投入物进行退税的办法。

3. 小规模纳税人问题

现行增值税对小规模纳税人与一般纳税人的划分既有硬性的定量标准；又有灵活的定性标准——"财务会计制度健全，会计核算资料完整、规范。"并依纳税人身份不同，分别实行不同的"税率"和"征收率"。由此产生的问题有：（1）政策执行不统一，有些地方任意扩大一般纳税人的认定范围，使很多不符合条件的小规模纳税人归入到一般纳税人的行列，造成管理的混乱；（2）增值税抵扣链条中断，一般情况下，由于按简易计税办法不能开具增值税专用发票，使纳税人购进货物或服务无法抵扣，造成增值税抵扣链条断裂。这样不仅使简易计税办法纳税人在市场竞争中处于不利地位，而且阻碍了"营改增"功能作用的深入发挥。

对小规模纳税人的这种欠公平待遇，一方面，应通过鼓励他们加强财务管理，健全财务制度，扩大销售规模，尽快成为规范的一般纳税人；另一方面，也应推动简易征税办法统一向一般征税办法的转变，实现征税方法的单一、简便、有效。

三、消费税

（一）消费税的概念

消费税是各国政府为实现一定时期的消费政策，有选择的对一部分消费品征税的税种。

消费税的名称由来已久，但各国在消费税税制的确定中所体现的政策是不完全相同的。有的国家将消费税等同于一般销售税，课税范围囊括了大部分消费品，如日本、印度的消费税就是这样；有的国家将国内产品税称作消费税，如美国，即仅对国内生产和消费的产品征收消费税，对进口同类产品课以其他类型的商品税；还有的国家则是选择少部分特定消费品征收消费税，有针对性地进行调节。我国 1994 年以来实行的消费税就属于这种情况。1994 年以前我国实行以商品销售全值作为计税依据的产品税，由于计税依据的确定较为简单，所以为体现国家对不同盈利水平商品调节的政策要求，只需在产品税中对不同商品分别规定税目和税率即可。而 1994 年普遍实行增值税后，由于计税依据确定的复杂程序大大提高，增值税只能采用较为单一的税率，这样原产品税对不同商品的调节功能便难以在增值税中体现。为此，我们在对大多数商品征收增值税的同时，选择部分商品再征一道消费税。

（二）税制要素设计

1. 征税范围

消费税的征税范围应与增值税合理衔接。如范围过宽，与增值税等重合或接近，既不必要也不可行；如范围过窄，也无法发挥应有作用。出于调节生产和消费的目的，消费税通常将奢侈品、高档品纳入征税范围；出于取得财政收入和提高征管效率的目的，消费税应选择税源较为集中、稳定的商品。受不同时期经济政策、历史因素和纳税习惯等影响，各国消费税的征税范围宽窄不一；但从各国消费税的具体实践看，各国普遍都将烟、酒、化妆品、汽油等列入征税范围。

根据现有消费水平和消费政策，以及财政需要，并借鉴国外的经验和做法，我国现行消费税共选择了 15 种消费品，采取正列举的办法征收。应税消费品包括五种类型：第一类，过度消费会对人类身体健康、社会秩序、生态环境等造成危害的特殊消费品，如烟酒、鞭炮、焰火等；第二类，奢侈品、非生活必需品，如贵重首饰、高档手表等；第三类，高能耗消费品，如小汽车、摩托车等；第四类，不可再生的稀缺资源消费品，如成品油等；第五类，具有一定财政意义的普通消费品，如高档化妆品。

消费税的征税范围可以根据国家经济发展不同阶段的经济情况和消费结构的变化作适当调整。一方面，1994 年税制改革时，由于考虑到我国工业领域中的流转税收入主要集中在卷烟、石油、化工、电力、冶金等几个工业部门，实行规范的增值税以后，这些商品的税负变化比较大，需要通过消费税、资源税拿回来，以确保改革后财政收入不会减少。因此，当时消费税选择征收的范围要大一些，有些税目带有一定的过渡性。同时，近年来，随着人民生活消费水平的提高，有些原为“超前消费”的商品已成为人民生活中的日常用品，再继续征收消费税已不符合国家调节政策的意图，从这个角度来讲，应适时减少部分消费税的征税范围。另一方面，随着经济的快速发展，保护环境、节约能源、发展循环经济的观念越来越受到重视，在这样的背景下，一些原来未纳入消费税的征税范围奢侈品、高能耗产品以及对环境具有负面影响的产品也应纳入消费税的征税范围。

2. 税目与税率

税目设置主要考虑尽量简化科学、避免划分困难、征税主旨明确、课税对象清晰，并兼顾到历史习惯；对税源大、界限清楚的单设税目。1994 年的税制改革中，我国消费税共设置了 11 个税目 13 个子目，共计 25 个征税项目；2006 年 4 月 1 日，我国对消费税进行了调整，新增了高尔夫球及球具、高档手表、木制一次性筷子、实木地板等税目，取消了“护肤护发品”税目；2008 年调整乘用车消费税政策，并修改消费税条例；2009 年 1 月 1 日起将汽油、石脑油、溶剂油、润滑油消费税单位税额由每升 0.2 元提高到每升 1.0 元，柴油、航空煤油和燃料油消费税单位税额由每升 0.1 提高到每升 0.8 元；2009 年 5 月 1 日起将卷烟中甲类卷烟从价税率调至 56%，乙类卷烟从价税率调至 36%，从量定额税率保持不变，同时，在卷烟批发环节加征 5% 的从价税；将雪茄烟的税率调至 36%；2014 年 12 月 1 日取消汽车轮胎、酒精、车用含铅汽油、气缸容量 250 毫升（不含）以下的小排量摩托车这四项消费税；2015 年对电池、涂料开征消费税，税率均为 4%，同年将卷烟批发环节从价税税率由 5% 提高至 11%，并按每支烟 0.005 元加征从量税；2016 年 10 月 1 日起普通化妆品免征消费税，高档化妆品税率由原先的 30% 下调为 15%，同年 11 月 30 日在“小汽车”税目下增设“超豪华小汽车”子税目，在生产（进口）环节按现行税率征收消费税基础上，在零售环节加征税率为 10% 的消费税。经过系列调整，当前我国的消费税共有 15 个税目，25 个征税项目。

税率税额的设计主要考虑五个方面因素：（1）能够体现国家的产业政策和消费政策；（2）能够正确引导消费方向，起到调节供求关系的作用；（3）能适应消费者的货币支付能力和心理承受能力；（4）要有一定的财政意义；（5）适当考虑消费品原有负担水平。同时，消费税应采用差别比例税率，以调节不同消费品的生产和消费。对于税源集中、收入丰厚的重点消费品和出于税收、经济、社会等方面的考虑需要重点调节的消费品，通常实行高税率；反之，则可以实行低税率。1994 年的税制改革中，我国消费税税率从3%～45%共设置了14个档次的税率（税额）；2006年4月1日，我国的消费税调整又将比例税率改为10档，定额税率为8档税额；2009年5月1日，我国消费税调整又将比例税率改为13档，定额税率仍为8档税额；当前我国消费税比例税率档次为14档，定额税率档次为8档。

3. 计税依据

消费税计税依据采取从价定率、从量定额、从价从量复合计征三种方法，这主要是根据课税对象的具体情况来考虑的。对一些供求基本平衡，价格差异不大，计量单位规范的消费品实行定额征收，采取从量定额办法，如黄酒、啤酒、汽油、柴油等；而对一些价格变化较大，计量单位不规范的消费品则采用从价定率办法，如游艇、实木地板、贵重首饰、高档化妆品等；只有卷烟、白酒采用复合计征方法。

考虑到增值税已实行价外征收的方法，而交叉征收的消费税又作为增值税的税基，为了避免征收过程中划分税基的麻烦和产生误解，消费税与增值税确定一样的税基，即：含消费税而不含增值税的销售价格。实行从量定额征收办法的消费品的税基是应税消费品的销售数量。实行从价从量复合计征方法的消费品税基包括应税消费品的销售价格和销售数量。

实行从价定率方法的应纳税额＝应税消费品的销售额×消费税税率

实行从量定额方法的应纳税额＝应税消费品数量×消费品单位税额

实行复合计征方法的应纳税额＝应税消费品的销售额×消费税税率
＋应税消费品数量×消费品单位税额

有观点认为，从量税向从价税的转移是一种必然趋势，因为消费税是一种具有特定调节范围和目的的税种，而从量计征法使税收无法与市场价格直接挂钩，在物价变化幅度较大的情况下，税收不能随着价格相应变化，在一定程度上削弱了消费税的财政功能。同时由于商品流通渠道十分灵活多样，同类同质商品不同价的情况十分普遍，采用从量计征法极易造成税负不平，在一定程度上削弱了消费税的调节功能。

4. 减免税

由于消费税选择征收的消费品一般为非生活必需品，故应税消费品的购买者一般都具有较高的消费水平，也就是说，消费税是由有相应消费能力的消费者负担的一种税，如果没有相当的负担能力，一般也不会发生应税消费品的消费行为，因此不存在减税免税的问题。但为了发展对外贸易、参与国际竞争，对出口消费品通常予以免税或退税。

我国也只对出口的应税消费品免征消费税。免征办法可以先征后退，也可以在生产环节免征，具体办法由国家税务总局制定；除上述规定外，消费税一律不得减税、免税。

因此，消费税只是对在我国境内消费的应税消费品征收的一种税。按照国际惯例，对于出境的消费品都是免税的。其基本考虑是：（1）鼓励出口，提高本国产品在国际市场上的竞争能力；（2）出口产品在境内未实现消费，故不应征税，应由进口消费品的国家在进口时依照本国的规定征税。

（三）我国消费税的改革

1. 对征税范围的调整

1994 年税制改革所形成的消费税制征税范围不尽合理，与社会经济生活现实存在一定的不适应性。征税范围的不合理性表现在两个方面。一是征税范围的“越位”，现行消费税税目中包含某些生活必需品和少数生产资料，如黄酒、啤酒等，随着人们消费水平的提高，已超越了限制性消费品或奢侈品的范畴，成为人们的生活必需品或常用品，对其课税，将限制人们对必需品的消费，不符合我国的税收原则。二是征税范围的“缺位”，未将一些高档消费行为列入征税范围，如私人订制、私人安保、高端会所等。这种在征税范围中对消费行为的忽略无疑是我国消费税制的一大缺憾，难以体现消费税引导消费方向，抑制超前消费的作用，也减少了财政收入。

2006 年 4 月 1 日，我国对消费税进行了自 1994 年税制改革以来最大规模的一次调整：新增了高尔夫球及球具、高档手表、游艇等奢侈品税目；为节约木材资源，保护生态环境，对木制一次性筷子、实木地板等开征消费税；为控制能源消耗和调控消费结构，扩大了石油制品的消费税征收范围，除了汽油、柴油，对石脑油、溶剂油、润滑油、燃料油、航空煤油五类油品，均征收消费税；由于浴液、洗发水、花露水等护肤护发品已成为大众生活必需品，这次调整中取消了“护肤护发品”税目，将原属于护肤护发品征税范围的高档护肤类化妆品列入化妆品税目。经过调整后，消费税的税目由原来的 11 个增至 14 个。为了适当增加财政收入，2009 年，实施成品油税费改革，调整卷烟和酒的消费税政策。为了减少生产成本，2014 年取消汽车轮胎、酒精等税目。为了保护环境，2015 年对电池、涂料开征消费税。为了调节消费行为，2016 年在小汽车下设立超豪华小汽车子税目，对普通化妆品免征消费税。

总地来看，消费税的征税范围应随着经济发展水平及消费结构的变化而变化，在选择课征时，既要考虑税基宽广、消费普遍、课税后不会对人民生活水平有较大影响的消费品，又要考虑具有一定财政意义的消费品进行课征，如高档家用电器和电子产品、裘皮制品等。尽管我国现行消费税的征税范围已基本可以反映我国经济发展水平及消费结构的变化，但仍有待完善之处，如现行消费税只对消费品征税、不对消费行为征税的格局应该调整，将一些超前消费行为，如保龄球、私人会所、私人定制等也应纳入征税范围。

2. 对税目税率的调整

1994 年税制改革设置了消费税，规定了消费税税目税率，随着经济发展、时代变化，其税目税率需要增减变化，虽经 2006 年以来多次消费税改革调整，税率仍不尽合理，课税对象过少的问题尤其突出，使得消费税引导生产、消费，调节生产、消费结构的作用并没有很好地发挥出来。因此，在调整消费税的部分税率时，有必要扩大消费税的课税对象。一方面，应降低已逐渐成为人们日常生活用品和必需品的摩托车、黄酒、啤酒的消费税税率，同时，适当提高汽油、柴油等不可再生、稀缺资源的消费税税率；另一方面，应根据当前的实际情况，把部分造成严重污染、大量消耗资源、能源的产品以及奢侈消费行为纳入课税范围，设计相应的消费税税目。

3. 对纳税环节的调整

现行消费税制纳税环节过于单一，易造成侵蚀税基的现象。目前我国的消费税在生产、委托加工、进口等环节征收，这样很难准确划分征收范围，如生产与流通的划分、制造与简单加工的划分、批发与零售的划分，这是十分难以解决的问题。而且，其税基较小，应税消费品只要越过工业环节就无法使流失的税款补征回来，加之部分企业运用转移利润方式避税，造成消费税税基被侵蚀，消费税功能弱化。

因此，为杜绝侵蚀税基现象的发生，可将部分消费品的纳税环节向后推移至批发或零售环节。对市场需求量大、物价上涨快、国家限制生产、又不提倡过度消费的消费品，可以在生产、消费两道环节征收消费税；对各种高档娱乐等消费行为开征的消费税，在消费行为发生时课税。这都有利于扩大税基，增加收入，又可防止企业利用转移利润方式逃税。此外，在税收征管方面，可以通过加强对消费品出厂价格的核定来堵塞税收的漏洞。

四、关税

（一）关税的概念

关税是对进出国境或关境的货物和物品征收的一种税。

按关税在国境或关境上的不同流向可分为进口关税、出口关税和过境关税。进口关税是指对输入国境或关境的货物和物品征收的关税。出口关税是指对输出国境或关境的货物和物品征收的关税。过境关税又称通过税，是指对通过国境或关境的货物和物品征收的关税。

按关税的课征目的可分为财政关税和保护关税。财政关税是指以增加财政收入为主要目的而课征的关税。保护关税是指以保护本国产业生存和发展为主要目的而课征的关税。

（二）关税的作用

1. 关税是国家调节经济的重要手段

（1）政府可以运用关税征收与减免的政策性差别待遇，保护本国产业发展，促进生产力的提高。例如，运用出口关税控制本国某些资源的出口，支持那些以这类资源为主要原料的本国企业的发展；运用进口关税对某些外国商品的进口加以控制，减少或禁止这类外国商品在本国市场上竞争，以扶植和促进本国同类产品的生产。政府还可以运用关税减免，鼓励某些国内稀缺的生产资料、技术及设备的进口，以促进本国相关企业的发展。

（2）关税可以调节市场商品供求。通过关税对进出口商品流通的调节，既可以保证商品的市场供求平衡，满足国内生产和人民生活的需要，也可以防止因为某些商品价格的波动，而对国内商品生产和人民生活带来不利的影响。如为确保本国市场供应，满足国内生产和消费需要，运用出口关税对本国供不应求的商品或储备量有限的自然资源的出口加以限制。

（3）关税可以调节国际收支平衡。国际收支中的经常性项目包括贸易收支、劳务收支和转移收支三个项目，都与国家的关税政策相关。国家可以通过关税的征免，调节进出口商品的数量，维持国际收支的平衡，特别是当一国国际收支出现逆差时，利用关税限制进口商品总量，是一种较为常见的寻求国际收支平衡的办法。

（4）关税有利于改善本国的贸易条件。在国际市场上，发展中国家一般出口初级产品、进口工业制成品，由于前者价格一般低于后者，意味着发展中国家为换取一定量的进口制成品需付出更多的出口商品量，在交换中处于不利地位。因此，许多发展中国家都通过课征进口关税，限制工业制成品进口，影响其市场销售价格，保护本国替代工业品的生产，鼓励和扶植本国工业制成品出口，以改变进出口商品的结构和进口商品与本国出口商品的交换比价，改善本国的贸易条件。

2. 关税可以维护国家权益，有利于贯彻对外开放政策

关税是贯彻对外开放的一个重要手段，这是由关税涉外性的特点决定的。关税可以影响与其他国家的贸易和经济关系，因而也会影响到与其他国家的政治、外交关系。它既可以作为争取与其他国家增加友好贸易往来的手段，也可以作为对外国进行经济斗争的手段。当前世界各国在国际贸易中都把关税作为合法使用的一种经济斗争工具。我国关税通过几种税率的运用，可以取得国际间的关税互惠，反对别国对我国进行关税歧视，促进对外经济

交往，发展对外贸易，扩大国际间合作，维护国家权益。

3. 关税可以为国家筹集财政收入

关税在交通要道处征收，征管比较容易，费用也较低。17 世纪末，许多欧美国家关税收入占全部财政收入的 80% 以上。近代由于各国生产力发展，国民收入大幅提高，税基也逐步拓宽，充裕的税源促进了国内税收的发展。同时，在国际经济合作和倡导贸易自由化的情况下，关税被认为阻碍贸易自由化，在财政收入中的地位逐步降低。但关税作为一种税收，其财政收入意义仍然是明显的，特别是我国关税收入全部归中央财政，这有利于保护中央财政收入有稳定的来源，保证国家重点建设。

（三）税制要素设计

1. 征税范围

从理论上说，关税可以对所有出入本国国境的货物征收，但在现实中只对部分货物课征。确定关税课税范围的因素主要有：一要体现国际贸易的对等原则；二要考虑对国内产业的保护程度；三要考虑对财政收入的需求。我国关税的征税范围包括进出国境或关境的货物和物品。属于外贸进出口的称为货物；属于出入境旅客、运输工具服务人员携带的个人邮递，以及用其他方式进口个人自用的称为物品。

2. 纳税人

关税是对进出口货物征收的，以货物的进口人和出口人为纳税人，在货物报关进口和出口时纳税。我国关税的纳税人为进出口货物的收发货人或它们的代理人。

3. 计税依据

关税通常以进出口货物的价格或数量为计税依据，以从价税为主。从价关税以进出口货物的完税价格为计税依据。进口货物的完税价格通常是到岸价格，即货价加货物运抵进口国、关境内输入地点起卸前的包装费、运费、保险费和其他劳务费等费用，我国进口货物完税价格为货物在采购地的正常批发价格，加已征的出口税及运到我国输入点起卸前的包装费、运费、保险费等一切费用。出口货物的完税价格通常为离岸价格，即以货物装上运载工具为条件的价格，我国出口货物完税价格为该货物销售于国外的经海关审查确定的离岸价格减除出口关税。

4. 税率

关税的税率通常采用比例税率，且为了达到调节进出口货物的目的，都采用差别比例税率。关税税率水平主要取决于三个因素：一是经济发展水平和对财政收入的需求。二是要有利于国际贸易的平等竞争。三是要有利于维护本国的主权和经济利益。

我国进口关税税率为从价计征、从量计征和复合计征。自 2012 年 1 月 1 日起，我国进口税则设有最惠国税率、协定税率、特惠税率、普通税率、关税配额税率等税率；对进口货物在一定期限内可以实行暂定税率。

（四）我国关税改革

1. 现行关税水平仍然较高，且实际税率与名义税率严重背离

高关税既与弱化财政政策和保护政策的市场化关税政策模式不相符，又背离了 WTO 的市场准入原则和互惠互利原则。高关税造成的国内外商品巨额的价格差，成为进口商走私逃税和要求政府给予减免关税的利益驱动力，从而造成了名义税率与实际税率的巨大背离。

另外，我国关税税率结构的保护功能过强，发展功能不足。我国目前关税税率结构存在以下几方面问题。

（1）高税率的税目比重过大。这与 WTO 通过约束税率形成的低税率比重大、高税率比重小的税率结构要求形成鲜明的反差。

（2）对一些落后产业长期实行高税率，限制了其快速发展，表现最突出的是汽车产业。高关税在很大程度上对汽车产业形成了消极保护，致使其在外无压力的情况下发展缓慢。

（3）没有对一些具有比较优势的产品起到促进发展的作用。目前，我国服装业和家电业在国际市场上已经具有相当的竞争力，但这些产品的进口税率却较高，这不能不说是过度保护关税政策的表现。对具有比较优势的产品实行高额进口关税，一方面会以高价误导资源流动，从而影响资源配置的效率，另一方面又保护了其高额的非正常利润，不利于这些产业进一步打开国际市场。

因此，我国目前应在降低关税水平的同时，根据产业发展的状况，对现行关税税率进行有升有降的调整。对最终产品关税税率调整，可分为两类，一类是我国发展水平较高的家电业和服装业，应当大幅度降低税率；另一类是我国发展较为落后的资本技术密集型消费品，如轿车，目前仍需保持相对较高的关税，但今后要加快下降的幅度。对中间产品关税税率调整，应当保持现有税率或下降幅度较小。因为中间产品大多属于基础工业和资本技术含量高的资本品，我国对中间产品实行低税率是以进口替代促进经济发展，现在应对这些产品采取相对较高的税率，引导资源向这些行业流动。对初级产品关税税率调整，从总体上看，我国目前仍应适当对农产品实行相对较高的税率，应当通过关税保护来保证农产品的价格，保护农民生产的积极性。对于我国有一定竞争力的资源产品，仍应保持较低税率。

2. 对关税减免政策的调整

关税减免政策的大量存在，在相当程度上弱化了关税政策的效应。为吸引外资、促进出口以及保证国内重点建设和促进企业技术进步，我国制定了一系列关税减免政策，发挥了预期的作用，但由于减免范围过宽、金额过大，也带来了许多问题。比如，在国际市场价格较低的情况下，许多国内企业可以利用关税减免大幅度降低进口成本，轻而易举地获得高于平均水平的利润。又如由于优惠的关税政策，许多本土企业品牌被外国跨国企业吞并，导致本国企业只好依赖外国企业的品牌、技术，使企业的规模不能得到扩大，自主创新能力得不到提升，陷入死循环。

因此，我国目前应调整税收减免政策，提高关税减免的产业调整能力。首先，应提高关税减免的产业结构调整能力。应当积极促进产业结构的升级换代，特别是提高产业结构的科技含量。对于符合产业政策的进口产品，都应当给予关税优惠。对于企业科研开发中使用的设备，应当给予关税支持。其次，合理利用关税配额，对于一定数量内的进口产品等，收取较低的关税，超过该数量标准，则收取较高的关税，避免外国商品的不合理竞争。同时，我国的关税政策也应多样化的发展。随着各国关税的普遍降低，国际竞争激烈，逐渐出现了倾销和补贴等不正当竞争的行为。在一定的特殊条件下，为了维护我国的主权与国家利益，保护国内产业免遭补贴、倾销伤害，增强关税的保护能力，应适当征收报复关税，必要时也应征收反倾销关税、反补贴关税等特别关税。

第十一章　所得税

第一节　所得税概述

所得税是以所得额为征税对象的税种的总称。所得额也称收益额，收益额可分为纯收益额和总收益额。纯收益额是指自然人、法人和其他经济组织从事生产经营活动获得的收入减去相应的成本、费用之后的余额。总收益额则是指纳税人的全部收入。目前，各国所得税多以纯收益额作为课征对象。也有少数税种，考虑到行业生产经营的特点，以总收益作为课税对象，如农业税等。

一、所得税的起源

对所得额的课税最早兴起于英国，目的在于应付由战争引起的庞大的经费开支，开始只是一个临时性的税种，随着战争的发生和停止时兴时废，因此又有“战时税”之称；直到 1874 年才成为英国税制中的一个永久性税种，以后又相继被世界各国所采用。目前，对纯所得额的课税已成为许多国家的主体税种，尤其是经济发达的资本主义国家。

对所得额的课税不同于对流转额的课税，从一个工商企业来看，流转额是指企业商品或劳务的销售收入额，所得额则是指企业的利润额；流转额只与商品的销售收入有关，不受成本高低的影响，所得额则不同，它直接受成本规模的影响，在价格一定的情况下，成本越高，收益越少，成本越低，收益越高。因此，对所得额的课税能使税收收入比较准确地反映国民收入的增减变化情况；对所得额课税，属于直接税，税负不能转嫁，征纳双方的关系比较明确，税收的增减变动对物价也不会产生直接的影响，有利于更好地发挥税收的调节作用；对所得额课税，能适应纳税人的负担能力，体现合理负担的原则，有利于促进企业间的合理竞争。但对所得额的课税要受经济波动和企业经营管理水平的影响，不能保证财政收入的稳定性；对所得额的课税，稽征技术也比较复杂，尤其是应纳税所得额的确定，涉及的内容比较多，核实的困难大，很容易造成偷漏税现象，要求具备比较高的税收管理水平。

二、所得税的含义和特征

尽管对所得课税只有200多年的历史，但是，所得税已经成为当今许多国家尤其是西方发达国家的主体税种。所得课税对于经济社会的发展意义重大，它直接关系到国家与纳税人之间和纳税人相互之间的利益分配，关系到国家的经济发展和社会稳定。

（一）所得课税的含义

所得课税含义的界定关键在于对“所得”概念的理解。对“所得”的理解不同，所得税的意义与作用也会不尽相同。

西方学者对于所得课税的研究成果颇丰，关于“所得”含义的理解可以概括为三种。一是以费里茨·纽马克为代表的所得源泉说。这种观点认为连续取得的所得才是所得，至于因财产的转让等临时取得的所得并非所得。按照这种观点，对生产要素的提供者，以工资、利润、利息地租等形态予以分配，所产生的工资、利润、利息、地租等就是所得；但对财产转让不能视为发生所得，只能视为对其利益进行分配。据此，对财产课税，也就是等于对资本课税，而对资本课税会伤及再生产，是不被允许的。二是以夏恩兹为代表的纯资产增加说，认为不论所得发生的原因为何，在一定期间内净资产的增加，即一定期间的期末净资产额大于该期间的期初净资产额，则认定有所得发生。三是消费支出学说。该学说认为所得的客观性与现实性最终应表现在消费上，消费是经济关系的逻辑终点，因而所谓的所得应是以货币衡量的从消费得来的满足，具体说所得应是包括消费开支与本期消耗掉的耐用消费品的价值之和。

一般而言，财政意义上的所得，应该是来自个人、家庭以及社会团体等各种纳税义务人，在一定期间内获得的所有正常的货币收入，例如劳动就业所得的工资和薪金，财产所得的租金、股息，经营所得的利润、收入，以及各种劳务所得和各种收费所得等。因此，课税所得往往会具有以下特点：能够用货币计量；能够增强纳税能力；应当是纯所得。

根据现代所得税理论，所得则通常指纳税人由于提供劳务，从事生产、经营、各种投资而取得的收入扣除为取得收入所支付的成本、费用之后的余额。

（二）所得税的特征

1. 所得税类的课征对象。所得额的大小不仅取决纳税人收入的高低，而且直接受成本、费用多少的影响。从一个工商企业来看，流转额是企业销售商品或劳务的销售收入额，它只与商品、劳务的市场价格相关，而不受企业生产成本高低的影响。而所得额不同，它直接受企业成本高低的影响，在价格一定的情况下，生产成本与纯收益呈相互消长关系，即成本越高，纯收益越小；成本越低，纯收益越大。从自然人个人的计税所得来看，也都是以扣除纳税人基本生存的消费需要及为获得收入支付的前期花费的余额为准。以纯收益作为课税对象，在宏观上，能使税收比较准确地反映国民收入的增减变化情况；在微观上，则便于根据纳税人的实际负担能力来确定税负水平，更易于体现税负公平的原则。

2. 对所得额课税，属于直接税，在一般情况下，税负不易转嫁，征纳双方的关系比较明确，税负的落点比较清晰，因而，所得税不仅成为当今各国政府获得财政收入的主要手段，而且成为政府对经济进行宏观调控的重要工具。当然，在某些特定情况下（如价格与价值发生背离时），所得税的税负也可能以某种形式转嫁。

3. 由于所得税的课税对象与纳税人的成本、费用有密切关系，税制的设计会涉及诸多政策、技术问题，计税方法复杂，征管难度大。因而，一方面，要求税务机关具备较高的税收征收管理水平、较强的税务稽查能力和先进的税务征管、稽查手段；另一方面，也要求纳税人具备较高的财务管理水平和较强的会计核算能力。若无良好的微观基础，所得税很难实现其调控目标。

4. 税基广泛、稳定（仅次于对商品劳务的课税）。所得税以实现的所得为课税对象，从宏观角度看，一定时期各微观经济主体实现所得的总和表现为一个国家的国民收入，只要经济正常发展，国民收入就会不断增长，就会为所得税提供广泛、稳定的税基。

三、所得税税制要素的设计

由于所得额的来源不同，种类繁多，数额大小不一，为取得所得而支付的必要成本、费用各异，政府对不同来源所得额采取的政策也不相同。这就决定了对所得额课税必须采取不同的课税制度。

（一）课税方式的选择

对所得额课税可选择以下三种方式。

1. 分类税制：是将纳税人的各类所得，分别不同来源，不同性质规定不同税率，分别计算其应纳税额。分类征收制在个人所得税中使用的较多，我国目前的个人所得税税制属于分类征收制。分类征收制的优点在于：第一，可以根据不同来源的所得，或者不同纳税人的负税能力，设计不同的征税办法，调节纳税人的收益，促进经济发展，保持社会稳定；第二，分类征收制便于实行源泉扣缴的办法，对于税源的控管具有十分重要的意义，特别是对于税源较为分散的税种，其在征收管理中的效率更为明显。但是分类征收制也存在严重的缺点。第一，它无法确定每一纳税人的总体收入水平，难以根据纳税人的负担能力确定适当的税负，也无法实行累进税率，调节纳税人的收入水平，体现合理负担原则。第二，它加大了税制的复杂程度，且即使是复杂的税制也不能完全适应多层面的经济情况，反而使税收征管工作遇到更多的复杂问题。第三，分类征收制容易造成对某些纳税人或某些所得的歧视、限制等不公平的待遇，引起经济行为的扭曲。

2. 综合税制：是对纳税人的各项、各类来源所得不加区别，按照统一的方法确定税基，并按统一税率计算征税。目前大多数国家的企业所得税都采用综合税制，有些国家的个人所得税也采用这种方法。综合税制的主要优点在于：第一，它可以根据每一纳税人的总体收入水平，设计不同的税率，体现税负公平原则，特别是在实行累进税率的情况下，可体现政府对个人收入差距调节的意图；第二，将各类收入汇总计算纳税，有利于税制以及税收征管方法、程序的简化，减少由于税制复杂而带来的税收漏洞。综合税制的缺点是，无法在税收的征管中采用源泉扣缴的办法，因而，对于税务机关来说，需要较高的税收征管水平和有效的监控手段；对于纳税人来讲则要求既要有良好的公民道德水准、纳税意识，又要有及时、全面、准确进行纳税申报的能力。

3. 混合征收制：是上述两种方法的结合，可以对某些类别的所得实行分类征收，对另一些类别的所得实行综合征收；也可以先对各类所得分类征，再对各类所得在年终汇总综合计算征收，以对年内各期实际缴纳的税款进行调整。混合征收制常运用于个人所得税中，有的国家在企业所得税中也使用该法。混合征收制兼有分类征收制和综合征收制的特点，在运用中可以灵活选择。当然，这对税务机关工作人员和纳税人双方的业务素质和道德水准都有较高的要求。

（二）征税范围的确定

在所得税征税范围的确定上应考虑以下三个问题。

1. 经济体制与企业利润分配体制的要求。在我国传统的计划经济体制下，国有企业是国家的主要经济成分，国家对国有企业利润分配采取利润上缴的方式，对企业所得税的征收仅限于极少数非国有企业范围。从个人收入来看，当时职工工资由国家统一制定标准，统一发放，其特征，一是整体水平极低，职工除基本生活消费以外，可剩余部分很少；二是各级工资之间的差距极小，因而使职工消费水平的差距也不大；三是相当一部分福利，如住房、医疗、教育、养老等均由国家以实物分配的方式包下来，不在职工的货币收入中体现。在这种分配体制下，对个人所得征税，既无必要，也无条件。

在市场经济体制中，无论是企业，还是个人的上述情况都发生了根本性的变化。此时，国家运用所得税，不仅限于对财政收入的征收，而且将其作为调节企业利润和个人收入的一个重要经济杠杆，从而使所得税的范围得以大大扩展。

2. 税种结构的组合。所得税与流转税相比，其税源与经济发展水平的关系更为密切。发达国家经济发展水平较高，经济效益较好，体现在企业中，就是纯收益占社会总产品价值比重较大，所以发达国家依靠广泛征收所得税，便可为财政提供充足的收入来源。当然，为了对某些商品的市场供求进行调节，政府往往也在局部范围内征收流转税。发展中国家经济发展水平较低，经济效益较差，社会总产品中纯收益所占比重较小，政府只能更多地依赖流转税来满足其财政支出的需要，因而所得税的征收范围相对较小。我国目前的双重主体税制结构中，企业所得税的征收范围虽然包括所有性质的企业，从税制设计的规定上，可以说范围很广；但在实际征收中，由于相当一部分企业长期处于亏损状态，无税可缴，所以，企业所得税的实际征收面是非常小的。个人所得税的实际征收面，近几年虽有较大幅度的扩大，但进入纳税范围的个人占全体公民总数的比重仍很小。

3. 税务机关的征收管理能力。与流转税相比，所得税的征收管理工作更为复杂，对管理能力的要求更高。发达国家的经济管理水平较高，所得税的征管能力较强，因而，可以广泛推行所得税；发展中国家的经济管理水平较低，所得税的征管能力较弱，所以，所得税的推行只能是一个渐进的过程。

（三）征税对象的确定

所得税的征税对象可以包括三类，即生产经营所得、劳务所得和资本所得。

1. 生产经营所得是人们将各类生产要素按照特定的目的组合起来，从事各种产品制造、销售或劳务的提供而取得的所得。生产经营所得按照所得来源可分为企业所得、非企业单位所得和个体经营者的所得。进一步细分，企业所得又可以分为国有企业所得、集体企业所得、私营企业所得、股份制企业所得、外商投资企业和外国企业所得；等等。这类所得通常是以经营者生产经营创造的收入减除为获得收入而支付的成本、费用以及税金等的纯收益，在企业中通常表现为企业利润。

从全社会看，生产经营所得是社会总产品价值中的 M 部分，是劳动者创造的剩余产品价值。在社会总产品价值既定的情况下，社会劳动生产率水平越高，这部分价值就越大，可以为所得税提供的来源也就越广泛。

2. 劳务所得是人们通过提供劳务取得的所得，包括工资、薪金所得和劳务报酬所得等。按照社会总产品价值理论，物质生产部门劳动者取得的劳务所得属于 V 的部分，是企业生产经营中活劳动的补偿；而非物质生产部门的劳动者取得的劳务所得属于 M 部分，是物质生产部门创造的剩余产品价值 M 的再分配。

劳务所得是否作为所得税的征收对象，有多大比例做为征税对象，取决于一定时期国家国民收入初次分配和再分配的格局。例如，我国 20 世纪 80 年代以前，在国民收入的分配中，对劳动者个人收入的分配是以维持其基本生活为标准，对国家纳税的义务集中由企业来承担，这个时期，我国没有设立个人所得税，因而也不可能将劳务所得作为课税对象。经济体制改革后，我国国民收入分配格局发生了根本变化，其中对个人收入的分配从过去的单一工资性分配转化为多渠道、多形式、多层次的分配模式；分配的数量，无论是绝对数，还是相对数，都有了大幅度提高。此时，我们不仅将劳务所得列入所得税的征税对象，而且这类征税对象越来越受到政府的重视。

3. 资本所得（也称投资所得）是通过提供资本取得的所得，其中包括：通过提供资金（如购买股票、债券）取得的股息、红利、利息等；提供有形资产（如房产、设备等）取得的租金等；提供无形资产（如专利权、商标权等）取得的特许权使用费等。这类所得来源于社会总产品价值的 M 部分，是剩余产品价值的再分配。

资本所得作为所得税的征税对象是以市场经济模式为基础的，完整的市场经济包括资本市场。资本收益是投资者追求的目标，也是资本市场运行的重要机制。计划经济体制中，不存在资本市场，也无所谓资本收益，因而也无法将资本所得作为明确的征税对象。市场经济模式的建立，为将资本收益确定为征税对象提供了条件。

除以上分类外，所得税的征税对象还可以按照国家的税收管辖权划分，分为来源于本国境内的所得和来源于境外的所得。按照课税所得的时间划分，分为年所得、月所得和一次性所得。

（四）计税依据的设计

所得税一般是以纳税人的收入减除某些准予扣除项目金额后的数额为计

税依据，因而需要考虑的因素就分为两个层次：第一个层次是收入总额；第二个层次是准予扣除的项目以及相关的标准。

1. 纳税人的收入总额。为体现税收公平的原则，无论是对企业还是对个人征收的所得税，其收入总额的确定都应尽可能将各类形式的所得包括在内。对企业来看，就是既要包括其生产经营收入，又要包括因其他行为取得的各项收入；既要包括来源于本国境内的收入，又要包括来源于境外的收入（居民纳税义务人）。对于个人来讲，则是既要包括其经常性的工资、薪金收入，又要包括临时性的劳务、特许权使用费以及其他资产性收入，还要包括各种偶然的机遇性收入。

2. 准予扣除的项目。

第一类是必要的成本、费用。对企业纳税人讲，即是其在生产经营中所耗费的生产资料的价值以及活劳动消耗的补偿，包括为生产产品而耗费的原材料、辅助材料的成本、机器设备的折旧以及各种直接费用和间接费用。对个人纳税人，主要包括纳税人本人的基本生活费用和赡养家属的必要费用。这类项目所包含的内容是纳税人进行正常的生产经营和生活的必要条件，在考虑计税时必须加以扣除。没有这种扣除，势必人为的扩大税基，或者使纳税人生产经营的前期投入得不到充分弥补，使生产经营规模出现萎缩，妨碍经济的正常发展；或者会破坏纳税人正常的生活条件，影响整个社会的稳定。

第二类是纳税人在生产经营过程中向政府缴纳的各种税金和其他费用。如按其经营收入缴纳的消费税、城建税等（增值税如采用价外税的形式，在企业会计处理中，这部分税金不计入销售收入，因而也不需扣除）。再如企业为其雇员缴纳的社会保障税以及因发生某种特定行为而缴纳的行为税等。纳税人缴纳的这些税金和费用，在某种程度上讲，也可以说是纳税人所支付的税收成本，税收数量的多少与纳税人的经营活动直接相关；而且，为公平起见，各国税制体系的设计都应尽量避免重复征税，体现税不重征的原则，把纳税人所缴其他税种的税金排除在所得税的计税依据之外。

第三类是纳税人所得中已纳税（所得税）部分，主要指纳税人在其他企业、其他地区以及境外进行投资或其他活动，从对方收益分配中收取的税后所得。由于一国税制对不同企业、不同地区的所得税征收标准有不同规定，各国所得税制规定的标准及范围差异较大。当纳税人对其他企业投资时，所取得的税后收益所承担税负就会出现差异，由此便产生了所得税差额的补征问题。具体操作中一般采用税额抵免的方法来解决。抵免幅度在各国的规定不尽相同，有些国家采用抵免限额的规定，即按本地或本国税法规定幅度以内的部分允许抵免，超过部分不得抵免；有些国家则采用据实抵免的规定。无论采用哪一种标准都有相应的政策和技术考虑。

第四类是某些特殊项目的扣除。主要包括几个方面的内容：政府鼓励的捐赠项目，如公益性、救济性捐赠；对科技开发与应用有重要作用的项目；纳税人的损失等。

另外，对企业纳税人在经营中出现的亏损，一般也允许在一定期限内，用以后年度的盈利弥补，作为以后年度应纳税所得额的扣除。

在计税依据设计中不得扣除的项目主要包括三类。

第一类是资本性支出。如固定资产购置、建造支出，无形资产受让、开发支出等。此类资产价值是随着其生产、经营成果的分期销售逐渐实现。在企业会计核算中，是以折旧、摊销的方式逐期计入产品成本，因而不得在购置、建造时一次扣除。

第二类是纳税人应纳的各项所得税税款。这些税款本应是从应纳税所得额中征收的，因而不能从计税所得额中扣除。

第三类是特别支出。如违法经营的罚款和被没收财物的损失，各项税收的滞纳金和罚款，不符合规定条件的捐赠，与生产经营无关的其他支出等。

计税依据的确定是计算应纳税所得额的重要基础，在计税依据的确定中既要考虑纳税人生产经营或生活中普遍的、共同性的因素，又要考虑不同纳税人可能涉及的特殊因素，是一项十分细致的工作。目前世界各国所得税税法设计中，都有越来越多、越来越详细的条款对计税依据的具体内容做出规定。

（五）税率设计

税率是税制的核心。采用什么样的税率，直接关系到国家财政收入的多少和纳税人的负担水平，因而，税率设计是整个税制设计的中心环节。所得税税率设计需考虑两方面的问题。第一个方面是税率水平高低；第二个方面是税率形式选择。

1. 税率水平

关于税率水平的高低，通常需考虑以下三方面的要素。

（1）税制结构。各国整体税制结构设计时所选择的主体税种是不同的，从世界各国的情况看，有的选择商品税做为主体税种；有的则选择所得税做为主体税种。前者，由于国家财政收入来源主要依靠商品税，且由于纳税人已有一道商品税的缴纳，因而所得税选择较低的税率水平；而后者，国家财政收入更多的依赖所得税，因此，通常确定较高的税率水平。我国现行的税制结构是以商品税与所得税做为双重主体税种，并重征收；此时，考察所得税税率水平的高低就不能仅限于所得税税种本身，而应结合商品税税负进行综合评价。比如，在有些情况下，常常用我国的所得税（包括企业所得税和个人所得税）税率标准与那些以所得税做为单一主体税种国家的所得税税率标准，直接进行对比，有时还将此作为我国确定所得税税率标准的参考依据。这种做法显然是不公平的，它无法真实地反映纳税人的实际税收负担。

（2）政府财政与经济职能的需要。不同时期，政府为执行其财政职能和经济职能所需要的资金不是一成不变的。通常，政府执行财政职能的资金需要是随着经济、社会的发展呈稳定增加的态势；而执行经济职能的资金需要确是有增有减的。为满足政府执行职能的资金需要，可考虑对所得税税率做相应调整。经济衰退时，政府可通过降低税率、降低纳税人的税负，促进有效需求的增长；经济繁荣时期，则可适当调高税率，以抑制经济的过度扩张。

（3）税基的宽窄。在税收总额既定的前提下，如果课税所得的范围定的较宽，税率就可以相应定得低一些；相反，如果课税所得范围定的较窄，税率就得定的高一些。宽窄不同的税基与高低不同的税率的配合体现不同的政策倾向。一般来讲，宽税基、低税率，税收负担更多由中低收入者承担，税收分布较为均匀，可体现人人纳税的税负结果公平原则，但却不利于对高收入者过高收入的调节；窄税基、高税率与前者恰恰相反，虽然可以对初次分配中形成的收入过大差距进行调节，但却可能造成税负不均，有时也可导致对高收入者投资能力的抑制。

2. 税率的形式

关于税率形式的选择，对所得额课税，可以采用比例税率和累进税率两种形式。

（1）比例税率：税率不随所得额的变化而变化，不论所得额大小，均实行同一税率。这种税率适用于企业所得税。不论企业利润额多少，均按同一比例缴纳所得税，实际上是为企业提供了一个公平竞争的外部条件，可以鼓励企业扩大生产经营规模、增加利润。如果使用累进税率，就会出现企业生产经营规模越大，利润额越高、税负越重的现象，不利于企业增加投资、扩大生产。特别是累进幅度高的税率更可能抑制纳税人为追求利润而进行投资的动力。当然，鉴于小企业由于生产经营规模小，在资金、技术、信息占有、市场开拓、产品升级换代等方面，与大企业相比都处于劣势，因而各国在设计企业所得税税率时，都对小企业实行较为优惠的差别比例税率。

（2）累进税率：税率随所得额的增减而升降，所得多多征，所得少少征，可以照顾到纳税人的负担能力，体现税负公平的原则。累进税率主要适用于个人所得税。个人所得税的政策目标在于调节纳税人个人税前收入的过大差距。实行累进税率，可使入高的个人将其收入的较大比例作为税收上缴国家，缩小其与低收入者税后可支配收入的差距，实现公平税负的目标。

另外，在某些税种中，比例税率与累进税率是可以并用的。例如，在分类征收的个人所得税制度中，通常对工资、薪金所得、生产经营所得等经常性、持续性的所得采用累进税率；而对其他分次性所得则采用比例税率。

（六）征收方法选择

对所得征税主要有两种征收方法。

一是源泉课征法。也称源课法，是在所得额发生地点课征的一种方法。这种方法便于控制税源，防止偷漏和拖欠，手续简便；能保证税款及时均衡入库，一般适用于分类征税制度，适用比例税率，但无法体现合理负担的原则。

二是申报法。也称综合课税法，是纳税人按税法规定自行申报所得额，由税务机关调查审核，然后根据申报的所得依率计算税额，由纳税人一次或分次缴纳。这种方法适用于综合征税制，使用累进税率，符合按能力负担的原则，但在纳税人纳税意识淡漠的情况下，容易造成税款的流失。

第二节 法人所得税

法人所得税是对一切依照国家法律成立的社会经济组织的生产经营所得和其他所得征收的一种税。法人所得税的征收范围既包括从事各种生产经营活动、有经营性收益的企业；也包括各类事业单位、社会团体及其他社会经济组织。后者的主要日常活动虽然不是经营性的，没有经常性的经营收益，但在市场经济中，也可能由于为其他独立经济主体提供服务而取得一定的收入，因而也应作为法人所得税的纳税人履行纳税义务。当然，法人所得税的主要纳税人还是生产经营性企业。目前，法人所得税是世界上最为流行的税种，特别是在一些发达国家，法人所得税已成为主体税种，无论是为国家财政组织收入，还是在经济的宏观调控中都发挥着重要的作用。

同是法人所得税，但各国在确定具体税种时所选择的名称不完全相同。有的国家称之为“公司所得税”；有的国家称之为“企业所得税”；还有的国家则直接定名为“法人所得税”。而从实际征收范围来看，即使是那些定名为“公司所得税”和“企业所得税”的国家，也是通过税法的具体规定将非经营性社会组织的所得包括在征收范围中。另外，还有一些国家，例如我国，为体现政府吸引外资的政策意图，还将法人所得税按纳税人的不同身份分为对内资法人征收的“企业所得税”，和对外资法人征收的“外商投资企业和外国企业所得税”。

一、法人所得税税制设计的相关问题

（一）课税方式

从对分类课征与综合课征两种不同课税方式的分析可以看出，后者更有利于为企业创造平等竞争的条件，更能体现税收中性的原则。目前大多数以法人所得税做为主体税种的国家都是市场经济较为成熟的国家，因此在法人所得税课税方式的选择上，各国通常对各类企业和其他经济组织各种来源的所得综合征收法人所得税；但也有一些国家为体现政策的鼓励或限制，对某些所得采取单独计税的办法。

（二）纳税人

法人所得税的纳税人一般为从事生产经营活动的各类企业和其他社会组织。为体现税收公平原则和征收管理上的便利，需对以下问题做出明确规定。

1. 对于私营独资和合伙制企业，目前的惯例是，对其不征收法人所得税，而对其业主和合伙人的经营性收入与其他收入一并计算征收个人所得税。参照国际惯例，2000 年 9 月，我国财政部、国家税务总局颁布了《关于个人独资企业和合伙企业投资者征收个人所得税的规定》，明确规定：从 2000 年 1 月 1 日起，对个人独资企业和合伙企业停征企业所得税，其投资者的各项收入依法缴纳个人所得税。

2. 由于税收管辖权的差别，法人所得税纳税人的确定也不相同：在行使属地管辖权的国家，纳税人为取得来源于本国境内所得的法人；在行使居民管辖权的国家，纳税人为取得来源于本国境内、境外所得的本国法人；在行使双重税收管辖权的国家，纳税人为取得本国境内、境外所得的本国居民法人和取得来源于本国境内所得的外国法人。目前，第三种情况最多。

3. 扣缴义务人的确定。对于有些有来源于本国境内所得，但又未在本国境内设立机构的外国企业，各国税法一般都采用“预提所得税”的方式征缴。为此，都要明确规定其本国境内的业务代理人或款项支付人为税款的扣缴义务人。对扣缴义务人的规定具有与纳税义务人同等的法律效力。

（三）征税对象

法人所得税的征税对象是企业和其他社会组织的生产经营所得和其他所

得。所谓生产经营所得，是指企业从事物质生产、商品流通、劳务服务以及其他营利事业取得的所得；其他所得包括财产转让所得、利息所得、租赁所得、特许权使用费所得、固定资产、流动资产盘盈以及因债权人原因确实无法支付的应付款项等其他所得。

在确定法人所得税的征税对象时，需遵循以下四个原则。

1. 必须是合法来源的所得，必须是国家法律允许并保护的所得。对于企业和其他社会组织从事非法行为取得的所得，不能构成法人所得税的征税对象，对于这类所得国家只有采取强制措施予以没收，而不是征税的问题。

2. 应纳税所得必须是货币或实物所得。为适应复杂的经济情况，合理设计税制，应税所得应是直接以货币表现的所得。在现实生活中，企业和其他社会组织也有一些以实物形式表现的所得，为公平税负，并防止纳税人以变换收入形式来逃避税款缴纳，在征税时，应将实物所得折算为货币所得一并计算缴纳。至于那些不能以货币计量的所得，如荣誉性、知识性及体能、心理上的收益都不能作为应税所得。

3. 应纳税所得是扣除成本费用以后的纯收益。企业和其他社会组织取得任何一项所得，都会有相应的消耗和支出，只有将纳税人取得的收入扣除为取得这些所得而发生的成本、费用之后的余额，才是法人所得税的应税所得。

4. 法人所得税的应纳税所得既包括来源于中国境内的所得，也包括来源于中国境外的所得。按照居民税收管辖权原则，凡居民纳税义务人，应就其来源于中国境内、境外的所得征收法人所得税；但为了避免重复课税，对本国法人在境外已纳税款可以抵扣。

（四）计税依据

法人所得税的计税依据是应纳税所得额，即纳税人每一纳税年度的收入总额减去准予扣除项目金额后的余额，其计算公式是：

$$应纳税所得额 = 收入总额 - 准予扣除项目金额$$

对于企业纳税人，应纳税所得额与企业会计利润是两个不同的概念，两者既有联系，又有区别。应纳税所得额是一个税收概念，是指按照法人所得税法一定标准确定的、纳税人在一定时期内的计税所得；而会计利润则是一个会计核算概念，反映的是企业一定时期内生产经营的财务成果，它关系到企业经营成果、投资者的权益以及企业与职工的利益。两者的计算依据在范围和标准上都有一定差异。企业会计利润是确定应纳税所得的基础，在计算法人所得税时，企业要将按照财务会计制度的规定核算得出的会计利润，根据税法规定做相应的调整后，才能作为企业的应纳税所得额。因而，上面的公式也可以表示为：

应纳税所得额 = 收入总额 – 成本、费用和损失 + 税收调整项目金额

（五）税率

法人所得税的税率既可以采用比例税率，也可以采用累进税率，还可以比例税与累进税率并用。目前大多数国家的法人所得税都采用比例税率。其主要原因在于，与累进税率相比，比例税率既具有计算简便、透明度高等优点，便于征管；又不会增加大企业的税收负担，干扰企业对经营规模的选择，有利于促进规模经济的发展。

有些国家特别强调税负公平的原则，采用单一比例税率，不论企业组织形式、利润分配形式如何，经营规模大小、利润多少，都按一个比例税率计税。有些国家则在税率的制定中体现不同的政策倾向，实行差别比例税率。例如，有的国家按照企业组织形式的不同规定不同的适用税率，有限公司与无限公司，独资企业与合资企业、合伙企业，国有企业与非国有企业，本国企业与外国企业分别规定不同的税率。有的国家则对某些特殊行业的企业单独规定特别税率。

大多数国家在规定比例税率时，也同时考虑小企业在市场竞争中的劣势，对经营规模较小、利润较少的企业实行优惠照顾，例如加拿大公司所得税率为28%，对小公司则按15%的税率征收。我国《企业所得税法》规定，在对企业普遍按25%的比例税率征收所得税的同时，对符合规定条件的小型微利企业，适用税率为20%。财税〔2017〕43号文中规定：自2017年1月1日至2019年12月31日，对年应纳税所得额低于50万元（含50万元）的小型微利企业，其所得减按50%计入应纳税所得额，按20%的税率缴纳企业所得税。

另外，也有一部分国家在法人所得税中采用累进税率，或比例税率与累进税率并行，其累进级次、累进幅度的设计都有较大差距。

二、我国企业所得税的改革

（一）1994年以前我国企业所得税的发展

我国首次提出对企业所得额征税是在清朝末年，但由于朝代的更替，未能实际开征。1936年国民党政府公布了《所得税暂行条例》，并于同年开征。新中国成立后，在1950年公布的《工商业税暂行条例》中，把所得税并入工商业税。1958年税制改革把所得税从工商业税中分离出来，成为一个独立税种，但仅限于对国营企业之外的单位和个人征收；而当时在我国经

济成分的构成中，非国营经济所占比重极小，因而通过企业所得税组织的财政收入也是微乎其微的。党的十一届三中全会以后，随着对外经济开放，1980 年开征了中外合资经营企业所得税，1982 年又开征了外国企业所得税。1983 年实行国营企业利改税，开征了国营企业所得税，把国营企业以往以利润形式上缴财政的部分改为以所得税形式上缴；1985 年，鉴于以往的工商所得税只对集体企业和个体工商户征收，在范围上已名不副实，因而对此部分单独设立了集体企业所得税；1988 年设立了私营企业所得税；1991 年又在合并两个涉外企业所得税的基础上，设立了外商投资企业和外国企业所得税。至此，我国对企业所得额的课税基本上形成了分别不同经济成分、内外有别适用不同所得税的体系。显然，这种做法是在我国经济体制改革前期的特定历史情况下的一种过渡性做法，它既不符合市场经济公平竞争的要求，也不符合国际惯例。

1. 各种所得税并立，名义税率极不统一。国营大中型企业所得税为 55% 的比例税率，对盈利水准较高的企业，还要征收国营企业调节税；国营小型企业和集体企业采用八级超额累进税率；私营企业实行 35% 的比例税率；外商投资企业则适用 30% 的比例税率加 3% 的地方所得税。

2. 名义税率与实际税率差异很大。各所得税税前扣除项目及标准各不相同，税收优惠条款也有较大差异，从而使各类企业甚至同类企业之间的实际税收负担相差悬殊。

3. 国有企业税前还贷政策混淆了投资主体的责任，削弱了银行信贷的调控功能，侵蚀了税基，带有明显的政府行政干预痕迹。

上述问题使国家与企业之间的分配关系犬牙交错、极不规范。例如，对大中型国营企业规定的名义税率明显高于其他性质的企业，但与此同时，又规定了国营企业的税前还贷政策，因而，根本无法判定究竟哪类性质企业的税负更重，即使是在国营企业内部，由于企业从银行获得贷款的数额不同、还贷责任不同，实际税负也大不一样。再如，有的企业被允许以承包的形式计算缴纳所得税，使所得税失去刚性，弱化了所得税的调节功能，更加剧了国家与企业分配关系的扭曲。另外，在企业所得税之外，还要求企业缴纳能源交通重点建设基金和预算调节基金，使企业负担重叠，难以承受。

在经济体制改革的深化过程中，各类企业之间互相参股、联营的情况越来越多，新型的经营方式和产权组织形式也不断涌现，致使上述矛盾越来越突出。

为适应经济体制改革的需要，我国对原各类内资企业所得税进行了全面改革和调整。1993 年 12 月 13 日，国务院颁布了《中华人民共和国企业所得税暂行条例》，自 1994 年 1 月 1 日起开始实行。同时废止了原国务院发布的《国营企业所得税条例》、《国营企业调节税征收办法》、《集体企业所得税暂行条例》和《私营企业所得税暂行条例》。

（二）1994 年以来我国的企业所得税改革

1994 年的税制改革确定了我国企业所得税的征收格局：内资企业按照《企业所得税暂行条例》征收所得税，而涉外企业则按照《外商投资企业和外国企业所得税法》征收所得税。在许多方面，外商投资企业和外国企业都享有特殊的优惠。这种对外商采取的“普遍优惠，从宽优惠”的政策是历史的必然，是必要的，对于我国引进外资和先进的技术设备，曾起过积极的作用。但随着时间的推移，这种税收政策使内资企业在市场竞争中处于不利地位，影响国内企业投资的积极性，在一定程度上抑制了内资企业和国内生产的发展；另一方面也违背了市场经济公平税负的原则，不适应我国加入 WTO 的形势发展要求。因而，创造条件，尽快统一内外资企业所得税已成为企业所得税改革的基本方向。

2007 年 3 月 16 日，第十届全国人民代表大会第五次会议通过了《中华人民共和国企业所得税法》，实现了“四个统一”，即内资、外资企业适用同一的企业所得税法；统一并降低企业所得税税率；统一和规范了税前扣除办法和标准；统一税收优惠政策。

新的企业所得税法是完善社会主义市场经济体制的重要举措，具有重大的现实意义和深远的历史意义。首先，统一内外资企业所得税制改变了对内资和外资在税收上给予不同待遇的做法，为各类市场经济主体创造了公平竞争的税收环境，符合公平税负的原则。其次，新的企业所得税法建立起一个新的“产业优惠为主、区域优惠为辅”的税收优惠体系。税收优惠的主要内容包括：促进技术创新和科技进步、鼓励基础设施建设、鼓励农业发展及环境保护与节能、支持安全生产、促进公益事业和照顾弱势群体，以及自然灾害专项减免税优惠政策等。这些都是贯彻落实科学发展观的重要体现。最后，有利于调整引进外资的结构。由于政策导向十分明显，那些投向高新技术领域的外资将会在引资结构中增加比例，那些高能耗、高污染领域内活动的外资在中国的生存空间将变小；同时，“假外资”现象也逐渐失去了生存的空间而销声匿迹。

自 2008 年新的企业所得税法实施后，我国企业所得税改革的总体趋势是降低税率和增加更多的优惠政策。采用的主要措施有重点扶持中小企业、科技创新、公益性组织、绿色环保等领域，包含的方面很广，从直接减税到促进创业，几乎囊括了企业的所有方面。目前，我国企业所得税的改革仍需要进一步完善产业税收优惠政策，完善促进企业创新发展和扶持中小企业的优惠政策，及时调整相关税收优惠政策，发挥税收优惠的政策导向作用，促进经济发展。

第三节　个人所得税

一、个人所得税的意义

个人所得税是世界各国普遍开征的一个税种。在发达国家中，个人所得税征收覆盖面很广，其收入占税收总额的比重较大，常常与企业所得税平分秋色。而发展中国家，个人所得税占税收总额的比重就小得多。但是，无论发达国家还是发展中国家，对这个税种都给予相当的重视，因为其在对社会成员收入分配的调节中具有其他税种无法替代的作用。

归纳起来，个人所得税在社会经济中的作用主要表现在以下几方面。

（一）组织财政收入

个人所得税最早开征于英法战争期间的英国，在当时，仅个人所得税一个税种就为政府提供了20%的财政收入。第二次世界大战后，在许多西方国家纷纷以直接税代替间接税的大趋势中，个人所得税也得到较为充分的发展，其组织财政收入的功能也更加明显。到了20世纪70年代中期，许多国家如美国、加拿大、英国、丹麦、瑞典、芬兰、瑞士、澳大利亚、新西兰等，个人所得税已占政府全部税收收入的30%～50%。

在我国，个人所得税自1981年开征以来收入逐年上升，其占国家财政收入比重的增长幅度也是十分明显的。1981年，我国通过个人所得税筹集的财政收入额为0.05亿元，占当年财政收入的比重为0.004%；而到了2000年，我国的个人所得税总额达到了900余亿元，占当年财政收入的比重也超过了7%。二十余年的时间翻了上千倍，增长势头十分迅猛。近些年来，随着我国经济发展水平的日益提高和人民收入的不断攀升，我国的个人所得税增长速度一直较快，其对财政收入的贡献也越来越明显。2010年，我国个人所得税收入4837亿元，占财政收入比重为6.6%；2016年，我国个人所得税收入10089亿元[①]，占财政收入比重达到7.73%。

（二）调节个人收入差距

第二次世界大战以前，大多数西方国家开征个人所得税的目的是为了增

---

① 数据来源：国家统计局网站。

加财政收入。而在“二战”之后，许多国家开始注重个人所得税调节个人收入分配的功能，以实现税收政策的公平目标。个人所得税在这方面的功能是其他税种所不能替代的。

收入分配是指一国内各收入阶层之间个人收入的分配状况。目前各国多用洛伦茨曲线、基尼系数来衡量一国内个人收入分配差距的合理程度。一般认为基尼系数 0.45 是个人收入差距过大的警戒线，而累进的个人所得税是调节个人收入差距的有效工具。

改革开放以来，伴随着经济的快速发展，我国的个人收入分配状况也发生了较大变化。据测算，反映全国收入差距的基尼系数已经从 1988 年的 0.341 扩大为 2016 年的 0.465；[①] 反映城镇和乡村内部居民收入差距的基尼系数分别由 1978 年的 0.16 和 0.21 扩大到 2010 年的 0.56 和 0.60。[②] 这表明，无论是从总体来看，还是从城市和农村来看，我国居民的收入差距都在进一步拉大。另根据世界银行 1995 年发表的《世界发展报告》中提供的数据，1990 年我国 20% 最高收入家庭的收入占全部居民家庭收入比重与最低收入家庭占全部居民收入比重相比较，相差达 6.53 倍。这些数据不仅高于许多发展中国家，而且超过许多经济发达国家。可见我国居民的收入分配差距过大已成为不可忽视的经济与社会问题。这种状况既对政府运用个人所得税调节居民收入差距提出了迫切的需求，也为我国个人所得税的不断改进与完善提供了相应的条件。

（三）稳定经济

个人所得税多采用累进税率，而累进税率的税制通常被称为经济的“内在稳定器”。个人所得税内在稳定器作用的表现在于：当经济处于增长时期，大多数家庭的收入也会增长。随着收入的增长，家庭消费水平相应提高，消费的增长又刺激企业加大投资、生产更多的产品，从而导致下一轮经济的增长、国民生产总值的提高。由于个人所得税的累进性，家庭收入的增长会使其适用更高的税率，税收占收入的百分比相应增加，税收的增长比例会大于收入增长的比例，从而使个人可支配收入的增加额下降。由于个人消费是其可支配收入的正函数，可支配收入的增加额下降，导致个人消费增加额下降，从而抑制了下一轮经济的增长。同理，当经济处于衰退时期，个人所得税又会从相反的方向对经济的衰退起到缓冲作用。

个人所得税对经济稳定作用的程度主要取决于两个因素：一是免征额数量的大小；二是税率的累进程度。免征额是税法规定的征税对象中免予征税

---

① 数据来源：国家统计局网站。

② 数据来源：西南财经大学家庭金融调查与研究中心。

的数额，在免征额以内的收入部分无需纳税，免征额的设置是为保证纳税人及其家属的基本生活需要。税率的累进程度是指税率随收入额增长而变化的快慢程度。一般讲，免征额越低，对经济的稳定作用越强；而当免征额相同时，税率累进程度越大，对经济的稳定作用越强。

二、个人所得税税制设计相关问题

（一）征税方式

个人所得税的征税方式可以选择综合征收制、分类征收制和混合征收制三种模式。其中综合征收制更能体现“量能负担”的税收公平原则，但个人所得税的纳税人都是一个个的自然人，综合征收制不便于从收入来源进行税收征收管理，因而，一方面要求纳税人具有较强的自觉纳税意识；另一方面也要求政府具备较高的税收征管水平。经济发达国家在这两方面较为成熟，多采用综合征收制；而发展中国家为征收管理方便起见，多采用分类征收制。另外，也有一些国家采用混合征收制，这类国家通常是将那些具有普遍性、经常性的个人所得（例如工资、薪金所得等）一并采用综合征收的方法，并相应采用累进税率，以对不同纳税人的收入进行调节；而对一次性、偶然性个人所得则采用分类征收方法，以便于源泉征缴。

（二）纳税人

个人所得税的纳税人一般是取得所得的自然人。

从税收管辖权的角度看，目前世界大多数国家的个人所得税都是按照属地主义与属人主义两种原则确定税收管辖权。按照属地管辖权原则，凡来源于本国的所得均要征税；按照属人管辖权原则，凡本国居民（或公民），对其来源于国内外所得均要征税。参照国际通行的做法，我国的个人所得税纳税人，也是按照属地管辖权和属人管辖权双重原则确定的，既包括我国境内有所得的居民（公民），也包括从我国境内取得所得的非居民。

由此可见，居民与非居民的划分十分重要，它直接关系到个人所得税的征税范围。对于居民与非居民划分的标准，国际上有两种做法。一是法律标准，即凡是本国公民和有居留证明的外国侨民，都属于本国居民，其余则为非居民。二是户籍标准，即凡在本国有住所，居住达到一定时间的个人，包括本国居民和外国人，均为本国居民；没有达到居住时间的为非居民。对居住时间的规定，各国不尽相同，有的规定为半年；有的则规定为一年。

对于纳税人具体标准的掌握上，各国做法不尽一致。大多数国家要求每一个取得所得者做为一个独立的纳税人申报纳税。有些国家允许取得所得者做一定选择，例如，可选择个人单独申报，也可以选择夫妇联合申报，还可以由户主申报。有些国家则实行家庭申报制。如何确定纳税人，是实现个人所得税合理负担的重要环节。从原理上讲，家庭申报更能体现税负公平的原则，因为在社会经济生活中，家庭是最普遍、最基本的经济单位，家庭成员的经济利益很难完全独立。取得同样所得的个人，其家庭状况却是千差万别的，尽管可以在计税时对某些因素考虑税前扣除，但仍不能充分反映纳税人各自实际的家庭情况，如以个人为单位单独申报，很难真正体现公平原则。但从实际征管角度看，由个人单独申报，纳税人界限较为清晰，可以减少纳税人通过改变家庭结构的方法逃避税款缴纳义务的现象。

（三）课税对象与计税依据

个人所得税通常以纳税人取得的个人所得为征税对象。由于个人所得的范围很广，在征税时，都要明确规定征税的所得项目。应税项目一般包括：工资、薪金所得，劳务报酬所得，特许权使用费，财产租赁所得，财产转让所得，利息、股息、红利所得，偶然所得，生产经营所得等。

在实行分类征收制的国家，对不同的应税项目，在计税期限的规定上也不尽相同，一般对工资、薪金等经常性所得多按月确定计税标准；对劳务报酬、特许权使用费等一次性所得按次确定计税标准；对生产经营所得则按年确定计税标准。在实行综合征收制的国家通常是将纳税人全年所得一并考虑确定计税标准。

计税项目确定后，并不是据此全额做为计税依据，而是允许在税前做出必要扣除。由于各国的经济发展水平和人民生活水准不尽相同，税前扣除的具体项目、标准也千差万别。归纳起来，主要有三类。

1. 生计费用，又称个人宽免。通常包括纳税人、纳税人的配偶、纳税人赡养的人口（老人、儿童、残疾人等）基本生活费用。生计费用扣除的主要目的在于保证纳税人正常生活，保证劳动者自身的再生产能力。对生计费用的扣除又可采取几种不同的方法：一是所得减除法，即从所得额中直接进行生计扣除，如美国、英国等；二是税额抵扣法，即纳税人的生计费用不在所得额中减除，而是在计算出的应纳税额中进行抵扣，如意大利等国；三是家庭系数法，即将应税所得额除以法定的家庭系数，得出一个金额，按此金额与其所适用的税率计算得出应纳税额，如法国等。

2. 经营性支出，是指与获取所得直接有关的费用和成本，如生产经营所得的扣除大体与企业所得税扣除范围相同；劳务报酬所得、特许权使用费所得和财产租赁所得可以按实际发生的成本、费用扣除，也可以规定数额或比例扣除；财产转让所得可以按纳税人转让财产取得的收入减除财产原值和相关费用后的余额计税。这部分支出与所得的取得直接相关，且为因果关系，根据所得税的纯收益原则，各国普遍准予扣除。

3. 福利性支出，这部分支出一般与所得的取得无直接关系，但却是人们生活中必不可少的生活支出，如医疗费用、教育支出、人寿保险支出等。由于这类支出与取得的所得无直接关系，因此各国在确定准予扣除的范围和标准上有较大差异。如美国、加拿大、澳大利亚、意大利、西班牙、爱尔兰等国都允许医疗费用在税前扣除项目中列支；但有些国家规定全额列支，有些国家规定限额列支，还有些国家规定某些具体项目可以列支，超此范围之外的项目不得列支。

除上述之外，很多国家还规定了一些特殊的个人扣除项目，如利息支出，向公益事业、慈善团体的捐赠，向地方政府或外国政府缴纳的税款，偶然性损失，社会保障税等。

（四）税率

个人所得税的税率形式一般有三种，即超额累进税率、比例税率、超额累进税率与比例税率并用。

从世界各国情况看，税率形式的选择常常与不同征收方式的运用相结合。

一般来讲，综合征收采用超额累进税率。大多数国家采用这种做法，但各国对综合收入所下定义不同。有的国家是将所有个人所得都界定为综合收入，有的国家则只将工资、薪金等经常性所得界定为综合收入，因而采用超额累进税率的范围也由此有所差异。分类征收（或不合并在综合收入中的项目）一般采用比例税率。如许多国家将资本利得列出单独项目，规定比例税率，以对这类特定的收入进行调节。还有些国家将利息收入单列出来实行比例税率。另外，在对各类所得项目按“源泉课税法”进行预征时，一般也都采用比例税率。

在实行超额累进税率的国家，对税率累进级次的选择不尽相同。其中发达国家设计的税率级次相对较少，大多不超过六级，如美国、意大利、奥地利为五级；加拿大、英国为三级，每个级次差距较大。发展中国家设计的税率级次相对较多，如墨西哥为八级；马来西亚和中国为九级；还有些国家超过了十级，每个级次差距也较小。

三、我国个人所得税的改革

（一）税制模式的调整

目前，随着市场经济的多元化发展，居民所得的来源愈发广泛与分散，采取分类征收的模式已经不能很好地适应社会需求，党的十八届三中全会已经明确"逐步建立综合与分类相结合的个人所得税制"的总体方向。个人所得税的主要政策目标是调节个人收入差距，因而较理想的税制模式是将各类收入统一计算，实行累进税制，即综合课税制。从个人所得税的发展趋势看，实行全面的综合制是我国税制改革的最终模式。在我国，实施综合课税制的主要内容应包括：对各类收入按月或按次普遍实行源泉代扣代缴；在年终时对工资、薪金、劳务报酬、经营收入、稿酬等经常性所得实行综合申报，多退少补；对财产租赁所得、财产转让所得、股息利息红利所得、特许权使用费所得、偶然所得及其他所得则不并入综合所得中进行年度申报，只需在取得时一次性扣缴——这是因为，前一类收入都是通过纳税人的劳动获得，且为经常性收入，对这类收入，可以综合考虑纳税人各种生计费用、经营费用的扣除，并可选择适用的累进税率；而后一类收入是非经常性所得，且一般无前期劳动投入，因而采用一次课征较为适宜，并可选择适当的比例税率。这样可以在一定程度上改善收入相同的纳税人因收入来源不同而税负不同的问题，从源头进行控制，加强了对高收入人群的监管。

2006 年 11 月 8 日，国家税务总局公布了《个人所得税自行纳税申报办法（试行)》，从 2006 年起，年收入超过 12 万元的个人，不管是否已足额纳税，还是已向税务机关进行了自行纳税申报，在年度终了后，都必须自行向主管税务机关进行纳税申报。这一办法的颁布，标志着我国个人所得税迈出了由分类征税制向综合征税制转变的第一步。

（二）税率的调整

与上述税制模式调整相应，我国应进一步优化税率分级制度。

对工资、薪金、劳务报酬、经营收入、稿酬等进行综合申报的收入实行统一的年度超额累进税率，税率标准要比现行按月换算的按年标准要略低一些。税率档次也应比现行工资、薪金适用的九级超额累进税率要少一些，分为四档或五档。

对财产租赁所得、财产转让所得、股息利息红利所得、特许权使用费所得、偶然所得可仍采用 20% 的比例税率。

超额累进税率级次的减少和税率水平的降低能够从税率结构上有效降低纳税人的税收负担。

（三）费用扣除项目、扣除标准的设计

一方面，费用扣除项目、扣除标准的确定直接决定着税基的大小，在其他因素不变的情况下，提高费用扣除标准、增加费用扣除项目就意味着税基的缩小，反之，则意味着税基的扩大。另一方面，费用扣除项目、扣除标准又体现个人所得税的公平程度。因纳税人的家庭结构、家庭的支出需要、所处地区物价水平千差万别，征税时如不考虑这些实际情况，即使对同类、等量收入征收同样的税款也无法体现税收的公平。因此在个人所得税制较为成熟的国家，在计税所得计算时，对费用扣除项目、扣除标准都有十分详细、具体的规定，考虑的面非常广。

2005 年，我国将原来个人所得税工资、薪金收入每月 800 元的固定扣除标准提高到了1600 元；2008 年，这一扣除标准又被调高到2000 元；2011 年费用扣除额从 2000 元提高到 3500 元，这是第三次对费用扣除标准的提高调整。由此涉及的问题有两个。一是标准的高低问题。由于我国目前各地个人收入水平差距较大，消费品物价水平也不尽相同，因而，对此标准究竟是高还是低，看法也不一致。二是单一费用扣除标准的合理性问题。显然，对于家庭状况、健康状况、所处环境状况均不同的纳税人规定单一的费用扣除标准是有失公平的，也是不科学的。为此建议，在确定基本费用扣除标准的前提下，考虑下列因素进行加计扣除。

1. 对于单身者适用基本扣除标准，对于已婚者或有家庭赡养、抚养人口者，根据其赡养、抚养人口情况增加附加扣除费用（对于抚养人口的加计费用扣除标准确定应以不违反国家基本国策为准）。由于当前中国人口老龄化问题越发严重，不同家庭的人口构成差别较大，对于承受着较大的赡养责任和抚养义务的家庭可按照赡养人口和抚养人口的数量在税前定额扣除适当的家庭养育支出。

2. 基本费用扣除标准实行指数化调整，每年根据物价指数进行浮动。对于物价水平与其他地区差别较大的地区应允许地方政府根据本地区的具体情况作进一步调整，中央政府只需规定一个合理的浮动上下限。

3. 进一步扩大家庭医疗支出、补充医疗保险的税前扣除。我国现行的基本医疗保险制度无法满足所有居民实际的医疗保健需要，对于医疗、教育体制改革进程较快、纳税人个人承担相关费用比重较大的地区，特别是对于重大疾病，居民个人的医疗支出负担较重，很多个人或家庭无力支付昂贵的医疗费用，由地方政府在费用扣除标准上做出适当考虑。待上述改革普遍推行后，则应规定统一的费用扣除附加标准。

4. 对于经营性费用支出可据实扣除。如经营收入中与生产经营有关的成本、费用、损失以及利息支出，财产转让收入中的财产原值、交易费用等。

5. 增加房贷利息扣除。就目前的“买房贵、买房难”的现实问题而言，合理设计房贷利息扣除有助于减轻纳税人的买房负担，进一步促进社会和谐。我们可以借鉴国外的做法，采取房贷利息限额限期扣除，对城镇居民首套住房的贷款利息，可允许其在规定期限内限额扣除。

6. 二孩抚养支出费用扣除。我国自2016年实施全面二孩政策，但不少家庭生育意愿并不强烈，原因之一就是二孩养育成本较高，工薪家庭难以负担。在现行个人所得税中，除了托儿补助费、独生子女补贴、妇女生育津贴等属于生育保险性质的津贴、补贴免税外，其他减免税政策则与育儿支出无关。在改革中增加二孩抚养支出费用的扣除，可以促进二孩政策的顺利进行。

7. 按区域划分不同费用扣除标准。由于我国存在明显的地域差异，比较人性化的方法应是区分不同地域，确定不同的费用扣除标准。

（四）征收管理措施的强化

1. 主要收入的工资化、货币化。改革前期，由于收入来源的多渠道，使“灰色收入”在个人收入总额中占有相当的比重，工资性、货币性收入不能真实反映纳税人的实际税收负担能力，也使个人所得税的征收管理遇到很多障碍。随着国民收入分配渠道、方式的不断规范，应采取措施将个人主要收入纳入工资收入，以货币形式体现出来，以增强个人所得税税基的透明度。

2. 实行银行存款实名制。此项制度在我国虽已建立，但尚未应用于税收征管工作。因此在改革中，应将纳税人年终申报的各项收入与其银行账户的收支数据进行对照，以此作为税务稽查的依据，防止偷漏税现象的出现。

3. 现金交易信用化。大力发展信用卡、个人支票业务，缩小现金支付范围，各银行对现金提取规定最高限额。改变目前大量现金“体外循环”现象，将个人隐性收入逐渐显性化，有效监控个人收入的流向和流量。

4. 进一步加强代扣代缴工作，并建立双向纳税申报制度。所谓双向纳税申报制度是指支付应税收入单位在代扣代缴税款时，应向税务机关申报纳税人的收入和已纳税款；而纳税人在年度终了时，将自己本年度的各项收入据实申报的申报制度。即纳税人具有主动履行税务申报的义务，并且与之前单位代缴的义务不冲突。双向纳税申报制度更有利于从源头上进行税源监控，防止税款流失。

5. 增加自行申报范围，缩短申报周期。目前我国只要求五种类型的纳税人按年度自行申报纳税，这一规定存在一定的局限性。借鉴国外个税征管改革经验，为适应未来我国个人所得税综合与分类相结合的改革设想，建议增加自行申报范围，并且将纳税申报周期由原来的按年申报调整为按季申报，以强化税源管理，提高纳税征管效率。

6. 加强税源监控。要尽快扩展现代化征管手段的应用范围，建立个税征管信息系统，提高信息化征管水平。纳税人的涉税信息需要在税务机关与各金融机构以及其他涉税部门之间及时、准确的传递，形成信息共享，进一步拓宽征管部门获取个人涉税信息的渠道，详细掌握纳税人的各项收入和支出情况，从而进行更有效地监管。同时要利用现代互联网技术对网络管理平台进行时时更新，及时弥补漏洞，从而保障信息平台管理的规范化和高效化。

7. 完善处罚机制。我国目前的自行纳税申报机制尚不完善，无法有效抑制纳税人偷逃税款的想法，不能很好地培养纳税人主动纳税的意识与提高纳税人的纳税积极性，因此需要完善处罚机制，将处罚机制与诚信约束机制相联系，将个人所得税的履行情况与个人的医疗、养老、出国等社会行为相挂钩，激励和督促纳税人进行纳税申报。

第十二章　其他税类

第一节　财产税制

财产税制是对纳税人所有的财产课征的税种总称。财产税按照征税范围的宽窄划分，可分为一般财产税和个别财产税。一般财产税是对纳税人所有一切财产综合征收；个别财产税是将个人所有的土地、房屋、资本或其他财产的分别课征。财产税按照课征时财产所处的运动状态划分，又可分为动态财产税和静态财产税。动态财产税是对财产的转移、变动进行的一次性课征，如遗产税、继承税等；而静态财产税则是对财产占有者的财产定期的征收，不管其财产的来源和未来的变化。

一、一般财产税

一般财产税亦称为综合财产税，是对个人所有的一切财产实行综合课征；课征时要考虑到对日常生活必需品的免税，一定货币数量以下的财产免征，以及负债的扣除等。早在古希腊时代，一般财产税就已出现，课税范围包括：土地、房屋、奴隶、牲畜、家具、钱财。而到了古罗马时代，其形式已经较为完备，课税范围包括家具、车船、钱财、衣物、装饰品等，由地方长官征收。封建社会中土地税是财产税的主要形式，而公元 12 世纪后情况发生了改变，由于城市工商业的发展以及动产的大量增加，促使欧洲各国将土地税与动产税合并，设立了一般财产税。当时实行过 5% 税率和什一税，课税范围较广，动产中除个人日用品外几乎都需纳税。但由于动产课税困难，无法作为主要税种为国家经济的快速发展提供支撑，所以欧洲多数国家又将一般财产税还原为土地税。我们今天所设立的一般财产税始于 1892 年的荷兰。目前征收一般财产税的国家基本是按财产的净值征税，国际上通常称为净财富税。净财富税是指对于纳税人净资产征收的一种税，计税依据一般是按资产的价值减去负债后的财产净值。净财富税的应税财产包括的范围较广，如不动产、企业使用的某些个人财产、金融资产、家庭用动产、艺术收藏品等。各国征税方法不一，税率主要采用比例税率或累进税率这两种形式。净财富税一般以自然人为纳税义务人，只有德国、印度等四个国家也将公司作为纳税义务人。

净财富税的税收基础较所得税更为广泛。净财富税是对个人财富的存量课征，而不仅仅是对某年度获得的财富课征。所得税则是对某个时期（通常为一年）个人取得的所得课征。就财产而言，所得税的负担只落在能产生所得的财产上面，凡不产生所得或收益的财产均不是所得税课征的对象。净财富税则不同，其税收负担可遍及于以任何形式储蓄积存的财富。

由于上述原因，可知所得税对所得很少而财富很多的人有利，净财富税则对所得很多而财富很少的人有利。将两种税结合起来，将会对税负的相对公平起到一些促进作用。净财富税比一般财产税更为公平，但征收技术要求较高，确定财产价值比较困难，同时必须核实负债情况。目前征收净财富税的国家有德国、法国、日本、荷兰、奥地利、挪威、瑞典等国家。

二、个别财产税

个别财产税亦称为特别财产税，是对土地、房屋、资本或其他财产分别征税。个别财产税的形式主要有：对土地课征的土地税；对房屋课征的房屋税或房产税；将土地与房屋合并课征的房地产税；将土地、房屋同其他不动产合并课征的不动产税；对车、船、金融资产等动产征税等。

（一）土地税

土地税是以土地为课税对象的税收，是一个古老的税种，过去又称为租税或田赋。在私有制社会，土地是作为私有财产征税的，各国、各个时代实行的土地税制各不相同。

土地税有从量和从价征收两种方式。从量课征是按土地面积大小而征税；从价课征即按土地价格高低而征税，它较从量课税合理。土地财产税可分为地亩税和地价税。

1. 地亩税，亦称“面积税”，以土地的单位面积为课税标准而征收的税，即规定每单位面积土地的税额，按土地面积大小确定总税额，征收方法较为简便。但由于土地等级不同，收益不等，土地价值相差较大，按单位面积大小征税，不尽合理。故现代世界各国很少采用。

2. 地价税，以土地的单位价值为课税标准而征收的税。1873 年由加拿大始创，以后各国相继采用。一般是按市场价格计征，但因市价涨落无定，故通常又采用估价方法。目前世界各国的地价税大都采用估价计税。征收采用申报缴纳和税务机构估定征收。

（二）房屋税

房屋税是对房屋及有关建筑物课征的税收；由于房屋与土地密切相关，难以单独估价，所以许多国家是同土地合并课征房地产税。房屋税分为从量和从价课征两种形式。最早的房屋税多是从量税，主要有：灶税，是按灶数课征；窗户税，是按窗户数额课征；房间税，是按房间数与面积数课征；屋基税，是按屋基及其附属的面积课征。其共同点都是采用房屋的外部标志为课征标准，虽然简便易行且不易漏征，但不能真实客观地反映纳税人的纳税能力，且可操作空间极大。现代各国普遍采用从价课税形式。这种课税形式比较公平合理，但需要有客观地估值标准作为保证。目前世界各国一般按下列四种标准进行房屋的估价。

1. 市场价格。即房产市场上互相独立的买主和卖主之间发生房产交易的价格。这种价格一般随行情变动，大多规定某一定时期内的市场价格为房产税的计税价格。

2. 实际售价。凡是新建房屋，其估价是将房屋的地价加上成本费用，得出实际售价。这种价格往往是市场价格的一个基础。

3. 重置价格。凡旧房屋的估价，由于有通货膨胀影响，用重置成本计价，即重建同样房屋的成本作为计价标准。

4. 租金估价。按年租金和年利率进行折算，求出资本还原的房产价值。

（三）机动车辆税

随着经济的发展，机动车辆逐渐成为纳税人财产的一个重要组成部分。目前世界各国对机动车、飞机、船舶等动产大都单独课税；尤其是机动车税，在财政收入中的比重不断上升，如德国20世纪90年代初期机动车辆税在税收收入总额中的比重达到2%左右。机动车辆税一般为地方税，纳税人多是机动车辆的所有者。征收方法多采用办理驾驶许可证时征收或分年、季度征收。税率多按照机动车辆的用途、种类、马力、重量等，采用不同的差别比例税率，也有采用定额税率和累进税率的。

（四）遗产税和赠与税

遗产税和赠与税是财产课税体系中的重要组成部分，现代发达国家均课征遗产税和赠与税。

遗产税和赠与税是两个不同的税种，因两者的关系密切，且又配合征收，故常将两税合在一起讨论；但实际上遗产税和赠与税的概念是不同的，并且在纳税人、课税对象、课税标准、课税方法上都有区别。

1. 遗产税。遗产税是对财产所有者死亡后遗留的财产课征的税。遗产税有广义与狭义之分。狭义的遗产税是指对财产所有者死亡后遗留的财产总额课征的税，它又称为总遗产税。除了狭义的遗产税以外，还有一种继承税，即是对财产继承人所取得的遗产数额课征的税。其直接条件是财产继承这一事实。继承税与遗产税的不同，在于继承税是对继承人获得的那部分遗产课税，遗产税是对死亡者的遗产总额课税。广义的遗产税，就包括了前述遗产税与继承税，是一种对死亡者留下的财产课税的总称。也称为死亡税，有些学者将赠与税也包括在广义的遗产税中。

2. 赠与税。赠与税是对财产所有者生前赠与他人的财产课征的税。赠与税和遗产税有密切的关联，两税同是对财产所有权发生转移时课税，不过赠与税是对财产所有者生前转移的财产课税，遗产税是对其死亡后转移的财产课税。赠与税是作为遗产税的补充税种而开征的。

3. 遗产税的课税依据。西方学者认为，虽然遗产继承关系是源于遗产者与被继承人的血缘关系和其他情谊关系，但遗产权的存在，并非是天赋人权，而是为国家法律所承认和保护的权利。而且就经济关系来看，遗产的获得，不同于其他所得，它是一种不劳利得。所以，应该对遗产课税。

4. 遗产税的类型。遗产税有三种类型，即总遗产税制、分遗产税制和混和遗产税制。总遗产税制是就被继承人死亡时所遗留的财产总额课税，以遗嘱执行人或遗产管理人为纳税人；分遗产税制是指被继承人死亡将遗产给继承人，就各继承人所得的遗产所课征的税种，以遗产的继承人为纳税人；混合遗产税制是对被继承人所留遗产先课征一次遗产税，税后遗产分配与各继承人时，再就各继承人继承额课征继承税。纳税人既有遗嘱执行人，也有遗产的继承人。遗产税的税率，多数国家采取超额累进税制，只有少数国家实行全额累进税制。遗产税都对遗产总额规定了一些税前扣除的项目，如丧葬费、遗产管理费，被继承人所欠债务，遭受意外灾害不能补偿的费用，对社会的遗赠等。此外还有基础扣除的规定，对低于基础扣除的遗产，不征遗产税。为了防止以生前赠与逃避遗产税税收负担，必须在开征遗产税的同时，开征赠与税。特别是在所得税率较高的国家，征收赠与税的目的，就在于防止某些人以赠与方式达到分散所得，以逃避高额累进的所得税税收负担。

三、财产税的作用

财产税可以为地方财政提供稳定的收入来源。许多国家，把财产税作为地方税，甚至视其为地方财政收入的主要来源。

财产税可以调节社会成员的财产收入水平。财产也是测量社会成员纳税能力的一个尺度。所以，不论按财产价值征税，还是按财产的收益征税，都适合社会成员的纳税能力，都能体现平等负担的原则。在调节纳税人财产收入方面，财产税可以弥补流转税和所得税的不足。所得税以所得额为征税对象，有所得的就要征税，无所得的不征税。若不同的纳税人以同等价值的财产投入生产经营活动，善于经营的人有所得就纳税，不善于经营的人无所得就不纳税，这无形中在客观上起了奖懒罚勤的作用。财产税则是对财产价值课税，不论其有无所得，有所得的不多纳，无所得的也不少纳，所以财产税促进增产的作用优于所得税。流转税是对商品在交换过程中的流转额课税，它既不涉及财产有无收益和收益大小，又不涉及财产的占有和分配情况，所以也需要财产税来配合。

财产税也是存在短板的。其在收入上的低弹性决定了无法随财政需要的多寡缓急筹集资金；同时，想要将纳税人的全部财产纳入课征范围也十分困难。若任纳税人自由申报，则会出现公开的欺骗，若实行检查，必然导致翻箱倒柜、树怨于民；此外，财产税一般都是从价征收，而估价工作中极易出现随意估断、徇私舞弊等不公正行为，严重影响税收公平。上述原因决定了财产税只能是税制结构中的辅助税种。

我国财产税设立的税种很少，只有房产税、车船税和契税。发挥的调节作用以及筹集收入作用有限，因此进一步完善财产税，最大限度地发挥财产税调节社会成员财产收入水平的作用，也是必要的。世界各国普遍开征的遗产税，对于鼓励财产继承人积极劳动、自食其力，防止奢侈腐化，避免私人财产的过分集中，是有着积极意义的，也是值得我们在财产税的设计上思考的。

四、我国财产税的改革

（一）房地产税的改革

近些年来，我国的房地产行业快速发展，不仅成为财政收入的重要来源，更成为国民经济发展的主要力量之一。但是，随着“营改增”从试点到全国范围的实施，我国地方财政收入对房地产的依赖性逐渐增强；同时，我国房地产市场的快速发展也带来了一些问题。针对这种状况，党的十八届三中全会提出，要加快房地产税立法，并适时推进改革。这就拉开了我国房地产税改革的序幕。

1. 房地产税的功能定位

房地产税功能及目标的正确定位，是房地产税立法面临的首要问题。功能是指房地产税有什么特点、能发挥什么作用；目标则是希望用功能达到的目的。这两方面的认识都必须精准，才能设计出好的制度；否则不但会影响经济发展，更会对社会和政治带来负面影响，影响稳定。一般认为，房地产税在筹集地方财政收入、缩小贫富差距等方面具有一定的作用。

从筹集财政收入来看，尽许多国家都将房地产税作为地方财政收入的主要来源，但是，在我国，房地产税的这一功能非常有限。一方面，国外的房地产税大多属于“受益税”、“物业税”，其税款专款专用于地方设施、社区服务、教育等地方公共服务，纳税人可以较为直接地从中获得收益并监督，从而可以普遍征收房地产税。而在我国当前的财政体制下，房地产税属于保有环节税收，人民缴纳的税款是无偿征收，不能直接感受到缴纳房地产税给自己带来的收益，反而会出现没有收入也要年年交纳房产税的情形。另一方面，大部分西方国家的地方政府主要履行服务职能，职能少、机构小、财政收入规模不大，房产税可以成为地方财政的主要收入来源。而我国的地方政府履行职能多，财政的盘子大，政府机构大，房地产税收入少，不可能成为地方财政的主体税种。这与西方国家以房地产税作为地方主体税种的状况完全不同。

从缩小贫富差距来看，房地产税可以发挥一定的作用。房地产税属于财产税，这一特点决定了其可以发挥调节财产收入分配、缩小贫富差距的作用。在我国，近几年来，房产投资或投机成为一部分人积累财富的重要方式，对居民收入差距的扩大产生了越来越重要的影响。在这种情况下，对投资、投机性住宅和豪华住宅征收房地产税，不仅可以缩小社会贫富差距，而且有助于发挥挤出存量房的作用，更好地体现中央“房子是用来住的，不是用来炒的”的政策目标。当前，许多富人购买、持有大量住宅和豪华住宅，并不是为了自身居住，而是为了投资、投机以获取更大利益。对这些“非居住用途”的房产征税，可以在一定程度上“挤出”被空置的房产，满足民众刚需性的住房，也有利于抑制房价。

此外，房地产税还可以在促进房地产市场发展方面发挥一定的作用。但在我国的房地产税收体系中，流转环节的土地增值税、增值税等税种的作用比保有环节的房地产税更为直接。因此，总体而言，房地产税的各项功能都受到一定限制。相对而言，其在挤出存量房、抑制房价方面的作用更应受到重视。

2. *房地产税的征收范围与征管难题*

如果仅仅从调节贫富差距的功能考虑开征私人房地产税，征税范围应该主要包括两个方面：一是对房产数量过多的面积征税，即对投资、投机性房产征税，使房产回归正确功能，即“房子是用来住的，不是用来炒的”。在这种情况下：可以选择以家庭为纳税人，可考虑将每个人的扣除额设置在人均住房面积的3倍；也可以选择以自然人为纳税人，可按照每人第一套房免征房地产税，这一做法在操作上较为简单，只要纳税人个人名下有第二套房就可以征税，省去了计算扣除额的麻烦，也避开了我国法律中没有“家庭”这一定义的难点，还不会出现“为避税离婚”等负面的社会效果。二是对豪华房产征税，可以采用重庆模式对单体豪华别墅征税；也可以设定豪华房产评估价值及面积的幅度起点，由各省按情况确定征税起点。总之房地产税的征税范围应限于投机、投资性住宅和豪华住宅，这是房地产税缩小社会贫富差距的功能决定的，也有利于实现政府“房子是用来住的，不是用来炒的”的政策目标。因此，房地产税征收应主要对富人征税，对于中等收入人群，房地产税的税负一定要轻，而低收入人群住房则不列入征税范围，以减少房地产税开征对政治、社会和经济的震动。

当然，如果考虑发挥房地产税的其他功能，征税范围也可以设计得更为宽泛，或者采取普遍征税的做法；但是，在我国当前的国情下，对私人房产普遍征税还面临着一些非常棘手的问题。我国目前的房产类型众多，产权性质各异，既有商品房、两限房、经适房，也有军产房、集资房、回迁房、城市房、农村房、安置房；既有完全产权的住房，也有半产权房，还有原来体制遗留下来的承租房等。当前，不仅这些房屋基础统计信息仍然非常缺乏，而且房地产税对这些房屋如何设计不同的税收待遇，更是一个非常困难的问题。

此外，在我国目前的社会纳税意识状况下，房地产税的开征也会面临较大的征管难题。一方面，我国居民对税收正确理念的认识还很不够。我国社会主义市场经济税收理论诞生太晚，“文革”中我国全面否定税收，直至1984年才有了完整的、全新的税制体系；在1984年到今天的30多年时间里，我国的税制都以对企业、而不是对个人直接征收为主体，直接针对自然人征收的税种只有个人所得税，而且这一税种还实行代扣代缴制，居民个人不需要直接申报纳税。在这样的税制环境下，直接对自然人征税会有很大困难。另一方面，我国现行的税收征管措施大都仅仅适用于工商企业，针对自然人的征管措施很少，征收成本也非常高：纳税人数量的大幅度增加、征税对象（房屋和土地）的多样性等都需要税务机关付出比以前多得多的人力、财力和物力，但是，征收的税款却往往很少。从这个角度看，房地产税的征收很有可能会增加个人的“税痛感”并给税务部门的征管带来较大冲击。

（二）遗产税的改革设想

1. 遗产税的作用

遗产税是就被继承人死亡时所遗留的财产额课征的一种税。从开征遗产税的各国情况看，遗产税对社会政治、经济发展都起着积极作用。

（1）遗产税有利于鼓励公民自食其力、积极劳动，防止奢侈腐化。继承的遗产虽属合法所得，但属非劳动所得，容易使后代不劳而获、不求上进。在我国，由于受子承父业的传统观念影响，子女对家庭和父母的依赖较大，自立能力较差，更应加速变革传统习惯。为提高我国人口素质，促进社会进步，有必要开征遗产税。

（2）遗产税有利于适当平均社会财富，并避免新的社会财富分配不均。如果富有者将大笔财富留给后代，继承人就会由于继承行为的发生而拥有一大笔远远高于其他人收入的私有财产，从而造成新的社会财富分配不均的现象。征收遗产税可以缓和这种新的分配不均。

（3）遗产税有利于鼓励人们生前向社会捐赠、捐献，培养公民关心科技、教育、慈善事业，为公益事业服务的社会风尚。为此许多国家都规定，凡向以上公共、公益事业的捐赠，不计入征税遗产（财产）总额，并给捐赠者留名，以鼓励个人向社会捐赠。

2. 我国遗产税的设想

我国遗产税的建立应注意以下几方面问题。

（1）征税面要窄，起征点要高，级距、税率要适中。这是因为，我国现阶段真正富裕的人还是极少数，而开征遗产税旨在对这部分人的财富进行再分配，限制通过继承导致财富过分向个人积聚，征税面不宜过宽。

（2）采用总遗产税制，即对被继承人死亡时遗留的财产先行课税，然后再分割给继承人；以遗嘱执行人或遗产管理人为纳税义务人，税负大小不考虑继承人与被继承人之间的亲疏关系。这样设计，主要是考虑到目前我国有关财产继承、处理方面的法律法规还很不健全，也可避免因财产分配问题而发生的拖延缴款和扯皮的情况。

（3）征税办法要简化，只征收遗产税，不单独征收赠与税。单独征收赠与税，固然有防止纳税人以赠与方式避税的意义，但由于目前我国尚未建立个人收入申报和财产登记制度，也无其他有关赠与的法律规定，税务部门难以掌握公民的财产赠与情况，实际上很难做到对赠与征税。故应先开征遗产税，待实行一段时间后总结经验再考虑单独设置赠与税。为了防止因转移财产造成偷漏税，应该规定，对被继承人死亡前五年内的赠与并入遗产征税。国际上有采取这种作法的，如英国规定为 7 年，我国香港地区定为 3 年。

（4）采用属人与属地相结合的原则。按照国际惯例的规定，凡在我国境内经常居住的中国公民，死亡时有遗产的，应就其境内外全部遗产征税；

对不在境内经常居住的我国公民及非我国公民，死亡时遗有财产者，只就其在我国境内的财产征税。

（5）统一立法和地方管理相结合的原则。我国遗产税作为地方税管理，税法、税率全国统一规定，地方不得改变；收入和减免权归地方，以调动地方征收的积极性。

第二节　行为税制

一、行为税的意义

行为税制是以纳税人的某种特定行为作为征税对象的税种。所谓“特定行为”是相对于一般行为来讲的。这个“特定行为”是指国家通过征税所要加以限制或监督的行为。国家通过对这种特定行为的征税，以达到特定的调节目的，是为达到特定目的服务的。如我国原来设置的烧油特别税（1982 年开征），是对企业的锅炉及工业窑炉烧用原油、重油的行为征税，以达到加速企业改烧油为烧煤的目的，节约宝贵的石油资源。

行为税自身的特点是具有特殊的目的性。它在调节某种经济行为上，更能直接体现国家的意志，在我国社会主义市场经济中，成为宏观控制的重要工具。如我国开征的投资方向调节税（1991 年开征，现已停征），通过调节固定资产投资行为，可以达到国家在宏观上调控基本建设规模和结构的目的。

但是，行为税的课征目的往往主要不是为了取得财政收入，更不是为了通过课税使这种税收的收入不断增长。恰恰相反，有时却是为了限制某种行为，实行“寓禁于征”的政策，从而导致这种税收收入的不断减少。这样就使行为税往往具有临时性或偶然性，需要时就开征，不需要时就停征。因此，其在组织财政收入方面，不像流转税和所得税那样普遍、集中和稳定，自然也就不能作为国家的主体税种，只能作为辅助性的税种，来弥补主体税种在调节经济作用上的不足，发挥“拾遗补缺”的特殊作用。

二、行为税制的改革

1994 年的新税制改革，对行为税做了较大的调整，停征了奖金税、工资调节税、烧油特别税；筵席税和屠宰税下放给地方；车船使用税性质也发生了变化，成为财产税。2006 年，又废止了屠宰税。如今，我国的行为税主要包括印花税、契税、车辆购置税等税种。近些年来，我国关于行为税改革的内容相对较少。结合我国当前经济和社会的发展状况，有一项改革虽然提及较少但却有着深刻的必要性，那就是开征证券交易税。

一般而言，证券交易税是对境内发生证券交易行为的单位和个人征收的一种税。近些年来，随着证券市场的不断发展，一些问题也逐渐暴露出来。为了促进资本市场健康发展，国家开征证券交易税是十分必要的，具体表现在以下几个方面。

（一）开征证券交易税是加强证券市场管理的需要

证券市场是资金集中和分配的场所，它的任务是汇集游资和储蓄，分配给资金的需求者，资金的分配由企业和部门的生产效益高低来决定，将资金优先分配给效益好的行业和部门。为达到这一目标，充分发挥证券市场的功能，证券市场必须是有效健全的。一个有效健全的证券市场才能提供社会大众投资机会，聚集企业所需的长期资金，加速资本形成，协助发展中的企业较易获得资金。近些年，我国各级政府发行了种种公债、地方债券，金融机构发行了金融债券，国内有条件企业的股份化，证券交易所的建立和发展，都对我国证券市场的创立和发展起着重要作用。但是，现阶段我国的证券市场功能的发挥是不能令人满意的，不能很好地反映上市公司的经营成果和财务状况，买空卖空等投机风盛行，严重影响证券市场优化资金配置作用的发挥。为了实现政府建立证券市场的初衷，充分发挥其筹资功能，加强证券市场的税收管理是十分必要的。而证券交易税是最方便、作用较明显的管理工具，它可以抑制投机，促进资本市场的健康发展，保障投资者的权益，因此证券交易税的开征是十分必要的。

（二）开征证券交易税是实现税制公平的需要

有价证券无论是被视作一般商品还是当作法定的权益证书，在它的交易环节均有课税的依据。作为一般商品纽带，其交易环节应课征商品销售税，针对特定的商品——有价证券征税，也就是证券交易税。作为法定的权益证书，其交易转让时，应课征转移印花税或契约印花税，这两种税与证券交易税大同小异。尽管我国目前针对证券交易行为开征了印花税，作为证券交易环节课税的权宜之计，但用规范的证券交易税来取代印花税是必要的。首先，证券交易税通俗易懂，对股市的引导调节作用尤为明显。其次，当前我国印花税的税率设置不尽合理，也缺乏足够的弹性。而开征证券交易税，是在有价证券交易环节课税的规范形式，这一税种的要素设计应是税率较低且具有弹性。这对于建立一个公平合理的税收制度是必要的，否则留下证券交易这一段“税收真空”，不但不利于建立合理公平的税收制度，而且会进一步拉大社会大众之间的收入差距。

（三）证券交易税收制度的设想

1. 纳税人。证券交易税的纳税人应是在我国境内发生证券交易行为的单位和个人。所谓证券交易行为是指买卖、交换、收购和被收购、赠与和受赠、继承和被继承，以及其他出让和受让证券的行为。具体的纳税人，包括：国内的企事业单位、社会团体、外商投资企业、外国在华机构，境外的各种经济组织等单位，以及境内外的个人，发生证券交易行为，买卖双方均是证券交易税的纳税人。

2. 征税范围。证券交易税的征税范围应是在我国境内交易、转让的有价证券。征税范围有两点值得说明：一是这里所说的有价证券是指交易、转让的在我国境内发行或上市的有价证券。二是这里所说的有价证券是指表示投资和收益的资本证券，包括实物证券和簿记券式、记名式和不记名式的证券。具体的征税范围如下。

（1）股票。包括股票、股权证、认股权证，以及具有股票性质的有价证券，即没有规定归还资本金期限的各种名称的资本证券和由股票派生、与股票相关的证券。

（2）投资基金类证券。

（3）债券。包括各种名称的债券，以及规定归还本金期限的其他资本证券。

3. 计税依据。证券交易税应以证券交易的成交金额作为计税依据。证券转让时，没有标明转让实际金额的，凡挂牌上市的证券，按照转让当日的市场价格计算实际金额；凡未上市的证券，按照证券的票面金额计算实际金额。

4. 税率。证券交易税税率的设计，考虑到投资的风险应从低设计税率。

5. 免税。证券交易税免税的项目应包括：财政部发行的国库券等各种证券；中国人民银行向金融机构发行的融资债券，包括人民银行向各专业银行发行的不满一年期的债券。证券交易税实行按次或按期汇总缴纳，汇总缴纳税款的期限最长不得超过一个月。

6. 征收管理。证券交易税实行源泉扣缴和纳税人自行申报两种征收方法。证券交易税的扣缴义务人为证券代理买卖的经营机构。人民币特种股票交易的扣缴义务人为证券交易所。纳税人和扣缴义务人应当依照所在地税务机关的规定报送纳税申报表和代扣代缴税款报告表以及有关资料。证券交易税的纳税申报表和代扣代缴税款报告表的格式及其报送期限，应由各省、自治区、直辖市税务局制定。证券经营机构填开的交易成交凭单应设“证券交易税”栏目，将委托人应纳税额填入栏目内，并加盖税务机关的证券交易专用章。

第三节　税制革新

一、社会保障税

(一) 社会保障税在各国的发展

社会保障税雏形是19世纪初普鲁士宰相俾斯麦建立的社会保障制度，真正意义上的社会保障税是美国于1935年开始征收的，其发展始于第二次世界大战之后，由于其具有以下特点，得以在经济全球化的趋势下迅速发展。

首先，此税种征收以及使用目的明确，具有较强的返还性，纳税人缴纳意愿高，征管成本较低，是一个简单并富有效率的税种。所以，工业化程度较高的资本主义国家相继开征。第二次世界大战后，不少发展中国家根据社会发展的需要，也纷纷建立起符合自己国情的社会保障体系和社会保障筹资制度，而社会保障税，作为各国筹措社会保障资金的通行做法，被不少发展中国家采用。目前全球大约有170个国家或地区建立了社会保障制度，并将征收社会保障税（或类似税种）作为筹集社保基金的主要手段。

其次，社会保障税在各国财政地位的普遍提高。这一方面，在许多国家，社会保障税占国家税收总额和GDP的比重不断上升，已成为仅次于个人所得税的第二大税种，有的甚至超过个人所得税而跃居第一位，如日本、法国、瑞典等。另一方面，社会保障税不断成为许多国家社保资金的主要来源，因而受到各国重视。以欧盟为例，在欧盟各成员国中，社会保障资金的主要来源是雇主和雇员交纳的社会保障税和政府的一般性税收（包括直接税或间接税），但两者的比重在各成员国中也有较大的差别。

(二) 我国开征社会保障税的必要性

1. 现阶段我国开征社会保障税的必要性

(1) 从理论上来看，征税比收费更为合理。

首先，社会保障资金基本上涉及社会全体公民，具有实施范围的广泛性和实施对象的普遍性特点，它与收费的适用范围的区域性、适用对象的特定性的特点不同。

其次，社会保障具有再分配功能，通过社会保障，能够调节各阶层收入，防止贫富悬殊和差距拉大，使效率和公平同时得到兼顾。这种社会再分配的主要工具应当是税，而不能通过费来实现的。

因此，社会保障筹资具有很强的税收特征，我国现在采用社会保障统筹费方式是由国家行政机关按国家或地方政府法规规定的费率强制征收，并且不是即刻、直接偿还，更不是等价偿还，另外统筹费还参与国民收入的再分配。由此可见，统筹费不仅在形式上，功能上也表明它实质是一种税。

（2）就征收实践而言，开征社会保障税也有其必要性。

第一，社会保障税能够以法律的筹资方式取代行政的筹资手段，保证筹资的刚性。由于我国一直依靠行政手段，以规费方式进行筹资，因此缺乏法律的约束性，社会保障基金欠缴严重。虽然《社会保险费征缴暂行条例》规定，对欠缴者可处以2万元以下罚款；对拒不缴纳者，可申请法院强制执行，但在实际工作中，由于种种原因，基层很少惊动法院，故欠缴现象愈演愈烈。如果采用税的形式，就可以按照《税收征管法》，由税务机关实施税收保全或强制执行措施，保证社会保障基金的及时足额入库。

第二，在效率方面，开征社会保障税比缴费更优。

——从征收的行政效率的角度来看，由税务机关负责征收有利于降低征收成本。一方面，从纳税人的角度来说，社会保障税的纳税人大多兼纳其他税种，集中由税务机关征收，既便利了纳税人，又节约了税收成本。另一方面，从征收机关的角度来说，现在统筹费是根据费的不同类型，分别由不同地区、部门进行收缴和管理，筹资成本高。由税务机关统一征管，利用现有税务部门的组织机构、干部力量和征管装备组织征收，征管查收效率较高，不仅便于检查管理，而且精简了大量的人力，征收成本会大大降低。

——从经济效率的角度来看，征税有利于提高资源配置效率，促进公平竞争。

——从宏观经济环境看，开征社会保障税，由企业的初次分配转为社会范围内的统筹，能够为企业营造公平竞争的社会环境，有利于市场经济体制的发育和现代企业制度的建立。同时，有助于打破地区、行业界限，促进各种资源尤其是劳动力资源的顺畅流动与合理配置，提高社会经济效率。

从微观经济运行角度看，税比费更有利于促进经济效率。

2. 税务机关代征社会保障费遇到的问题

由于没有使用税收方式，而由税务机关代征所需的法律依据与收费的条例规定有矛盾，税务机关代征社保费已面临许多亟待解决的问题，归纳起来，主要有以下几个方面。

（1）税务机关征收社保费缺乏明确的执法依据。目前我国社会保障费征收工作的主要法律依据是《社会保险费征缴暂行条例》（国务院1999第259号令），该条例第五条明确规定："国务院劳动保障行政部门负责全国的社会保险费征缴管理和监督检查工作。县级以上地方各级人民政府劳动保障行政部门负责本行政区域内的社会保障费征缴管理和监督检查工作。”就税务机关征收社保费而言，条例第六条规定：“社会保障费的征收机构由各省、自治区、直辖市人民政府规定，可以由税务机关代征，也可以由劳动保障行政部门按照国务院规定设立的社会保险经办机构征收。”这两条规定造成了税务机关、社会保险经办机构及其他部门同时征收，导致任务不清，责任不明。目前在税务机关征收社会保险费的同时，许多地区的社会保险经办机构及地、县政府的派出机构仍继续参与征收，使税务机关无法准确掌握费源，确定征收任务和工作目标；并且这种“多头征收”不利于政策、业务的指导和规范征管，还容易导致“推诿扯皮”现象的发生，给社保费的征收工作造成不必要的损失。

（2）执法刚性不足。首先，《社会保险费征缴暂行条例》中第二十三条明确规定将征收中登记、申报、检查、处罚权限集中到劳动保障行政部门，税务机关只有征收、核定和催缴三个职能，无法保证征收到位。其次，虽然“条例”在第三章监督检查、第四章罚则中有“劳动保障行政部门或者税务机关”调查、加收滞纳金、移交人民法院强制征缴的规定，但税务机关在征收社保费的实践中经常遇到多头管理难以协调的问题，导致执法弱化的现象发生。

（3）征缴基数失实，直接影响征缴率的提高。由于社保部门登记的参保户不管其有无缴费能力，只要个人账户保留，社会保险关系存在，便计入缴费基数，使缴费基数的核定严重脱离实际。几乎所有涉及社保费征收工作的税务机关都反映：在接受的管户中有的已经关、停、并、转多年，有的已经多年无力缴费，尚需税务机关与社保部门进一步核对。

（4）“重税轻费”。对于企业效益不好、经济欠发达地区，一方面财政分灶吃饭，各级政府首先要保税收收入，确保同级财政支出；另一方面企业效益低下，资金支付能力差，使征纳双方都在一定程度上存在“重税轻费”的思想，税、费争资问题比较严重。

这些问题的存在表明，这种临时性的办法不能拖的时间太长，否则将会造成大量管理上的漏洞与摩擦；实施“费”改“税”，实际操作更为顺理成章。

总体而言，社会保障税是一个符合社会主义市场经济要求、很有发展前途的税种，有国际经验可以借鉴，又有部分省、市税务机关接办社保基金征集工作的实践经验，大多数单位和职工群众也愿意缴纳。因此说，我国现在开征社会保障税是适时的、必要的，也是完全可行的。我们应当借鉴国际上的做法，总结其经验，并结合我国的实践，适时推出社会保障税。

（三）国外社会保障税制的借鉴与我国的税制设计

1. 社会保障税制的国际比较

（1）课税项目。世界各国社会保障税的课征范围有宽有窄，项目有多有少，但基本上可以分为养老保险、失业保险和医疗补贴三大类。有些国家还包括一些特殊的项目，如比利时的家庭补贴和休假补贴；瑞士的服兵役补贴等。

（2）课征形式。一般的做法是综合征收，但也有些少数国家把社会保障税分为退休、医疗、失业、工伤，以及住房、教育、培训等项基金分项征收，如德国、日本、美国、瑞典等国，如果考虑财政管理上的简便和灵活，综合征收则更具优势，在安排资金使用时可以在不同保障项目之间相互调剂。

（3）税基。多数国家规定雇主和雇员的社会保障税以工资为税基，自营者以营业收益为税基，少数国家实行按人定额缴纳。

许多国家还规定社会保障税税基不仅包括雇主以现金形式支付的工资、薪金，还包括具有工资性质的实物收入和等价物收入，不得作任何扣除。如意大利规定社会保障基金包括雇员及其家属享受的房屋、低利贷款、旅游等所得。

（4）税率。各国根据各自的经济发展水平和社会需要，制定的税率高低不一，差别甚大，但通常都采取比例税率。各国一般规定全国统一税率，也有的采用行业差别税率、有的采用地区差别税率、有的采用累进税率。

（5）税款负担。社会保障税的税负，一般由劳资双方共同负担，但负担的比例各国不尽相同，有的是平均负担，如德国规定雇主和雇员都缴纳等量的社会保障税；少数国家如冰岛全由雇主负担，荷兰只对雇员征收，但雇主会给雇员一定的补偿。

（6）其他规定。

多数国家对社会保障税缴纳有终征点的规定，一般是定出最高缴纳金额，大多是一年公布一次，有的是每月公布一次；有的国家如巴西只对雇员缴纳部分有终征点的规定，而对雇主缴纳部分并无上限；有些国家如危地马拉的社会保障税按率缴纳，无最高限额的规定。

有些国家规定起征点，如美国规定年薪 6.5 万美元以下的雇员免征；有些国家有减免规定，有些国家还针对特殊困难群体设置了部分减免税规定。

一般都实行由雇主源泉扣缴的征收办法，雇员应负担的税款，由雇主在支付工资时负责扣缴，连同雇主应负担的税款一起向税务机关申报纳税。自营人员应纳税款则必须自行申报，一般是同个人所得税一起缴纳。

2. 简要评价

由于市场失灵的存在，导致社会财富分配出现两极分化，而因为年老、疾病、战争、自然灾害等不确定因素的存在，使得社会需要一个“安全阀”，这就是社会保障体系。但从目前的情况来看，社会保障制度还存在着一些不容忽视的消极效应。

（1）一些福利国家的社会保障制度给政府造成了沉重的财政负担。日益增长的福利保障支出使政府的财政负担日益增加，从而导致政府的债务负担日益沉重。

（2）高福利的背后就是高税收。社会保障支出的迅速增长，带来了税负的加重和通货膨胀，也导致了劳动力成本的上升和国际竞争力的下降，影响了经济的增长和复苏。例如，以高福利国家著称的瑞典，其个人所得税的边际税率（包括社会保险税在内）在20世纪80年代已达90%，也正是由于高税收和高福利的并存，有的国家在职人员的税后收入与失业者领取的保险金差距不大，所以助长了一些人依赖社会保险，不愿去工作的不良风气。我国的社会保障费改税迫在眉睫，应在此方面吸取教训，制定适合国情的税制，防止高福利的负面效应。

（3）随着老龄化社会的到来，许多国家社会养老保险、医疗保险等的现收现付模式面临着入不敷出的挑战，在职人员要赡养更多的退休者，社会整体负担加重。

各国为克服上述消极效应，积极推行了多种形式的社会保障制度改革，主要措施如下。

（1）鼓励实行补充保险和商业保险，将单一的国家保障逐步转变为真正意义上的社会保障，单一层次的政府保障逐步转变为多层次的社会保障体系。尤其在完善养老保障体系方面，许多国家在降低现收现付模式的政府养老金比重的同时，建立了完全积累的个人账户，同时积极发展商业人寿保险业务，与现收现付的政府养老保障一起构成了多层次的养老保险体系。

（2）现收现付的筹资模式逐步转变为部分积累或完全积累筹资模式。为了缓解人口老龄化带来的压力，许多国家采用了部分积累甚至是完全积累模式，即职工从参加工作之日起，就按国家统一规定按照工资额的一定比例由单位和个人缴纳社会保障税（费）记入个人账户，作为长期储存积累增值的基金，其所有权归个人，职工到了法定退休年龄后，按照个人账户积累的资金总额（本金的利息），以养老年金的形式发放给个人。

（3）控制社会保障开支。多数实行高福利政策的国家采用控制失业救济金的发放范围和降低标准；延迟退休年龄；减少养老金的开支，减少补贴等政策控制社保开支。

（4）社会保障基金的投资运营方式由单纯的购买国债逐步转变为多元化投资。随着多层次社会保障体系的建立和完善，加上老龄化给社会保障资金带来的压力，许多国家的专家建议采用多元化的投资方式，提高资金的收益率。

（5）变单纯的输血式的救助、救济为主动促进就业。近年来，许多国家都意识到劳动者自我保障的重要性，根据劳动力市场的需求量，通过职业培训提高劳动者的技能以增加其就业机会等措施来提高自我保障比例，减少社会负担。

3. 我国社会保障税要素设计的具体构想

（1）征收范围和纳税人。一方面，考虑到政策的连续性及借鉴国际上的做法，社会保障税应由企业和职工个人双方共同负担；另一方面，社会保障应当为企业营造公平的环境，因此，社会保障税的征收范围应当包括各行业的所有企业和职工。

此外，社会统筹应循序渐进，适应我国的征管水平。由于我国现阶段农村经济发展水平比较低且很不平衡，管理水平相对较为落后，因此以城镇统筹、城乡分别，符合我国现实国情和社会生产力发展水平。在此基础上，可以选择少数经济发展水平较高、农民承受能力较强的地区进行试点，逐步推广。

（2）计税依据。社会保障税的计税依据主要包括两部分：一部分为纳税单位实际支付给职工的工资和薪金总额（包括奖金、津贴），另一部分为职工个人的工薪收入额，个体经营者可以同行业或本地区职工的平均工资水平作为计税依据。同时，为减轻纳税人的负担及考虑到税不重征的原则，应允许企业将缴纳的社会保障税作为费用在税前列支，允许个人在缴纳个人所得税时从税基中扣除。

有人建议以申报个人所得税的工资、薪金总额的平均数作为个人社会保障税的计税依据。这种方法从短期看来可能有效，而且比较简便；但是，社会保障税和个人所得税毕竟是两个完全不同的税种，它们有完全不同的经济作用。社会保障税主要起“安全阀”的作用，保障贫困人口的基本生活水平，而个人所得税则起“均贫富”的作用，防止贫富差距过大。所以，两个税绝对不可以混在一起。

（3）起征点与免征额。起征点是针对个人缴费部分而言。各地以当地最低社会保障线为界，对收入在社会保障线以下的人免征社会保障税，收入超过社会保障线的人都应按规定缴税。企事业单位缴税部分不受社会保障线的限制。

（4）税目和税率。我国的社会保障税应采取分项目相结合的办法进行设计，一方面可以保证各项特定用途资金的需求，另一方面可以简化税制，方便征收。根据我国现阶段社会保障的基本项目，建议先设置养老保险、失业保险和医疗保险三个税目，工伤保险和生育保险等项目也应在适当时机纳入课税对象。各个税目的税率在以前社会保险费的征收率基础上经过科学测算确定；应改变以往分项征收的方法，实行综合征收法，即各个税目的税率折算成综合征收率，由税务机关统一征收，待支出时，再进行具体划分。这样可以方便征收、简化计算。另外，由于各地经济发展水平不同，人们的平均收入水平也不同，社会保障水平也不能要求完全的统一，可以根据各地的具体情况，制定不同的税率，实行地区差别比例税率。

（5）征收管理。社会保障税应实行单位纳税申报和个人收入源泉扣缴法。企事业单位每月向税务机关申报纳税，个人的社会保障税应该根据在银行的专有账户中每月新增各项收入额分项计算纳税；有的收入项目按规定是可以免税的，比如失业救济收入，或总收入低于政府规定的最低生活标准的也予免税；应纳税额直接从总收入中扣缴。

社会保障税属于地方税，由地方负责征收管理，但应考虑到如果社会保障统筹层次过低，无法发挥社会保障基金互助救济的作用。建议由省级政府负责社会保障税的征收管理，有权制定税率、税目、征收范围等。社会保障税收入大部分归地方，也应有一部分上缴中央，用于调节各省之间的收入差异。实行省级统筹，既能体现灵活性，又可以进行宏观上的调节，是目前最符合实际的方法。

二、环境保护税

（一）环境保护税的理论基础

1. 环保税的定义

环境保护税是指国家之间基于保护生态环境、达到防止自然资源枯竭、促进再生、保持生态平衡等生态保护目标，而对破坏生态环境、自然资源以及生态平衡的生产和消费行为征收相应数量的税收，或运用其他税收手段达到筹集生态环保资金，并调节纳税人相应行为的有关税收的总称。

环保税具有三个特征。一是目的性。环境保护税收入是国家为实现特定的生态环保目标而筹集的财政收入，其首要目标是环境保护，从大范围看，环境保护税是对社会成本消耗的一种补偿，从小范围看，是属于破坏环境和资源的一种生产成本和消费成本。二是调节性。环境保护税通过调节企业或个人的行为而发挥其作用。三是关联性。环境保护税与经济活动的性质和规模之间存在着一定的关系。

2. 环保税的范围

环保税的范围不仅仅指生产中产生的外部性，还包含消费及资源消耗中产生的外部性问题。

（1）生产中产生的外部性问题。我们知道工厂的生产也可以自由排放污物，但并不影响该产品的生产者和消费者的交易，因为工厂污染只是一种社会成本，而不构成工厂的生产成本，因而企业在追求利益最大化过程中，必然导致环境污染和生态破坏，因此环境保护税范围必然包括对污染征税。

（2）消费产生的外部性问题。一种消费品如果在消费过程中对环境产生了消极作用，而产品价格中只包括通过市场机制形成的成本，无论是生产企业还是消费者，都没有为使用过程中的这种副作用付出相应代价，从而形成了消费中的外部不经济（负的外部性）。如私人汽车排放的尾气对空气质量影响严重，而消费者并没有付出相应的费用，这样汽车尾气对环境的破坏就成为负的外部性。只要消费者最终没有为该外部性付费，由此造成的环境问题要么由政府来支付这笔费用，要么任由环境继续恶化。因大多数消费活动是分散的且单个消费行为对环境的影响难以计量，所以对消费行为不宜采取行政管制等措施，最优的方法就是政府通过税收手段来调节价格水平，从而使消费行为的外部性通过税收进行内部化。因此环境保护税也可以对产品征税、对消费行为征税、对消费产生的垃圾征税。

（3）能源消耗中产生的外部性问题。贯彻环境保护、控制污染政策，控制能源消耗非常关键。目前，摄取成本低廉、利用技术简单的能源是化石燃料能源，包括煤炭、石油和天然气。近十几年来人类发现化石能源的大量利用使人类面临着两方面的威胁：一是化石能源利用是导致严重空气污染罪魁祸首，是环境恶化的重要污染源。二是能源的数量是无限的，可是可开采利用的化石能源蕴藏量却是有限的。能源消耗同样存在负的外部性问题，对能源征税实际上也是环境保护税的一个部分。

综上分析，环境保护税主要包括防止环境污染和环境退化的“环境税收”和控制对资源的开发和利用的“资源税”两大类。

3. 环境保护税对经济的影响

（1）对工业部门的影响。由于原料和排放物（例如能源或某些化工原料）的不可替代性，因此对其征税会增加工业税收负担。因为原料的替换和附加税有关的费用增加，将导致不同企业和产业之间竞争力的变化，从而可能导致在不同的企业和产业之间对生产格局进行调整。

（2）对就业的影响。在短期内，对那些污染最重的企业、产品和工艺进行工业生产调整，征税至少会导致岗位削减和一段时期内的高失业率；但是生产污染防治设备和其他与此有关产品的部门需要扩大生产规模，从而增加了就业机会。

（3）对物价的影响。对工业原料征税将导致产品价格上涨，对面向最终消费者的销售活动征收环境税将可能直接导致物价的上涨。

（4）对经济增长的影响。环境税对经济增长的影响是多方面的。环境税能刺激对清洁技术投资、减缓污染活动的增长速度；而且，在一定程度内，环境保护税能对经济增长产生一种“供给方面的”刺激作用。

（5）对家庭的间接经济影响。除了额外税收支出的直接影响外，家庭生活水平同样将受到额外税收负担和工业生产费用的间接影响，因为这些并没有以较高的价格反映在消费者身上，而是由雇员或资本（经营者、股东）所有者负担。

（6）地区性影响。如果某些工业设置在某些地区，调整格局将具有区域性。

（7）工业的国际布局。在调整产品和就业结构时，国际布局是一个重要的考虑因素，这主要取决于环保税措施是单一国家来执行，还是在国际合作的基础上来实施。

（二）环境保护税的国际比较

从20世纪90年代初期开始，为了保护自然环境，实现可持续发展，世界各国纷纷采取措施，保持生态平衡，改善环境质量。尤其经济合作与发展组织（OECD）成员国都针对生态环境中的焦点问题——污染实施了不同形式的环境税，例如荷兰、挪威和瑞典等，其他国家如比利时、丹麦、芬兰、和英国等，也采用了新的环境税。这些国家成功实施环境税为我们提供了丰富的经验，研究和借鉴这些国家利用税收手段治理和保护生态环境的做法，无疑将会给我国的生态环保工作以有益的启示。

1. 荷兰

荷兰政府为了保护生态环境而实施的环境保护税——环境税，对每种主要污染问题，例如空气、噪声和废弃物等征税，虽然环境税收入比重不高，但在小税种中名列前茅，而且增长很快。

燃料税：是对汽油、柴油、重油、液化气、煤炭等主要燃料征收的一种税。开征于1988年，目前此税的收入效果比较理想，是荷兰政府实施环境保护政策等主要资金来源。燃料税的纳税人为应税燃料的生产商和出口商。

燃料税实行定额税率，但定额每年略有变化，由政府每年根据环境部确定的环境保护目标所需资金数额来决定。

能源调节税：是对天然气和电力消耗所征收的一种税。纳税人为经营能源的企业。该税收可以通过减少其他税收方式，返还给家庭用户和企业。对天然气征税最大限度为1.7万立方米，其中每年有800立方米的免税折扣，应纳税的电力的最大限度为每年5万度，其中包括每年800度的免税折扣。

铀税：开征于1997年，是以铀为征税对象，以核能公司为纳税人，税率为每克铀缴纳31.95荷兰盾。

水污染纳税：是向地表水及水净化工厂直接或间接排放废弃物、污染物和有毒物质的任何单位与个人所征收的一种税。

废物税：是对废物处理所征收的税。纳税人为以获得废物并负责进行处理的企业的业主，这些企业都为经营填埋或焚化废物的企业。

垃圾税：是对家庭征收的一种为处理垃圾而筹集资金的税，以家庭为征收单位，人口少的可以得到一定的减免。荷兰还开征了政府垃圾收集税，根据每个家庭产生的垃圾数量来征收。

噪音税：是对民用飞机的使用者在特定地区产生噪音的行为征收的税。税基是噪音产生量。

超额粪便税：是对产生粪便的农场征收的税。税基是粪便的排放量，由农场饲养牲畜的数量，加上一些调整因素计算出来。

狗税：是为了限制城市饲养狗的数量，防止狗的粪便污染而开征的一种税。征税对象为各类狗犬，纳税人为养狗的家庭和个人。

2. 美国

美国的环境保护税主要包括四类：对损害臭氧层的化学药品征收的消费税；与汽车有关的税收；开采税和环境收入税。具体来说，对损害臭氧层的化学药品征税主要包括破坏臭氧层化学品生产税、破坏臭氧层化学品储存税、进口和使用破坏臭氧层化学品生产进行生产的生产税、危险化学品生产税和进口化学品税。仅此类税的征收对象就涉及100多种有害化学物质，其目的是消除氟里昂的排放。

与汽车有关的税收包括汽油税、轮胎税、汽车使用税、汽车销售税和进口原油税及其制品税等。汽油税最初并非作为环境税征收，但其实施对环境尤其是空气质量具有明显的改善作用。

开采税是对自然资源（主要是石油）的开采征收的一种消费税，目前已有38个州开征了此税。

据OECD的一份报告显示，对损害臭氧层的化学品征收的消费税大大减少了在泡沫制品中对氟里昂的作用；汽油税则鼓励了广大消费者使用节能型汽车，减少了汽车废弃物的排放；开采税通过抑制处于赢利边际上的资源开采活动，减少了约10%～15%的石油总产量。经过多年的努力，美国确实已经实现了环境状况的根本好转，环境质量明显提高，自然灾害发生率也有所降低。

3. 瑞典及其他一些国家的环境税

1991年瑞典进行了税制改革，改革中引入的环境税包括对矿物燃料征收二氧化碳税和对煤、石油和泥炭中的硫征收的税，两项税收均于1991年开始实施。另外，增值税扩大到影响能源税收的所有燃料。同时普通能源税减少50%，从1992年开始对大型火电厂排放的NOX征税。

目前许多OECD国家已开始或正考虑对农用化肥、杀虫剂、润滑剂、不能回收的容器、汞和镉电池、化学原料征税，例如奥地利征收的化肥税、比利时对剩余粪肥的征税。其他还有：丹麦对零售杀虫剂按20%的税率征税；芬兰于20世纪90年代先后引入磷肥税和氮税；意大利对生物不可降解的塑料包装袋征收100里拉的税；瑞典对环境有害的电池征收环境税等。可见，在有利于保护环境的税收政策的指导下，各国都采取了相应的税收措施。

4. OECD成员国在环境保护方面采取的具体税收做法

一是取消对某些农业、工业、能源以及公路运输补贴，这可以影响特殊能源或运输服务使用者的选择。因为取消这些补贴等于间接增加了使用成本，使用者就可能放弃使用，从而使环境质量得到改善。

二是取消了扭曲性税收条款。对环境造成不利影响的扭曲性税收条款主要有：雇主提供给雇员使用免费或低费停车场，而雇员享受的这部分实物却不包括在应纳税所得中；使用公司的汽车所获得的实物所得不视为应纳税所得；使用公共交通与私人汽车的成本在从应纳税所得中扣除时没有加以区别。OECD部分成员国对雇主补贴给雇员的交通费，无论是使用公共交通还是私人汽车，一律不征收所得税。现在，部分OECD成员国已经取消了这一税收条款。澳大利亚和美国规定，免费使用雇主提供的停车场应作为实物所得，属于应纳税所得；美国还规定，只有使用公共交通的费用才可以从应纳税所得中扣除。

三是许多国家采取调整现行税制的办法，以达到保护环境的目的。例如，OECD大多数成员国都对含铅汽油和无铅汽油适用低税率，以鼓励使用污染较少的汽车。能源是环境的主要污染源，由于OECD大多数成员国汽油价格中税收占的比重较高，所以有对其进行调整的可行性：即取消比例税率（每公升使用的税率），而根据汽油所含污染成分对其征收燃料税。

（三）环境保护税的设计与实施

1. 税基和课税环节

税基以及课税环节的设计取决于所要解决的问题是属于地方性的、区域性的还是全球性。从理论的角度来讲，所有同污染问题有关的排放都应该包括在税基中，一般来说有三种主张。

（1）以对生态环境破坏的排放量为环保税税基。这种理论具有一定优势。第一，税收能直接刺激增加防治破坏生态环境的设备，或改进生产工艺过程，以减少其废物的排放。若对企业的销售收入或利润征税，就达不到这一效果。第二，以排放量为税基，不会妨碍企业自由选择防治破坏生态环境的方法，每一个企业都可以随意选择最适合本企业的治污方式，实现减少排污量、减轻环保税负的目的。

（2）以破坏生态的企业的产量作为环保税税基。这种方法的主张者认为，污染物的排放量与市场产品或劳务总量之间存在着固定比例的正相关关系。污染企业要想减少污染物的排放量，必须首先降低其产品或劳务的产量。如果采用这种税基，破坏生态的企业只有降低其产量，才能减轻环保税负，而该企业本来完全可以选择其他更有效的方法达到同样的目的。可见，就整体的资源配置而言，这种税基选择可能导致效率损失以及阻碍生产的发展。

（3）以生产要素或消费品所包含的破坏生态的数量作为环保税税基。这种主张也可以说是对那些可能引起生态破坏的投入物征税。通过税收改变有害原材料的相对价格来刺激生产者在原材料中寻找替代品。但是这种税基选择必须以生产要素或消费品中所含的污染物成分与生态破坏量之间存在着因果关系为条件。可是在现实生活中，这种关系常有例外，而且，这种选择没有考虑到企业治理污染的能动性。谁使用了含有破坏生态的原材料，谁就要照章纳税，而不管其最终是否造成环境污染。显然，选择这种税基，既不合理又欠公平。

由以上分析可看出，只要破坏生态物质的排放量可以计量且计量成本不高，那么最适当的税基应是破坏生态物质的排放量。

目前世界各国的环境保护税，有不少以有害物质的排放量作为征税依据；但是基于上述实施范围的局限，也有另取其他标准的。例如，美国政府为了控制汽车尾气的排放，按照汽车性能的技术质量标准进行征税。凡是生产耗能高废气排放量大的汽车，就征较多的税。这样，一是有效地从源头控制污染排放量，二是避免环境控制对汽车生产量的限制，三是促进厂商研究开发低污染高效率的汽车，四是减少了污染量监测度量方面的困难和成本。

在对污染课税时，以污染排放量作为计税依据，要求政府建立有效的排放监控测量体系，在有些场合下，这种监测网络的形成相当困难，即使形成了，监测的成本非常高。从税收征集管理简便和效率的要求出发，选取生产方面的技术标准作为间接的税基，既便于捕捉污染源，又可以促进技术更新，更便于征集管理。

2. 税率设计

在理论上，为了使全部社会成本内在化，适宜的税率水平应该是能够使得污染削减的边际成本等于边际社会损害。环保税的税率确定，直接关系到环保税对破坏生态者的调节程度。在理论上，环保税税率的确定主要有两种方法。一种是使税率具有分配功能的确定方法，即税率的确定以计划实施成本为依据，使清除污染物的收支平衡。另一种是使税率具有刺激效果的确定方法，即税率的确定以消费者的边际成本为依据，使其边际成本等于税率。政府在具体确定环保税的税率时，应注意以下四个问题。

(1) 税率不能定得过高。对排污者征税，目的是减少它们的排污行为，使废物排放保持在自然环境能够净化的限度内，如果税率定得过高，有可能造成在抑制了社会生产活动的同时，导致社会为“过分”的清洁而付出过高的代价的现象。所以，最适环保税税率应等于最适资源配置（此时也是最适污染量水平）下，每单位污染物造成的边际损害值或边际污染成本。显然，基于上述标准，税率难以确定，但在从实际出发确定了环境质量标准之后，可以采用每种污染物的单位排放量的税额不断改变，直到确定出合适的（即能使污染量达到环境质量标准要求的）税率为止的方法。

(2) 税率不能高度统一。由于各地的气候条件、产业发展程度、人口密度状况以及对洁净环境的需求程度等因素的差异，同样的污染物或相同的污染量在不同的地区，其边际社会损害程度将有所不同，故不能在全国上下统一实行单一税率。最适环保税率应是根据每一种污染物排放量在各地对自然界污染程度的边界影响程度，设计差别税率。这样，既能使污染防治的总成本趋于最小化，又能促使企业在选择场址时，充分考虑生产活动对生态环境可能造成的不良影响。

(3) 税率不能固定不变。从长远来看，随着防治污染技术与方法的不断更新提高，环境整治的边界成本不断变化，环保税也应随之反复合理的调整，以便使防治污染的总成本在每一刻都能趋于最小化。所以，最适税率应是弹性税率。

(4) 税率应是定额税率。基于废物排放的特点以及税制的简化、便利原则，最适污染税率应是定额税率，即按照污染物排放的一定计量单位，规定固定的税额。

3. 征收管理及相关问题

（1）环境保护税是一种专门性目的税，其税收收入应当作为专用基金，严格实行专款专用制度，全部用于环境保护方面的开支。

（2）由于环境保护税的制度设计及征收管理涉及诸多环保科技问题，因而，在该税种的立法乃至征收管理过程中，税务部门应加强与环境保护部门的联系与协作。

（3）为避免纳税人和公众的误解，应在环境保护税税法中明确，对污染、破坏环境的行为，不以是否履行纳税义务作为判定其环保性的标准。对某些严重污染、破坏环境的违法行为，即使缴纳了环境保护税，政府和司法部门仍可依照法律或行政法规进行处理。

（四）我国环保税制的建立

作为运用经济手段保护环境的一项措施，我国从 1982 年开始向工业企业超标排放的废水、废气和废渣征收排污费。这一举措对于遏制环境污染确实起到了一定的作用。但由于其征收范围较窄，征收标准偏低，调控力度较弱，加之征收乏力，拖欠、拒缴现象严重，征收效果不够理想。针对这种状况，全国人大常委会于 2016 年 12 月 25 日对正式审议通过了《环境保护税法》，并于 2018 年 1 月 1 日起正式开征。征税范围具体如下。

（1）大气污染物。主要包括二氧化硫、氮氧化物、一氧化碳等 44 类污染物，税额为每污染当量 1.2 ~ 12 元。

（2）水污染物。水污染税的应税污染物包括第一类水污染物、第二类水污染物、pH 值、色度、大肠杆菌群数等。税额为每污染当量 1.4 ~ 14 元。

（3）固体废物。固体废物包括煤矸石、尾矿、危险废物、冶炼渣等，每吨应纳税额 5 ~ 1000 元不等。

（4）噪音税。按照分贝数不同，对于工业噪声实行多档次课税，税额 350 ~ 11200 元/月不等。

四、电子商务征税

所谓电子商务，从狭义上讲，是指在网上进行交易活动，包括通过互联网买卖商品和提供劳务。产品可以是实体化的（有形的），如汽车、电视等；也可以是数字化的（无形的），如新闻、软件等；还可以是各类劳务，如远程教育、安排旅游等。从广义上讲，还包括企业内部和企业间的商务活动，它是在网络环境下的商业化应用，不仅仅是软件和硬件的结合，更是把买家、卖家、厂商和合作伙伴放在互联网、企业内部网和企业外部网上进行业务活动。完整的电子商务一般包括商情沟通、资金支付和商品配送三个阶段，分别表现为信息流、资金流和物流的发出、传递和接收。

与传统的商务活动方式相比，电子商务具有以下几个特点。(1) 交易方式的“无纸化”和“无址化”。交易“无纸化”指所有账簿、凭证、合同等均可在计算机网络中以电子形式填制，电子凭证又可以被不留任何线索、痕迹的轻易修改；而“无址化”指企业和居民能够通过设立在服务器上的网址进行交易活动，而无须设立固定的经营场所，使得交易参与者具有隐匿性和高流动性。(2) 交易虚拟化。通过国际互联网所进行的贸易和服务，交易双方无须面对面就可以完成从磋商、签订合同到支付的全过程从而使整个交易过程完全虚拟化。(3) 交易成本低。由于买卖双方在网络上直接进行交易，并把商务活动转化为信息活动，信息交互更为快捷，从而减少中间环节，人员开支、生产成本、销售成本都大幅减少。(4) 交易效率高。电子商务使交易快捷、方便，瞬时间完成交易各方的复杂联系，把每项交易的有关环节整合在一起同时完成，克服了传统贸易方式费用高、易出错、处理速度慢等缺点，极大地缩短了交易时间，提高了交易效率。

(一) 电子商务对税收的影响

在全球范围内，电子商务的迅猛发展，不仅改变着传统的社会生产方式，而且对经济结构的调整产生了极为深刻的影响，并成为世界经济新的增长点。电子商务在改变传统贸易方式，给企业、消费者提供更多商机和便利的同时，也因其本身所具有的交易虚拟化、跨时空、高流动性的特点对现行税收制度、国际税收协定等产生了很大冲击。

1. 电子商务对增值税征税的影响

现行增值税通常是适用消费地原则征收的，但对电子商务而言，其最终消费地获取困难。另外，由于联机计算机的 IP 地址可以动态分配，同一台电脑可以同时拥有不同的网址，不同的电脑也可以拥有相同的网址，而且用户可利用 WWW 匿名电子信箱来掩藏身份。网上交易的电子化和网络银行的出现，使税务机关查清供货途径和货款来源更加困难，难以明确是征税还是免税，不仅导致按消费地原则征税难以判断，而且对税负公平原则造成极大影响。

2. 电子商务对所得税征税的影响

现行所得税税制着眼于有形商品的交易，对有形商品的销售、劳务的提供及无形资产的使用都做了区分并且规定了不同的课税规定。电子商务出现后，有形商品以数字化形式传输与复制，使得传统的有形商品和服务难以界定。电子商务中信息数据的销售业务（如电子书、软件、视频等）由于其具有易被复制和下载的特性，导致难以准确划分税目，税务机关难以通过现行税制确认一项所得究竟是销售货物所得、提供劳务所得还是特许权使用费所得，导致课税对象混乱和难以确认，不利于税务处理。

3. 电子商务对国际税收理论的影响

（1）常设机构的概念受到冲击。在国际税收中，现行的税法通常以外国企业是否在该国设有常设机构作为对非居民营业所得是否征税的依据。而在电子商务中，因特网不仅打破了空间界限，而且使得现行的固定营业场所的概念也变得模糊起来：商家只需要在互联网上拥有一个自己的网址、网页，即可向全世界推销其产品和服务，并不需要现行的常设机构作保障，因而也就没有了征税依据。

（2）引起了国际税收管辖权的冲突。现行的国际税收管辖权一般分为居民税收管辖权和所得来源税收管辖权。当存在国际双重或多重征税时，一般以所得来源国际税收管辖权优先。而在电子商务中，由于交易的数字化、虚拟化、隐匿化和支付方式的电子化，交易场所、产品和服务的提供和使用难以判断，使所得来源税收管辖权失效。而如果只片面地强调居民税收管辖权，则发展中国家作为电子商务产品和服务的输入国，其对来源于本国的外国企业所得税管辖权，将被削弱甚至完全丧失，由此导致的大量税收流失显然不利于发展中国家的经济发展和国际竞争。因此，对国际税收管辖权的重新确认已成为电子商务引发的重要税收问题，值得进一步深入研究。

（3）税收的国际协调面临挑战。电子商务的快速发展加大了商品、技术、服务在全球的流动，客观上要求各国在电子商务的征税问题上采取统一的步骤与策略，但各国现行的税收征管差异又使得税收的国际协调面临着巨大的挑战。

4. 电子商务对税收征管的影响

现行的税收征管制度是根据有形交易的特点，在长期征管实践中逐渐形成的，其主要内容包括税务登记，账簿、凭证管理，纳税申报，税款征收，税务稽查等方面。而电子商务与传统交易有着巨大的差异，因而现行征管制度的许多方面都不能适应电子商务税收征管的需要。

（1）网络空间的自由性使现行税务登记制度无法发挥作用。我国现行税务登记是以工商登记为基础，其目的是为了使税务机关及时、准确、全面地掌握本辖区内纳税户的总数及其行业分布情况，以便根据税源分布，合理配置征管力量、堵塞征管漏洞、避免税款流失。但互联网是一个来去自由的空间，企业只要交纳了注册费，就可以在网上从事有形商品的交易、也可以转让无形资产、提供各种劳务，这一切都使得税务机关想借助税务登记对纳税人进行控管的目的不易达到。

（2）电子商务的无纸化使税收征管和稽查失去了最直接的实物凭据。传统的税收征管和稽查是以纳税人的真实合同、账簿、发票、往来票据和单证为基础的，可通过对纸质凭证账册和各种报表的有效性、真实性、逻辑性和合法性的审核，达到征管和稽查的目的。而电子商务发生在虚拟的网络空间，传统的纸质凭证为无纸化的数字信息所取代，其传递交流的痕迹难以追踪，使税务机关对这些信息的来龙去脉无法追踪查询。依附于平台的电子商务，税务局可以从平台的税局库调取相关信息；但是，由于缺少相关法律保障和平台保护商业机密的考虑，税务机关很难获取相关信息。

（3）加密技术的日益提高使税务机关搜集资料的难度加大。随着计算机加密技术的发展，纳税人可以用超级密码、授权等多种保护方式来隐匿与交易和纳税有关的信息，税务机关既要严格执行法律对纳税人的知识产权和隐私权的保护规定，又要广泛搜集纳税人的交易资料，客观上加大了税收征管的难度。但如果强制要求纳税人交出“私人密钥”，又将与宪法规定的保护隐私权相悖。税务机关如何对网上交易进行监管以确保税收收入及时、足额入库是网上征税的又一难题。

（4）电子商务交易过程中中介作用的减弱对税收的代扣代缴制度产生影响。互联网为交易双方提供了全球范围的直接交流机会，削弱了商贸中介作用，从而使相对熟悉税收法规的中介人所具有的代扣代缴税款的作用被削弱。电子商务交易会对税收的代扣代缴制度产生影响，而税收的代扣代缴制度通常起着税收监控的的作用，这样必然会增加税收征管的复杂性和征管成本。

（5）电子商务中支付的瞬时性加大了税收征管和稽查的难度。电子商务的支付手段多数情况下为电子货币。电子货币在网络上的传输异常快捷，它通过网上银行可以从地球的一端瞬间传向另一端，非记账式的电子货币可以实现无名化交易，加上使用者的匿名方式，使税务机关难以把握销售数量、销售收入，交易主体所处的国家甚至交易本身，从而丧失对偷逃税行为的威慑作用。在传统税务稽查上，国内银行一直是税务机关获取纳税信息的重要来源。随着电子支付系统的完善，国内银行会不断在国际避税地开通网上联机银行业务，纳税人利用离岸金融机构通过电子货币避税甚至偷税就更为容易，而这时税务稽查的信息源位于境外，税务机关很难对有关交易进行监控，大大降低了税务稽查的力度。

（6）网上企业的增加和贸易额的扩大，使税款流失可能性增加。与传统贸易相比，由于网上贸易的交易方式更加快捷，交易成本更加低廉，越来越多的企业尤其是跨国公司搬迁到网上经营。网上贸易的迅猛发展，一方面带来传统贸易方式的交易数量减少，使现行税基受到侵蚀；另一方面由于网上贸易是个新生事物，致使税务机关来不及研究相应的征管政策，更没有系统的法律法规来规范和约束企业的网上贸易行为，造成“网络空间”上的“征税盲区”，可能导致应征税款的流失。

（7）电子商务的跨国界性使国际税收转移难以避免。对企业而言，它们会在低税负的国家或地区建立网站进行经营，以达到减轻税收负担的目的；对消费者而言，如果经济上合算和时间上允许的话，他们会尽量通过互联网从低税率的国家或地区购买商品，而回避从高税率国家或地区购买商品。企业和消费者在不同税率国家之间有选择的购销行为，将不可避免地带来税收转移。另外，网络贸易使大型跨国公司能轻易地在其内部进行转移定价，逃避税收求得利润最大化，甚至任意一家上网交易的国内企业都可以在免税国或低税国设立一个站点，并与他国企业进行商务活动，而国内企业将作为一个仓库或配送中心的角色出现。

但是，电子商务的发展对税收征管的影响是挑战与机遇并存的。随着电子商务和网络技术的发展，税务机关可以利用电子商务技术和网络技术收集更多的税收征管资料，掌握更多的征管信息源，为税收动态控管提供更多更为方便的途径。同时税务机关可以利用网络技术高效、便捷地传递税收信息，为纳税人提供方便的电子税务咨询、税法公告、电子申报、网上税款征收服务。从发展的眼光看，税务机关还可以利用互联网，实现税务内部以及与银行、财政、工商、海关、公安、企业等的联网，共享信息，形成严密、高效的协税护税网络。电子商务的发展有利于税务稽查的电子化、现代化、有利于实现计算机自动选案、查账、取证，提高稽查工作的效率和质量。总之，电子商务在税收管理领域的广泛应用，是突破传统征管模式，适应时代发展的必然趋势。

（二）国际社会对电子商务征税的研究

目前世界各国对电子商务税收问题的研究主要集中在三个方面。一是对电子商务要不要征税？二是怎样对电子商务征税？三是如何完善国内的税收体制，以便和电子商务的要求相适应？国际上对电子商务的征税问题存在三种不同观点。第一种观点认为电子商务形成了新的税收漏洞，成为一些人“合法”避税或逃税的渠道，政府对此应该制定政策，对电子商务进行征税，加强征管，堵塞网络交易中的税收漏洞。第二种观点认为，尽管电子商务发展很快但是仍是处于发展的初步阶段，现在提出对电子商务征税还为时尚早。第三种观点则是持两者之间的观点，认为电子商务是处于发展的初级阶段，应该扶持，但是其存在的避税和逃税问题也不可忽视，因此要制定的税收政策应是坚持税收中性原则，在不影响电子商务发展的前提下，制定相关税收政策，以免税收白白流失。由此可见，要不要对电子商务征税，各国的看法不一。不同国家的政府和不同的经济组织，出于自身的经济利益和对电子商务涉税问题的不同考虑，制定出各自的电子商务税收政策。

1. 国际社会税收理论界的设想

自从电子商务产生以来，就有人对此提出了多种征税方案。影响比较大的是（净）现金流量税方案和比特税方案。所谓（净）现金流量税是对网上交易的（净）资金流量征收比例税：比特税是对网上数据传输流量按照字节数课税。现金流量税额和比特税产生的依据是“消失的纳税人”的思路，因为在电子商务交易中很可能因为现行税制的无效，纳税人处于税收管辖的真空地带而不必纳税。从维护税收收入的角度来说，这两类新税的出现迎合了政府的需要，但是方案出台后遭到了很多国家的反对，又很快被放弃了。原因在于三个方面。

（1）实施新的税种代替目前的国际税收秩序需要在国际协调方面付出更多的努力，世界各国需要重新进行双边或多边税收谈判。

（2）电子商务的信息流和资金流是由不同性质的电子商务交易活动产生的，有的需要征税，有的需要免税。但是，如果按照统一的税率和计税依据进行征税，新税种很可能会与已有的国际税收原则发生冲突，很难做出符合税收公平和效率原则的税收安排；而且税收收入在信息或资金流出国和流入国之间分配时，以什么标准、用何种方式分配，也极易引起国家间的税收利益矛盾。

（3）新税种在处理国际互联网经济活动时会扭曲经济运行机制，因为电子商务产生的信息流和资金流有的是商务因素造成的，有的不是商务因素造成的，如果不加区别一律征税，会阻碍电子商务的迅速发展和普及应用。

总之，这两种税的上述缺陷表明了它们不是解决国际税收冲突的合理方案。此外，也有人提出了另一些征税方案，如适用商业活动地点和控制区作为计税的条件，根据人为规定的公式计算远程企业的纳税额、采用增值税方案等，但这些方案在实践中也不具有可操作性。尽管上述方案出于技术及政治上的原因，目前只限于理论上的假设，但它也为未来提供了一种思路，即随着电子商务的发展可能需要开征一些新的税种，改造和废除一些现行的税种，就如同历史上从农业社会过渡到工业社会一样，从长期来看税制进行转型是不可避免的，因为这一次电子商务的发展实际上信息技术革命的结果之一，从历史经验推测，信息社会和工业社会的税制不可能完全一样。

目前，由于上述新税种、新方案在解决电子商务税收问题时，无论在理论上还是在实践上均行不通，因此，国际社会在研究电子商务问题时又都把目光转回现行税收制度上。

2. 国际社会电子商务税收对策

（1）OECD。OECD 认为电子商务是 21 世纪最具有发展潜力的领域，税收当局应为电子商务潜力的实现提供制度保障，让电子商务在一个公平稳定的税收环境中成长。现行的税收原则将继续适用于电子商务课税，这些原则包括中性、效率、确实和简明、公平以及灵活原则；以现行税制适用电子商务交易，个别实行新税，包括“比特税”。对无形资产、特许权使用费、劳务、数字化产品等的收入性质加以明确区分，以便适用不同税率；保证消费税（流转税）应遵守消费地原则，对数字化产品应视为提供劳务课税，而不能作为销售商品课税：对从国外进口的劳务和数字产品采用“反向课税”机制，不由销售者代征代缴，而由购买者直接缴纳：网页、网站只由软件和数据构成，本身并不能构成一个“营业场所”；设于他国的电子商务设备满足固定性（在特定地点固定足够长的时间）要求，且从事的业务不局限于辅助性或准备性的活动，则可认定为常设机构，与是否有该国人员维护和运作无关。

（2）美国。自从电子商务产生以来，美国政府一直给予高度关注，欧盟、日本、加拿大、澳大利亚等国家也相继对电子商务予以高度重视，认为其是未来的主要贸易模式。

美国政府积极推动全球关于电子商务的法律问题的协调，指出美国对于法律问题的总的原则是：“不能假设在过去 60 年中为电信、无线广播、电视而建立起来的法律框架适用于互联网。只有在广泛共识的基础上，为达到某种重要目标，法规的颁布才成为必要的手段。可能妨碍电子商务的现行法律、法规应作复审修订或撤销，以适应电子时代。”[①] 按照此基调，美国政府提出了一些短期内的税收原则，如鼓励电子商务发展，保证税收不能对它的发展形成障碍；对电子商务采取非歧视措施，不单独开征新税，在税收上保持它与传统贸易的中性原则。

（3）欧盟及其他国家。欧盟基本上同意美国与 OECD 提出的原则，但是理解上却有差别，如欧盟反对对电子商务不征收增值税，提出要将现行的税制应用到电子商务的原则，并正在探讨如何对电子商务征收增值税的办法。

---

① 美国政府《全球电子商务框架》，1997 年 7 月 1 日。

目前，发展中国家的电子商务交易正在飞速发展，电子商务交易也使现行税制面临严重挑战；然而至今发展中国家对电子交易如何征税大都未做出法律决定，主要原因是此项征税的问题集中于跨国交易，涉及税收利益的国际分配，在国际间对此征税未达成共识。

（三）我国电子商务税收对策

1. 以现有税制为基础，不单独开征新税

电子商务与传统贸易并无本质上的区别，因此对它征税应以现行税制为基础，并针对电子商务的特点，对现行税制进行必要的修改和补充，重新界定一些概念范畴，来处理电子商务引发的税收问题，而不是设计新税种。这样才不会产生财政风险，造成新的税负不公。如果我们现在对网上信息交流征收比特税之类的新税，显然是不合时宜的。我们的着眼点应该放在大力加强网络基础设施建设，制定发展中国电子商务的切实可行的战略规划。

2. 实施扶植型的电子商务税收政策

现在全球经济一体化，世界各国尤其是发达国家都在加大投资力度，加快信息产业和电子商务的建设，以更多地争夺这个市场，因此我国需要更快地发展信息产业和电子商务，需要国家制定一系列鼓励的相关政策，以扶持我国电子商务的发展尽快赶上世界的水平，使之不仅能够占领我国的市场，而且能够参与国际竞争，争取更多的国际市场份额。制定税收扶植政策，一方面可吸引知识型企业合法经营，如实正常申报纳税，将其纳入规范化管理的轨道，减少偷逃税现象的发生；另一方面给税务部门留一定的时间和空间，去研究高科技税收对策。同时，应制定相应法律，对电子商务的偷逃税行为给予高额罚款，依法取缔其经营权等惩罚性措施，震慑高科技手段的犯罪行为。

3. 开发网上征税软件

（1）对从事电子商务的纳税人在其网上交易系统内部嵌入经税务机关认可的网上征税软件，以便纳税人在从事网上交易的同时知道应纳税额，在网上交易成交时将应纳税额和交易金额一并结算。这种征税软件应有交易信息记录和反馈功能，可以记录交易的全过程和所有表单、数据并且可以实时或定期将记录数据传回税务机关。

（2）对网上金融业务银行，也可在其金融业务平台上嵌入电子征税软件，对申请网上转账的每一笔交易自动进行税务审查，按交易类别计税并将税额转入税务机关账户，将交易信息和数据存入数据库且可以让税务机关据此进行税务稽查，从网上资金流入手监控电子商务交易额。

（3）开发电子商务税务巡查软件，安装在各个网络节点的服务器上，加强对网络服务商的管理，以监控电子商务的全过程。重点对网上转账是否同时纳税进行检查，对偷逃税行为的详细信息自动记录下来并把相关检查数据传回税务机关。

4. 强化对电子商务的税务稽查

(1) 要研究设计一套计算机税收监控系统，这套系统应当具备以下功能：一是有着强大的数据搜集整理和存储功能，能自动搜集纳税人的信息资料、并按照税务稽查的需要进行归类整理和储存；二是能对纳税人的情况特征进行描述，能根据纳税人的纳税资料对纳税人进行信誉等级评级；三是能侦测应申报纳税而未申报纳税的纳税人、能锁定偷逃应纳税额的纳税人；四是其他税务稽查需要的功能。

(2) 对电子商务稽查的重点应当放在纳税人隐匿交易、修改电子数据等方面。要根据纳税人的纳税记录和信誉等级，对重点户进行随时的、经常性的稽查；要通过电子商务结算中心、网上银行等支付体系发现纳税人交易的线索，跟踪隐匿交易情况；要通过核实纳税人备份的合同和扣缴税款的情况，获取纳税人不如实申报纳税的事实和证据；要对纳税人的电子数据进行经常性的核实审查，发现其修改电子数据的情况；也可以在有关部门的配合下进行网上巡查，随机检查纳税人的财务状况，获取未知的交易情况。

(3) 要提高税务稽查部门的装备水平和技术标准，使其稽查的装备和技术不低于电子商务发展的技术水平。

5. 建立和完善电子商务的法律、法规

随着电子商务的发展，需要制定和补充修改电子商务法律法规，以便规范电子商务的操作。

(1) 完善金融和商贸立法。一是要制定电子货币法，规范电子货币的流通过程和国际金融结算的规程，为电子支付系统提供相应的法规保障；二是要提供电子商务交易行为的统一规范，协调国际金融、商贸有关法律法规的差异，防止发达国家凭借经济和技术优势制定事实上的不平等条约，侵害其他国家的利益。

(2) 完善电信立法。目前国内真正意义上的电信管理立法较少，存在着垄断和政府管理过紧倾向，这必将阻碍电子商务的发展。因此必须加强电信方面的立法，防止垄断性的经营，制定合理的价格政策，促进新技术的开发和利用，为电信业和电子商务的发展创造一个良好的市场环境。

(3) 制定电子交易条例，为电子商务行为提供有效的法律保障。如中国香港颁布了《电子交易条例》确立电子凭证的合法地位，要求保留电子交易记录，对提供电子交易服务、认证的核证中心的审批、基本业务规程及运作方式等做了明确规定。

（4）开展计算机和网络安全方面的立法，以保证电子商务活动的安全。这是网上交易最为复杂的问题。

6. 加强国际税收协调与合作

电子商务的发展加快了世界经济全球化、一体化的进程，显著提高了一国税收政策的选择对世界各国的影响力。我国参与国际税收协调与合作，应以维护国家税收主权以及促进网络贸易和电子商务发展为前提；协调与合作范围不仅包括关税、所得税、消除贸易壁垒、对跨国所得的避免重复征税以及联合打击跨国偷逃税行为等方面，而且应寻求在总体税制上包括税收原则、立法、征管、稽查等诸方面的国际协调一致。电子商务的高流动性、隐匿性削弱了税务机关获取交易信息的能力，同时也引发诸多国际税收方面的问题。国内税务机关要经常同外国税务机关互换税收情报和相互协助监控，深入了解纳税人的境内和境外信息，以避免大规模的偷漏税行为发生。

7. 建立一支熟悉电子商务的税务队伍

要加强电子商务的税收管理，就要培养一批既精通经济税收专业知识，又精通电子商务管理的复合型高素质人才。例如，日本东京于2000 年2 月成立电子商务税收稽查队，其工作是首先通过调查摸底对涉及电子商务交易的纳税人进行认定，以确定稽查工作范围；其次对网络服务供应者，经营电子货币、电子证券的购物中心、商店或企业进行反复审计，从而搜集其他电子交易纳税人的信息；再者是开展现场稽查。目前，该稽查队已积累了一些经验，而且可以运用种种高新技术进行实地稽查。在我国电子商务税收政策大致明朗后，也应考虑尽早组建一支电子化的税务队伍，联合工商、海关、银行等部门，选择条件较为成熟的领域作试点，从技术角度探索电子商务征税的解决方案，对电子商务交易如何进行跟踪、监管、征税等问题进行分析和研究。

电子商务蓬勃发展，对国家乃至社会经济结构产生了极为深刻的影响，税收作为政府机器的经济基础必然要适应这一发展趋势，迎接数字化时代带来的新的挑战与机遇。

第十三章　国际税收理论

税收是具有法律强制性的一种无偿课征。它是一国政府凭借其政治权力，同其管辖范围内的纳税人之间所发生的征纳关系。这种征纳关系，既包括本国政府与本国纳税人之间的征纳关系，也包括本国政府与外国纳税人之间的征纳关系。

国际税收就是指两个或两个以上国家政府，在对跨国纳税人进行分别课税而形成的征纳关系中，所发生的国家之间的税收分配关系。从这一概念可以看出，国际税收不能脱离国家税收而单独存在，也不能离开跨国纳税人这个关键因素，其实质是国家之间的税收分配关系。

第一节　税收管辖权与国际重复征税

国际重复征税问题是国际税收产生的根源与研究的核心，它与有关国家的税收管辖权紧密联系在一起，构成了国际税收的主要研究内容。

一、税收管辖权及其确立原则

国际税收的种种问题都是与有关国家的税收管辖权密切相关的。研究税收管辖权问题是处理国际间税收问题的重要前提。

税收管辖权是指国家在税收领域中的主权，是一国政府行使主权征税所拥有的管理权力。到目前为止，世界上还没有任何一个国际公约对各个主权国家的税收管辖权加以任何的约束，甚至所有国家的宪法也没有对政府的税收管辖权施加任何的限制。任何主权国家的税收管辖权都是独立自主的，纳税人、税种和税率等都由各国政府根据本国国情并参照国际惯例自行规定，任何外力都不得干涉和控制。正是由于世界各国都拥有不受外来干涉和控制的税收管辖权，各国政府都可以按本国的需要制定本国的税法，因而有关国家的涉外税收部分就难免会发生冲突，并在国际税收关系上引起不协调。这也是必须研究税收管辖权的重要原因。

随着国际间公民往来和经济贸易往来日益增多，从国际经济活动中取得收入的人及其收入的来源也越来越复杂，因此，如何确定税收管辖权就成为当今国际税收的又一重要理论问题。税收是国家凭借其政治权力征收的，这一本质特征决定了一个国家行使其课税主权的权力不能超越这个国家政治权力所能达到的范围。也就是说，税收管辖权要受国家政治权力所能达到的范围所制约。一个主权国家的政治权力所能达到的范围（即政治管辖范围），主要包括两个方面：一方面，从地域的概念来说，它包括该国领土疆界范围内的全部空间；另一方面，从人的概念来说，它包括该国所有的公民或居民（包括自然人和法人）。那么，选择这两种不同概念作为一国行使其课税权力所遵循的指导思想准则，就有了属地主义原则与属人主义原则之分。

（一）属地主义原则与收入来源地管辖权

属地主义原则是以纳税人的收入来源地或经济活动所在地为标准，确定国家行使税收管辖权范围的一种原则，也称属地主义或属地原则。它是由领土（或领域）最高管辖权引申出来的，是各国行使管辖权的最基本原则。

根据国际法的要求，任何一个国家对在其所属疆界范围内的人、物、行为或发生的事件，都有权按各自的法律和政策实行管辖。因而，按照属地主义原则，一国政府在行使课税权力时，必须受这个国家的领土疆界范围所制约。这个范围包括该国的领土、领海和领空以及船舶、飞机等，其中领土是指陆地；领海是指沿国家海岸，受国家主权支配和管理下的一定宽度的海水带；领空则是指领土和领海的上空。根据属地主义原则，一国政府只能对在上述范围内发生的所得或经济行为行使其课税权力，即只对纳税人来自本国境内的收入或在本国境内从事的经济活动依照本国税法规定征税，而对其来自国外的收入则不予征税。一般国家对间接税采取属地主义原则，对于所得税则有所不同，对居民纳税人采取属人主义，对非居民纳税人采取属地主义。

收入来源地管辖权是按照属地主义原则确立的税收管辖权，即一国政府只对来自或被认为是来自本国境内的所得拥有征税权力，也称地域管辖权。

在实行收入来源地管辖权的国家，所考虑的不是收入者的居住地或纳税人的身份，而是其收入的来源地，即以纳税人的收入来源地为依据，确定征税与否。因此，有“从源课税”之说。一般它只对跨国纳税人来自本国境内的收入或在本国境内从事经济活动，不分本国人或外国人，一概行使税收管辖权，依照本国税法规定全部予以征税；而对于跨国纳税人来源于境外的收入，不论其所在国家是否征税，都不在本国税收管辖权力范围之内，即对其来自本国境外的收入不征税。由于这一税收管辖权既体现了国际间经济利益分配的合理性，又体现了税务行政管理的方便性，故已得到世界各国公认，并被普遍采用。

(二) 属人主义原则与居民管辖权、公民管辖权

属人主义原则是以纳税人的国籍和住所为标准，确定国家行使税收管辖权范围的一种原则，也称属人主义或属人原则。遵照这一原则，一国政府在行使课税权力时，必须受人的概念范围所制约，即只对该国的居民或公民(包括自然人和法人) 取得的所得行使课税权力。属人主义通常适用于直接税类的所得税、遗产税等。

居民管辖权是按照属人主义原则确立的税收管辖权，一国政府对于本国居民的全部所得拥有征税权，也称居住管辖权。

一个国家行使居民管辖权，所考虑的已不再是收入或所得的来源地，而是纳税人的居民身份。它是以纳税人是否居住在本国并拥有居民身份为依据，确定对其是否行使课税权力及征税范围。一般来说，凡是本国的居民(包括自然人和法人)，不论其收入或所得包括多少种类，也不管其所得或收入是来自本国还是外国，本国政府都有权对其来自世界各地的全部所得进行征税。即使其居民在本国无所得而仅在其他国家取得所得，但只要是本国居民，本国政府就有权对之征税。因为收入来源地管辖权虽被认为是较合适的、优先的税收管辖权，但并非是唯一的税收管辖权。收入来源地国家不能独占对跨国纳税人的征税权力，税收利益应当在有关的收入来源国和居住国之间进行合理的分享，所以，居住国政府并不放弃对属于本国居民在其他国家取得收入或所得的征税权力，而对外国居民来源于本国境内的所得并不注重。因此，如果跨国纳税人，不论是自然人还是法人，只要是某个国家的居民，这个国家就有权对其来自国内和国外的一切所得征税。

此外，公民管辖权也是按照属人主义原则确立的税收管辖权，一国政府对于本国公民来自国内和国外的全部所得都拥有征税权。一个国家在行使公民管辖权时，所考虑的只是纳税人的公民身份，而不问其居住在何国。它是以纳税人是否具有本国公民身份为依据，确定对其是否行使课税权力及征税范围。一般来说，凡是本国的公民，不论其居住在哪国，本国政府都有权对其来自世界范围内的全部所得进行征税；但如果这个纳税人不具有本国公民身份，则本国政府就不能对其行使公民管辖权。

在税收管辖权中，各国因认识上的差异而有不同选择。几乎所有的国家都按属地主义原则实行了收入来源地管辖权，即都在收入来源基础上“从源征税”。因此，各国对收入来源地管辖权的认识比较一致，要求跨国纳税人对“经济税收事项的发生地”所在国承担有限的纳税义务。但同时多数

国家的税收制度，又都是按照属地主义原则和属人主义原则兼用，确认收入来源地管辖权和居民管辖权，即在“从源征税”的同时，还着眼于纳税人的“居民身份”，要求跨国纳税人对其居住国承担无限的或全面的纳税义务。

二、国际重复征税产生的原因

国际重复征税是指两个或两个以上国家对跨国纳税人的同一征税对象或税源进行分别课税所形成的交叉重叠征税。这种重叠征税，一般情况下都是两重的，即两个国家对跨国纳税人的同一征税对象进行的重复征税，所以，人们一般把这种重复征税统称为国际双重征税。

国际上之所以会产生国际重复征税问题，是由两个或两个以上国家税收管辖权的交叉重叠所直接导致的。国际重复征税问题产生的直接原因在于两个或两个以上国家税收管辖权的交叉重叠，其在本质上反映了国家之间的利益之争。

产生国际重复征税的前提条件是纳税人在其居住国或国籍国以外的其他国家获取收入，以及各国普遍征收所得税。也就是说，跨国纳税人和跨国征税对象（即跨国所得和跨国一般财产价值）以及各国所得税制度的建立，是产生国际重复征税问题的重要前提。显而易见，对于只在居住国或国籍国境内销售产品、进行投资或者从事其他营业的自然人或法人，其所得只需要向其居住国或国籍国纳税，因而不会引起国际间重复征税的问题。同样，如果各国的所得税制度没有建立（即不征所得税），则也很难使国际重复征税问题现实地产生出来。

由于世界各国行使税收管辖权所采用的原则不同，既可以对跨国纳税人发生在本国境内的所得按照属地主义原则行使收入来源地管辖权，也可以对本国居民跨国纳税人来源于国内和国外的全部所得按照属人主义原则行使居民管辖权，这就不可避免地造成有关国家对同一跨国纳税人的同一笔跨国所得在税收管辖权上的交叉重叠或冲突，从而产生国际重复征税问题。如果世界各国对于跨国所得的征税全部一致实行收入来源地管辖权，一律从源课税，一般也就不会出现征税权的交叉重叠或冲突，因而也就不会产生国际重复征税问题。同样，如果世界各国一致实行居民管辖权，只要纳税人的居民身份归属问题能够解决，即使纳税人的收入来自许多国家，也不会出现有关国家税收管辖权重叠的现象，因而不会产生国际重复征税问题。然而现实情况并非如此简单。世界上绝大多数国家都同时实行收入来源地管辖权和居民管辖权，这样，对于同一跨国纳税人的同一笔跨国所得（如甲国的居民在乙国取得的收入），在收入来源地国家（乙国）根据收入来源地管辖权对这一收入征了所得税，到了纳税人的居住国（甲国）又要对这同一笔收入行使居民管辖权再征一次所得税，从而产生了同一跨国纳税人的同一项跨国所得在两个国家双重征税的问题。

由于跨越国境取得收入的情况不可避免，各种税收管辖权将长期共存，特别是在大多数国家都同时行使两种基本的税收管辖权的情况下，国际重复征税问题也会普遍或长期存在。

从本质上来看，国际重复征税问题反映了国家之间的利益之争。国际间的重复征税不仅直接影响到跨国纳税人的利益，更为重要的是，其对所涉及国家的国际经济活动也带来极大影响，有关国家的财权利益也会因此受到重要的影响。因此，国际重复征税问题实质上是国家利益之争在税收领域的一种反映。

既然对跨国所得和跨国一般财产价值同时行使收入来源地管辖权和居民管辖权是引起国际重复征税的主要原因，那么，为了在各国政府之间确立一种合理的税收分配关系，合理税收负担，充分运用国际资金，合理利用国际资源，发展国际经济，如何依据利益对等原则处理国际重复征税问题，也就成为国际税收的一个重要理论问题。

三、国际重复征税问题的处理

随着科学技术的不断发展进步，国际经济活动也在不断地相互渗透和相互依赖，这就使解决国际间的重复征税问题显得更为迫切和更加必要。国际重复征税问题不仅不利于国际商品、劳务、人才、技术和资金的正常流动，而且也不利于国际专业化劳动分工和社会资源的有效利用，影响投资环境，从而不利于各国经济的发展。随着世界新技术革命的出现和世界经济的发展，解决或处理国际重复征税问题对于世界经济的发展越来越为关键。

一般而言，国际间解决国际重复征税问题往往通过两条途径：一是通过本国国内税法的规定，采用主动限制本国行使税收管辖权，单方面处理国际重复征税问题的方法；二是通过两个或两个以上国家政府间签订税收协定或条约的做法，使协定中的一些具体规定在这些国家之间得到贯彻，达到解决国际重复征税问题的目的。从发展趋势看，多数国家将会逐渐采用或选择第二种途径来解决重复征税的问题。

在各国的涉外税法和国际税收协定中，处理国际重复征税问题所采用的具体方法主要有免税法和抵免法两种，其中抵免法是普遍采用的办法。在运用抵免法的过程中，为了鼓励国际投资，有时也往往增加一项税收饶让的内容，作为抵免法的内容附加。这种情况通常见于发达国家与发展中国家签订的税收协定之中。此外，有些国家还选择了扣除法和低税法试图来解决国际重复征税问题，在一定程度上缓和了国际重复征税的矛盾。

（一）免税法

免税法亦称“豁免法”，是指居住国政府对其居民来源于非居住国的所得额，在一定条件下放弃行使居民管辖权，免予征税。这种方法是以承认收入来源地管辖权的独占地位为前提的。承认收入来源地管辖权的独占地位，意味着居住国政府完全放弃对其居民来自国外的所得的征税权力，而将这种权力无条件地留给这笔所得的来源国政府。

（二）扣除法

扣除法亦称“列支法”，即居住国政府对其居民取得的国内外所得汇总征税时，允许居民将其向外国政府缴纳的所得税作为费用在应税所得中予以扣除，就扣除后的余额计算征税。这种方法实际上就是居住国政府将其居民的国外所得的税后收益并入该居民的国内所得内一起征税。如前所述，国际重复征税是指对跨国所得的重复征税而言，它是由居住国政府和非居住国（来源国）政府同时对某一笔跨国所得行使不同的税收管辖权而引起的。至于其他像对流转额的征税和对具体财产的征税，一般就不会发生国际重复征税的问题。况且各国政府对于纳税人缴纳的属于除所得税以外的销售税、财产税等各种正常的税款，本来就是作为一个扣除项目，允许从其应税收入中扣除计税的，就像其他费用支出都可以作为毛收入的一个扣除项目减除计税一样，并不发生重复征税问题。既然如此，那又为何要把单独只对外国所得税的扣除算作处理国际重复征税问题的一种方法呢？而且，从所得税应属利润分配范围、特准列为应税所得的一个扣除项目这个角度来看，跨国纳税人也并不能由此而享有从应纳居住国政府所得税中全部扣除已纳非居住国政府所得税的权利，重复征税问题仍然不能因此而得到真正解决。

（三）低税法

低税法则是居住国政府对其居民国外来源的所得，采用单独制定较低的税率征收标准，以减少重复征税的因素。低税法只能在一定程度上降低重复征税的数额，即在某种程度上缓和了实际重复征税的矛盾，但不能根本解决重复征税问题。只有当居住国政府对其居民来源于国外的所得规定的低税率趋于零时，重复征税问题才趋于基本解决。正因为如此，单独采用低税方法的国家也很少，只是一些国家在采用抵免法的同时，对重复征税问题灵活处理的一种方式。如新加坡规定，对本国居民来自英联邦成员国的所得已缴纳的所得税，提供税收抵免待遇，而对来自英联邦成员国以外的非缔约国家的所得，则实行降低税率的办法。此外，新加坡还对其居民在国外设立永久性贸易公司的营业收益，给予两年减征所得税 40% 的待遇。

(四) 抵免法

众所周知，一个跨国纳税人如果不承认收入来源地管辖权，不向外国（非居住国）政府纳税，就不能取得在外国从事营业或经济活动的权利，也就不可能在外国取得收入或所得，从而也就不可能存在承认哪种税收管辖权优先的问题。因此，国际上多数国家都承认收入来源地管辖权的优先地位，并通过承认收入来源地管辖权的优先地位来解决重复征税问题，这种做法在国际税收术语上被称为“抵免方法”或“税收抵免”。所以说，外国税收抵免是以承认收入来源地管辖权优先地位为前提条件的，而不是独占的。也就是说，对跨国纳税人的同一笔所得，来源国政府可以对其征税，居住国政府也可以对之征税。但是，来源国政府可以先于居住国政府行使税收管辖权，即在形成这笔所得的时候，就予以课税，而后，在这笔所得汇回其国内时，居住国政府方可对之课税，并采取抵免的方法来解决双重征税问题。

税收抵免是指居住国政府对其居民在国外取得的所得已纳外国政府的所得税，允许从其应汇总缴纳的本国政府所得税款中抵扣。也就是说，居住国政府对其居民取得的国内外所得汇总征税时，允许居民将其国外所得部分已纳税款从中扣减。税收抵免方法是解决国际重复征税问题的有效方法，所以这种方法在国际上广为通行。由于外国税收抵免方法涉及面广，对不同经济关系的公司、企业、个人等的不同所得可以有不同的处理方式，因而在计算上显得较为复杂。在实际应用中，抵免方法又可分为直接抵免和间接抵免两种方法。

1. 直接抵免

直接抵免是指居住国政府对其居民纳税人在非居住国直接缴纳的所得税款，允许冲抵其应缴本国政府的所得税款。可见，直接抵免是一种适用于同一经济实体的跨国纳税人的税收抵免方法。其基本特征在于允许抵免的外国税收必须是跨国纳税人直接向非居住国缴纳的所得税，非直接缴纳的所得税款则不能直接冲抵居住国应纳所得税款。

2. 间接抵免

间接抵免适用于跨国母子公司之间的税收抵免。对于居住国母公司的外国子公司所缴纳的外国政府所得税，由于子公司与母公司分别属于两个不同的经济实体，所以这部分外国所得税不能视同母公司直接缴纳，不可以从母公司应缴居住国政府所得税中直接抵免，而只能给予间接抵免。因此，间接抵免是对跨国纳税人在非居住国非直接缴纳的税款，允许部分冲抵其居住国纳税义务。间接抵免是引申于直接抵免，其基本含义在于：允许抵免的外国税收可以是跨国纳税人非直接向国外缴纳的税收。其实质是专门适用于跨国母子公司之间的抵免。当母公司收到国外子公司的股息收入时，就可使用间接抵免方法进行税收抵免。这是因为，跨国母子公司以及多层母子公司是当今跨国公司的重要组织形式，而子公司属于独立经济实体，它与母公司之间是一种间接投资的关系，在法律上是两个不同的经济组织，因而在税收上构成了两个不同的纳税主体。承认收入来源地管辖权的优先地位，在计算母公司应缴居住国政府所得税时，不能把外国子公司的所得全部并入母公司所得进行计征。同样，这部分子公司所得所缴纳的外国政府所得税也不能全部视同母公司直接缴纳，不能给予直接抵免。但是，子公司在国外缴纳的所得税款却直接影响母公司的应得股息。母公司对子公司投资，并从子公司税后利润中分得投资所得——股息。为避免对这种有关联但又并非同一经济实体的跨国母子公司的国际重复征税，母公司所在国就得实行间接抵免方法。因为母公司收到的股息只是子公司所得税后余额的一部分，无法确切或直接知道这部分股息已经负担了多少所得税，以及原所得额（即税前所得）为多少，必须通过推算才能知道。所以，居住国政府对其母公司从国外子公司处取得的股息汇总计征所得税时，只能用母公司取得的子公司股息的相应利润（即还原出来的那部分子公司税前所得），作为母公司来自国外子公司的所得，并入母公司总所得内进行征税。允许抵免的税额，也只能是这部分股息所应分摊的那部分子公司所得税额。

由此可见，间接抵免就是居住国政府对其母公司来自外国子公司股息的相应利润所缴纳的外国政府所得税，允许母公司在应缴本国政府的公司所得税内进行抵免。其基本特征是外国税收只能部分地、间接地冲抵居住国应纳税款。

3. 抵免限额

为了维护居住国的税收权益，对居民纳税人来自多国所得并承担多国税负的，更有必要规定抵免限额。这种限额就是居住国政府允许其居民纳税人抵免国外已纳所得税款的最高额，它是以不超过国外应税所得额按照本国税法的规定计算的应缴税额为限度。在此限度内，跨国纳税人在国外的已纳税款可全额抵免，超过此限度，则只能按此限额抵免。

4. 税收饶让

同税收抵免方法有密切联系的另一个问题就是税收饶让问题。它是税收抵免方法的延伸和扩展，其理论意义和实践作用均已超出处理国际重复征税问题的范围，而与保障各国税收优惠措施的效果有着极为密切的联系，在促进国际经济交往与发展方面发挥着越来越重要的作用，同时也越来越为绝大多数国家所重视。

税收饶让也称饶让抵免或虚拟抵免、虚税实扣，其含义是居住国政府对其居民在国外得到减免税优惠的那一部分所得税，视同已经缴纳，同样给予税收抵免待遇，不再按居住国税法规定的税率予以补征。它是配合税收抵免的一种特殊方式，是税收抵免内容的附加。税收饶让多发生在发展中国家与发达国家之间。通常是发达国家不仅对于跨国纳税人已向发展中国家缴纳的所得税款给予抵免，同时也对发展中国家为鼓励外国投资而制定的税收优惠或鼓励措施所减免的税款给予抵免。对于发展中国家来说，其为了鼓励外国投资，吸引外资和先进技术，给予外国投资者的税收减免优惠，就必须要求投资者居住国政府给予税收饶让抵免。严格说来，税收饶让是一种独特的鼓励投资的优惠政策措施。当然，这种税收饶让优惠措施的实行，通常需要通过有关国家间签订税收协定的方式予以确定，且只有在采用外国税收抵免方法下才有必要考虑。

第二节　国际避税与反避税

任何事物都有正反两个方面，国际税收负担也不例外。作为国际重复征税问题的对立面，国际避税问题同样也是一种普遍而有趣的社会经济现象，它是商品经济发展到一定阶段的必然产物。随着社会经济的高度发展，经济活动和政府行为要求商品生产者依据一定准则和规则从事生产经营活动，而这些规则和准则又很不完善，难以防止和杜绝生产经营者避开这些规则和要求的管制和约束，从而使其能够躲避各种应尽义务和承担的法律责任。

一、国际避税的产生

国际避税是避税活动在国际范围内的延伸和发展，是跨国纳税人利用各国税法规定的差别和漏洞，以种种公开的合法手段减轻国际税负的行为。它与跨国纳税人采取种种隐蔽的非法手段进行的国际逃税（偷、漏税）活动性质明显不同。

避税作为一种普遍的经济现象，是经济活动主体（纳税人）利用税法规定的缺陷和漏洞所引起的。一方面，国际投资者在进行国际投资的可行性研究或选择最优投资方案时，总是要把有关国家政府所得税负的大小作为确定其资本投向何国的一个重要因素；另一方面，对于国际投资者的跨国投资经营活动，各国政府也多半是给予某些特殊税收优惠待遇的，因而各国在征税范围、税率高低以及征管水平上的差异，就有可能为国际投资者进行国际性的避税提供可乘之机，使跨国纳税人拥有选择纳税的条件和机会，从而实现跨国避税。

现代经济生活中，特别是在国际经济活动中，避税问题，尤其是国际避税问题，已成为一个十分普遍的问题。特别是在第二次世界大战以后，跨国公司的大量兴起和迅猛发展，国际避税活动更为活跃，手段也更加复杂，问题日益突出。避税之所以能够广泛产生并在世界范围内得到迅猛地发展，其原因不外乎有其内在动机和外部条件两个方面，即国际避税存在主客观两方面的原因。

（一）跨国纳税人追逐最大利润是产生国际避税的内在动机

从主观上说，利润最大化是所有从事生产、经营、投资活动的纳税人都追求的共同目标，跨国纳税人更是如此。通常情况下，即在所得一定的情况下，纳税越少，获利越多；所以跨国纳税人企图通过减轻纳税义务来尽可能地增加其税后利润，这已成为实现其经营战略目标的一个重要方面。而减轻纳税义务的方式很多，包括隐蔽式的非法偷税、逃税和公开式的避税。但是，如果跨国纳税人以偷税、逃税的方式来减轻税负，不免会遭致有关国家政府当局的严厉打击，使其声誉扫地、钱财受损，结果得不偿失。因此，许多跨国纳税人都不愿以这种风险太大的方式来减轻税负，而乐意以避税的方式来实现这一目标，因为避税既不违反税法规定，不致遭到法律的严厉打击，又可获额外收益。为此，跨国纳税人必须运用精心策划的各种方法和手段进行国际避税。所以说，国际避税产生的内在动机，或者说是主观原因，就在于从事生产、经营、投资活动的跨国纳税人追逐最大限度的利润，它们中的绝大多数人都有躲避纳税义务的愿望和要求，即多数跨国纳税人都想通过一定方式和手段达到少纳税或不纳税的目的，进而实现最大限度的财务利益。

（二）各国税收制度的差别和缺陷是产生国际避税的外部条件

从客观上说，造成避税的外部（客观）条件，或者说致使避税成功的客观原因，主要是税法及有关法律方面的不完善、不健全及各种法律和规章制度中的缺陷和漏洞。也就是说，当税法等规定纰漏过多或不够严密时，纳税人主观避税愿望就有可能通过对这些税法不足之处的利用而得以实现。在国际税收领域里，这些漏洞和缺陷主要包括国家与国家之间税收制度的差异以及由此而引起的税收负担轻重的差别，例如纳税义务确定标准的差异、税率高低的差异、税基宽窄的差异、避免重复征税方法的差异、税收管理水平的差异等。这些差别客观上为跨国纳税人进行国际避税创造了前提条件。在现代国际社会中，由于国家之间很难在税法及税收制度上实行完全一致的内容和标准，从而使跨国纳税人拥有选择纳税的条件和机会。当国内税负标准高于有关国家税负标准时，跨国纳税人就会利用这些差异设法回避国内纳税义务，而当有关国家税负标准高于本国税负标准时，跨国纳税人又会采取截然相反的措施。总之，跨国纳税人一旦拥有选择纳税的权利和机会，它就会采取避重就轻的纳税抉择。

二、国际避税的基本手段与方式

在国际经济活动中，国际避税的表现形式多种多样，跨国纳税人利用各国税收的差异进行避税的手法更是形形色色、变化多异。它们可以通过迁出、虚假迁出或不迁出高税国，进行人员流动，以避免税收管辖，实现国际避税；通过把资金、货物或劳务转移或不转移出高税国，进行课税客体的流动，以实现国际避税；利用有关国家或国际税收协定关于避免国际重复征税的方法进行避税；利用国际避税地进行避税；等等。在这些千差万别的国际避税手段中，跨国纳税人经常运用的手段就是“转移”和“控制”。

（一）转移手段

转移手段的核心问题，就是设法将公司的财产和所得转移到税收待遇尽可能符合自己需要的地方去，其重要表现形式是转让定价。当然，在某些情况下，财产和所得的转移并不绝对与避税有关，而是与企业的经营管理活动发生联系，如为把赚到的钱汇回母国，要逃避所在国的外汇管制，仍需运用转移手段。同时，各国税务当局在某些情况下也认为公司内部关联各方的交易价格是正常且合法的，但前提条件是交易价格的确定必须以独立核算原则为标准。

（二）控制手段

跨国纳税人还可运用控制手段，在国外设立控股公司、国外子公司和分支机构，并通过对这些经济组织的操纵和控制，进行有利于避税的活动安排。如尽量减少国内对营业利润或投资所得的征税；在所得总量不变的情况下尽量扩大外国来源所得，从而可以获得较多的外国税收抵免限额；尽量减少国外营业利润或投资所得的征税；等等。这些避税活动常与税收协定和避税港发生联系。

转移手段和控制手段是相互联系的，彼此没有绝对的独立界限。在某些情况下，转移手段之所以能实现，往往有赖于控制手段的作用，而运用控制手段的目的，又通常是为转移手段的顺利实现提供前提条件。两大手段的共同作用，都是为实现国际避税目的而服务的。

在现实生活中，跨国纳税人在相互使用上述基本手段进行国际避税时所表现出来的形式或方式多种多样。其主要方式有：采取人员流动避税，通过资金或货物流动避税，不合理保留利润避税，利用避税地避税，利用转让定价避税等。其中利用转让定价进行避税是最主要的方式。

转让定价是指有联属关系的企业法人之间，在相互举借贷款、销售商品、提供劳务和转让无形资产等经济往来中所制定的价格，也称划拨定价。通常情况下，这种内部交易定价不同于一般市场价格。当然，这并不等于所有内部转移交易的作价全都不同于一般的市场价格。

企业、经济实体之间进行的交易活动大致可以分为两类：一类是没有联属关系和经济利益联系的经济实体之间的交易买卖；一类是有经济利益联系或联属关系的经济实体之间的交易买卖。在无联属关系的企业（非企业家族成员单位）之间进行交易时，依据的是买方的兴趣、需要、意愿、购买能力及市场供求状况等。由于买卖双方无联属关系，均属独立利益单位，其间交易并无利益纠葛，交易价格也遵从市场竞争原则，收入和费用分配必须合理，这些企业均以单个企业的利益得失，处理其间的日常交易和其他经济往来，任何一方都很难在这类交易活动中的作价方面做文章，因而试图在这类交易活动中以转让定价方式避税是不可能的。而有联属关系（企业家族成员单位）和经济利益联系的企业经济实体，特别是跨国公司集团，往往受同一利益主体（集团）支配，其间交易有利益瓜葛。它们通常按照其专业分工和协作等方面的要求，在某个国家设立总机构或总部，在其他国家设立分支机构或子公司，实行全球性经营战略，以获得最佳经济效益。它们在对外交易往来时，由于是同非关联的独立企业之间进行的，因而自然会采取正常交易价格。但在其内部或在相互之间经常发生的大量转让交易的价格政策上，它们往往采取与传统市场价格不同的“内部转让价格”，即为确保双方或各方乃至整个集团利益的最大化而在其内部私下确定的价格，如产品价格、劳务价格、贷款利息、租金费、支付方式等。这种交易价格有时可能高于成本，有时可能低于成本，甚至与成本毫无必然联系。联属企业从整个集团的利益出发，处理其间日常交易和其他经济往来，特别是跨国联属企业可利用各国税率等差异，通过转让定价方式在国际间转移应税所得以图避税。

国际关联企业的转让定价往往受跨国企业集团利益的支配，不易受市场一般供求关系的约束，对商品和劳务内部交易往来采取与独立企业之间的正常交易价格不同的计价标准。这样就有可能人为地扭曲收入和费用在有关国家之间的分配，实现所得的转移，导致关联企业的各个利润中心账册上所反映的“会计所得”与按照各个所在国税法计算出来的“计税所得”严重偏离。它们往往通过从高税国向低税国或避税地以较低的内部转让定价销售商品和分配费用，或者从低税国或避税地向高税国以较高的内部转让定价销售商品和分配费用，使国际关联企业的整体税收负担减轻。

由此可见，关联企业特别是国际关联企业之间，商品和劳务内部交易的定价，不仅直接影响收入与费用的跨国分配，而且还会严重损害有关国家的税收权益，导致国家之间税收分配关系的矛盾。“利往低处流”、“费往高处走”、“税往低处流”是转让定价的一般规律。

三、国际反避税

随着国际经济的不断发展，以及跨国公司的大量出现，国家之间的税收问题已越来越为各国政府、经济界、企业界等方面所高度重视。一方面，各国政府为了促进国际经济、贸易、技术和文化的合作与交流，鼓励对外投资经营或引进外资和先进技术，采取一系列有效措施来避免或消除国际重复征税，使跨国纳税人的税收负担公平合理。另一方面，国际经济活动中存在的大量的避税等问题也困扰着各国政府。近几十年来，避税活动十分频繁，手法、花样不断翻新，规模有增无减，特别是形形色色的避税港的存在，更是肥沃了避税土壤，使避税活动沃野千里。纳税人广泛利用各国税收的差别、漏洞以及避税港，把资金、财产和业务经营所得大量地从高税率国家转移到低税率国家或避税港去，以最大限度地减轻其税收负担，这种情况必然会造成竞争条件和税收负担的不公平，引起资本的不正常流动，并对有关国家的财权利益产生不利影响。近年来比较热门的税基侵蚀和利润转移（Base Erosion and Profit Shifting，BEPS）就是跨国企业利用国际税收规则存在的不足，以及各国税制差异和征管漏洞，最大限度地减少其全球总体的税负，甚至达到双重不征税的效果，造成对各国税基的侵蚀。所以，避税问题已日益为各国政府所密切注视。许多国家纷纷采取对策，不断总结经验，通过完善税收立法和加强征收管理等单边反避税措施，以及加强双边或多边反避税措施，来阻止纳税人进行避税活动。BEPS 多边公约是第一个在全球范围内就跨境所得税收政策进行多边协调的法律文件，有利于促进主要经济体之间协调一致，开展务实高效合作，构建公平和现代化的国际税收体系，促进世界经济包容性增长。我国于 2017 年 6 月 7 日签署了该公约。

在长期的税收实践工作中，国际社会已逐渐形成了一套值得借鉴的反避税措施，其重点一是运用法律手段，在立法和执法上狠下功夫；二是扩大和加强政府间的双边合作，酝酿和探索在更大的国际范围内进行反避税多边合作。

（一）完善税收立法

由于避税是纳税人利用了有关国家的税收差别和税收漏洞与缺陷，或钻税法空子，它并不违法。所以，要防范避税，必须首先完善税收法规，特别是要制定反避税措施或法规。许多国家制定了防范避税的单边措施，试图通过诉诸新的立法和完善税收法规的途径来改变不利的局面。如各国政府制定的单边反避税措施中一般都规定纳税人对与纳税义务相关的事实负有某种报告义务；将税务诉讼中的举证责任转移给纳税人；制定反避税条款等。

（二）加强税务管理与国际合作

反避税法的实施以及国际避税的防范，必须依靠有效的税务行政管理和国家政府间的密切配合。许多国家在制定单边反避税措施的同时，还特别注重税务行政管理的加强和双边或多边反避税措施的完善。这些国家正在通过提高税务人员素质，建立一支训练有素、经验丰富的税务干部队伍，实现征管手段现代化，加强凭证账册管理，进行税收调查与税务审计，以及争取银行的合作等措施，来加强税务行政管理，如美国、德国、法国、英国、日本、加拿大、澳大利亚等国都已开始行动起来。同时，通过加强政府间的双边合作和开展更广泛的国际多边合作，来完善双边或多边反避税措施。

（三）转让定价的税务处理

利用转让定价转移利润是关联企业纳税人（特别是跨国公司）从事避税活动最常见的手段之一，它严重地影响了国家的税收权益。因此，许多国家为了防止和纠正关联企业内部采用转让定价手段对收入和费用进行不合理的分配，维护国家的税收权益，制定或正在努力探索转让定价税收制度。不过，对转让定价实施税务处理，建立转让定价税制，通常需要国家政府间的配合，甚至要通过国家政府间的协商，达成协议，即通过税收协定的方式加以实施。

综上所述，国际社会针对跨国纳税人的避税活动，已经行动起来，采取了一系列的防范措施。应当指出的是，上述各种国际反避税措施虽然可以从不同角度起到防范作用，但是，并不能完全消除国际避税，有时甚至收效不大。其原因主要有三方面。（1）国际避税对各国造成的财政利益损失不平衡，有些国家或地区还可能因此而获得好处，因而各国对反避税的态度不尽一致。（2）反避税的国际合作目前主要采取双边形式，而世界上还无任何一国同所有国家均签订双边税收协定，这就使得跨国纳税人绕过协定签订国而避税成为可能。即使是多边税收协定，也仅限于某一国际性或区域性组织内部，仍然存在避税孔隙。（3）有些反避税条款在原则确定与运用上存在距离，实践中难以贯彻。因此，如何防范国际避税，改善征纳关系，处理国家之间的税收分配关系，推动国际经济向前发展，仍然是世界各国迫切需要研究和解决的重要课题。

第三节 国际税收协定

一国政府对跨国纳税人的跨国所得或收益进行征税，将会涉及与其他有关国家政府之间的税收分配关系。对于这种税收关系，在有关主权国家之间经济往来不多的情况下，可以由其根据各自的经济和税收状况，参照其他国家的做法，分别做出单方面的处理。但是，如果有关主权国家之间的经济交往比较频繁，涉及的国际税收问题较多，那么，仍旧采取单方面的处理方法，显然已不再适应客观情况的需要，甚至还可能因彼此对税收分配关系处理得不够协调，以致阻碍相互间的经济交往的进一步发展。因此，通过缔结国际税收协定的办法来求得解决就显得十分必要和迫切。

一、国际税收协定及其分类

国际税收协定是指两个或两个以上的主权国家为了协调相互间在处理跨国纳税人征税事务和其他有关方面的税收关系，本着对等原则，经由政府谈判所签订的一种书面协议或条约，亦称“国际税收条约”。税收协定既是国际税收理论的全面概括与最终应用，也是国际税收实践的最高成果。

国际税收协定是适应国际经济技术合作与交流需要的产物，它的产生已有一个半世纪多的历史，并从单项到综合，从双边向多边，从随机性到模式化逐步演进。

19 世纪初，在欧洲较早出现了一种以关税为主要内容的国际税务协定。20 世纪以来，出现了以所得税和一般财产税为中心的全面性国际税收协定。经济合作与发展组织于 1963 年制定公布、并于 1977 年修订发表了《关于对所得和资本避免双重征税的协定范本》，联合国税收协定专家小组也于 1968 年制定，并于 1979 年公布了《关于发达国家与发展中国家间避免双重征税的协定范本》。按照参加缔约国家的多少，国际税收协定可划分为：由两个国家参加缔结的双边税收协定和由 3 个或 3 个以上国家参加缔结的多边税收协定。国际税收协定的主要形式是双边税收协定，其缔约的国家从发达国家之间发展到发达国家与发展中国家之间以及发展中国家之间。到 2017 年，各国签订的各种双边税收协定的数目已超过 3 000 个。多边税收协定是在双边税收协定基础上发展起来的，也是国际经济高度发展的结果；但由于涉及国家较多，涉及范围较广，协调起来较为困难，因而直到现在缔结的多边税收协定还不多。主要有 1971 年的《印第安集团内避免双重征税的协定》，1972 年的北欧五国签订的《税务行政协助的协定》，1975 年欧共体与非洲、加勒比海和太平洋地区发展中国家签订的《洛美协定》，1983 年丹麦、法罗群岛、芬兰、冰岛、挪威、瑞典等国家和地区签订的《关于对所得及财产避免双重征税的北欧多边协定》，1992 年匈牙利、意大利、塞尔维亚、奥地利、罗马尼亚、克罗地亚和斯洛文尼亚王国签订的《东南欧多边双重税收征税协定》，1994 年加勒比共同体国家中的 11 个国家签订的《加勒比共同体所得税税收协定》，2005 年玻利维亚、哥伦比亚、厄瓜多尔和秘鲁签订的《安第斯所得税税收协定公约》，2013 年 8 月 27 日中国加入的由 OECD 和欧洲委员会共同发起制定的《多边税收征管互助公约》等。

国际税收协定亦可按其涉及范围的大小分为：缔约各方所签订的处理相互间某一特定税收关系或问题的特定税收协定，和缔约各方所签订的广泛涉及处理相互间各种税收关系的一般税收协定。

特定税收协定亦称“单项税收协定”，如缔约国之间关于税收关系原则的协定；关于避免海运和空运双重征税的协定；关于避免遗产税双重征税的协定；关于社会保险税双重征税的协定；关于国家间领地税收仲裁协定等。

一般税收协定也称“综合税收协定”或“全面税收协定”，它是在单项税收协定的基础上逐步发展起来的。早在 20 世纪初期，综合税收协定主要用于协调缔约国之间边界地区居民的税收制度，如法国与卢森堡 1906 年签订的税收协定。后来，随着国际经济交往的迅速发展和对居民征税的增加，综合税收协定发展到包括缔约国之间所有有关各种所得税和一般财产税的国际税收问题在内的国际税收协定。

二、国际税收协定的任务和作用

国际税收协定所要解决的主要问题，一是要处理国家之间的双重征税问题，这也是国际税收协定的基本任务，各类协定的主要条款内容，都是围绕解决这一问题而订立的，即通过采取一定的措施（如免税法、抵免法等）来有效地处理对跨国所得和一般财产价值的双重征税问题；二是要实行平等负担的原则，取消税收差别待遇；三是要互相交换情报，防止或减少国际间的偷、漏税。

国际税收协定是各国处理相互税收关系的实践总结。它体现了主权国家之间的相互尊重和平等协商，并赋予跨国纳税人以履行跨国纳税义务的安全保障，有利于解决有关国家之间财权利益矛盾，促进国际经济技术的合作与交流，防止跨国纳税人利用跨国条件进行国际避税。

自国际税收协定产生以来，在国际上影响最大的《经济合作与发展组织范本》和《联合国范本》确实起到了国际税收协定的样板作用，绝大多数国家对外谈签国际税收协定都是以这两个范本为依据的。

三、国际税收协定的内容

（一）协定适用范围

国际税收协定必须首先明确其适用范围，包括缔约国双方或各方的人和税种的范围，这是协定执行的前提条件。鉴于世界上绝大多数国家按照属人主义所确立的税收管辖权都是采取户籍标准，因此，国际税收协定都把适用的纳税人限制在缔约国一方或同时为双方居民这个范围以内。如果缔约国一方的居民同时也是第三国的居民，例如，一家在甲国注册的企业将实际管理机构设在丙国，则该企业就不适用甲乙两国签订的税收协定，而应适用乙丙两国的税收协定。但对于少数仍采取国籍标准的国家，一般可以在协定或协定的议定书中声明，保留行使其公民管辖权。在这种情况下，即使在甲国注册的企业将实际管理机构设在丙国，该企业仍有可能适用甲乙两国税收协定的部分条款。

对于协定适用税种的范围，税收协定通常都限于能够足以引起缔约国各方税收管辖权交叉的，属于所得税或一般财产税类的税种。只要属于这两类税种，并不论课税主权是缔约国各方的中央政府还是地方政府；也不论其征收方式是源泉课征还是综合课征，都可按照协定的有关条款执行。但为明确起见，协定对税种的适用范围，除上述的原则性条款外，还要列出缔约国各方国内税法规定现行征收的有关所得税和一般财产税的各税种。

（二）基本用语的定义

对于在税收协定各条款中经常出现的基本用语的定义，必须经过缔约国各方协议，在协定内容中引入专门条款加以明确，以保证对协定的正确理解和执行。这些基本用语主要用“人、公司、缔约国一方企业、缔约国另一方企业、国际运输、主管当局”以及“居民”、“常设机构”等，对未下定义的用语，则按各国税法的规定解释。

（三）对所得和财产的课税

根据各类所得和一般财产价值的不同性质，对缔约国各方行使居民管辖权和来源地管辖权的范围分别做出对等的约束性规定，是国际税收协定的主要内容之一。

通常只有对所得和一般财产价值的征税才会引起国际重复征税问题。但是，由于所得和一般财产价值的种类繁杂，特别是各国对所得的理解不同，对每一种所得征税的办法也不尽一致。所以，各缔约国在协定中必须明确各方都认可的所得的概念以及各类所得的内容和范围，避免在执行协定时发生争议。在国际税收协定中，国际认可的所得主要有经营所得、劳务所得、投资所得和财产所得等四大类，其中经营所得（营业利润）是税收协定处理重复征税问题的重点项目，所以，一般在协定中单独规定对常设机构营业利润的归属问题，确定哪些营业利润可以归属常设机构，哪些利润应归属于总机构。

由于双重征税主要是由各国政府同时行使居民（公民）和来源地管辖权引起的，所以，为避免国际双重征税，必须在协定中明确各缔约国行使税收管辖权的范围，以协调缔约国之间的税收管辖权。一是要从地理和人员概念上明确各缔约国行使税收管辖权的领域范围，一般明确为缔约国各方有效行使其税收法令的所有领域。二是协定中也要确认在上述范围内，对哪些所得允许优先行使来源地管辖权，对哪些所得限制行使来源地管辖权等问题。

（四）避免双重征税的方法

国际双重征税的免除，是签订国际税收协定的重要内容，也是国际税收协定的首要任务。缔约国各方对避免或免除国际双重征税所采取的方法和条件，以及同意给予饶让抵免的范围和程度，都必须在协定内容中明确规定，而不论缔约国各方在其国内税法中有无免除重复征税方法的规定。一般的方法有免税法、抵免法等，使用哪种方法要在协定中明确，并保持双方协调一致。

（五）税收无差别待遇

税收无差别待遇是税收协定内容中特别规定的一项。根据平等互利原则，在缔约国的国内税收上，一方应保障另一方国民享受到与本国国民相同的待遇，包括国籍无差别、常设机构无差别、支付无差别、资本无差别等待遇。税收无差别待遇反对任何形式的税收歧视，它是谈签税收协定所要达到的目标之一，也是处理国际间税务关系的一项重要原则。

（六）防止国际偷、漏税和国际避税

避免或防止国际间的偷税、逃税和避税，是国际税收协定的主要内容之一。其采取的措施主要有情报交换和转让定价。

相互交换税收情报，包括交换为实施协定所需情报，与协定有关税种的国内法律资料，防止税收欺诈、偷、漏税以及反国际避税的情报等。这是绝大多数国家之间签订税收协定中的一项特别规定条款，对于防止国际避税和逃税具有十分重要的意义，许多国家的税务当局把它看作是“协定中的协定”。就情报交换方式而言，分日常情报交换与专门情报交换两种。日常交换是缔约国各方定期交换从事国际经济活动的纳税人的收入和经济往来资料。通过这种情报交换，缔约国各方可以了解跨国纳税人在收入和经济往来方面的变化，以正确核定应税所得。专门交换是由缔约国一方提出需要调查核实的内容，由另一方帮助调查核实。

为了防止和限制国际逃避税收，缔约国各方必须密切配合、协调一致，并在协定中确定各方都同意的转让定价方法，一般都规定关联企业之间的转让定价以当地市场价格为标准，以避免跨国纳税人以价格的方式转移利润、逃避税收。

此外，在税收协定内容中，还有相互协商以解决协定实施中的疑义，相互给予对方外交官以应有的财政特权，以及协定生效和终止日期等特别规定和最后规定。

四、我国对外谈签税收协定的原则

我国政府同外国政府缔结全面性的避免双重征税协定工作是自 1978 年我国实行对外开放政策以后才开始的。1978 年以前，我国与其他国家一般只是通过税收换文或在某些经济活动的协定中写上税收条款，达到对某项特定经济活动的收入或所得实行税收互免的目的。1978 年以后，我国对外缔结双边税收协定的工作，是从签订单项税收协定开始的。最早签订的单项税收协定是 1979 年 1 月 23 日在巴黎签订的《中华人民共和国政府和法兰西共和国政府关于互免航空运输企业税捐的协定》。为了适应对外开放，引进外资和先进技术，以及对外发展经济合作的需要，更好地维护国家主权和经济利益，从 1981 年起，我国对外开始进行缔结对所得（有的还包括对财产）避免双重征税和防止偷、漏税的全面性税收协定的谈判工作。最早签订的全面性税收协定是 1983 年 9 月 6 日在北京签订的《中华人民共和国政府和日本国政府关于对所得避免双重征税和防止偷、漏税的协定》。经过 20 多年的努力，如今，我国已先后同日本、美国、法国、英国、比利时、德国、马来西亚、挪威、丹麦、新加坡、芬兰、加拿大、瑞典、新西兰、泰国、意大利、荷兰、捷克和斯洛伐克、波兰、澳大利亚、南斯拉夫、保加利亚、巴基斯坦、科威特、瑞士、塞浦路斯、西班牙、罗马尼亚、奥地利、巴西、蒙古、匈牙利、马耳他、阿拉伯联合酋长国、卢森堡、韩国、俄罗斯、巴布亚新几内亚、印度、毛里求斯、克罗地亚、白俄罗斯、斯洛文尼亚、以色列、越南、土耳其、乌克兰、亚美尼亚、牙买加、冰岛、立陶宛、拉脱维亚、乌兹别克斯坦、孟加拉国、苏丹、马其顿、埃及、葡萄牙、爱沙尼亚、老挝、塞舌尔、菲律宾、爱尔兰、南非、巴巴多斯、摩尔多瓦、卡塔尔国、古巴、委内瑞拉、尼泊尔、哈萨克斯坦、印度尼西亚、阿曼、尼日利亚、突尼斯、伊朗、巴林、希腊、吉尔吉斯、摩洛哥、斯里兰卡、特立尼达和多巴哥、阿尔巴尼亚、文莱、阿塞拜疆、格鲁吉亚、墨西哥等一百多个国家正式签署了避免双重征税协定。随着我国对外开放的不断深入和社会主义市场经济的发展，我国还将陆续同其他国家缔结全面性的双边税收协定。

我国对外谈签税收协定是完善对外开放有关经济法规的一个重要方面，究竟应本着什么原则和指导思想对外谈签协定，从客观上要取决于我国的对外开放大政方针和政策。众所周知，我国是在独立自主、平等互利的原则下，积极利用外资，开展对外经济合作的，因此，在对外谈签税收协定工作中，既要有利于维护我国的经济权益，又要有利于吸引外资，引进先进技术，有利于本国企业走向世界。在此基础上，我国在实践中注重研究借鉴国际间的一些通常做法，结合双方国家经济发展和税制状况，认真坚持了以下原则。

（一）坚持平等互利和对等协商的原则

独立自主，平等互利的原则，是所有国家或国际经济组织处理相互间国际经济关系都应当遵循的基本原则。就国家间的税收关系而言，它要求有关国家都处于完全平等的地位，相互对等，反对一方只享有权利，另一方只负有义务；也反对一国强加于另一国以某些不平等的条款。在签订税收协定过程中，要切实保证各方都有实际的经济利益，真正做到各方都有利可得，而不能只利于己、不利于人，或只利于人、不利于己。同时，也应当要求各方利益相当，不能益损悬殊。协定中所有条款规定都要体现对等，对缔约国双方具有同等约束力。我国在对外签订的税收协定中，本着平等互利的精神，要求承认双方国家都拥有征税权，反对仅由一方独占征税权，既维护我国的税收权益，又充分考虑对方国家的税收利益。

（二）坚持收入来源国优先征税的原则

即从我国对外交往多处于资本输入国地位出发，坚持和维护收入来源地国家的优先征税权。我国是一个发展中国家，正处在大量吸引外资和引进技术的过程中。特别是与发达国家的经济交往，在相当一个时期内，主要是外商来华投资和提供劳务，其所得大多来自我国境内，坚持收入来源国优先征税的原则，能够在合理合法的基础上充分保障我国的税收权益。

（三）坚持税收饶让的原则

即坚持对方国家对我国的减免税优惠要视同已征税额给予抵免，以便使我国的税收优惠措施切实有效。我国政府在配合吸引外资和引进技术的工作中，采取了大量的税收优惠政策。为了让投资者从我国的税收优惠措施和签订税收协定实行限制税率征税中得到实惠，切实起到鼓励投资的积极作用，避免形成国库收入的转移，在对外谈签税收协定的实际工作中，我国把税收饶让列入协定。除了美国等少数国家以外，一般都不同程度地列入了协定，有些协定还成为发达国家单方面承担的协定义务。

五、税收协定的执行和管理

国际税收协定是以国家间税收管辖关系为主要调整对象的法律规范。税收协定在正式签订生效之后，就是缔约国双方认真贯彻执行和加强管理的问题了。税收协定同任何法律一样，都是国家意志的体现。只不过国家间的税收协定不只是单方面的国家意志，而是缔约国双方的国家意志。因此，税收协定具有足够的法律效力，对缔约国双方国家既有约束力也有强制力。

同涉外税收法规一样，如果仅有法规，而无一定的贯彻法规的征管程序和措施，则法规也难以得到很好的贯彻落实。我国对外签订的一百多个税收协定是我国对外开放政策的一个重要组成部分，必须认真贯彻执行。但是，如果对税收协定不注意建立执行协定的基本程序和有关的管理制度，那么要执行好协定也只是一句空话。建立执行协定的程序和制度，重点应是如何认定居民的身份问题，只有解决好这个问题，才能谈得上协定条款的执行。而居民身份的认定又是双方面的，一方面是对外国个人、外国企业以及其他经济组织取得来源于我国的所得，我国如何识别其是否为对方国家居民和能否享受税收协定待遇；另一方面是对我国个人、企业以及其他经济组织取得来源于其他国家的所得，我国如何证明其身份以督促对方国家给予其税收协定的待遇。

（一）执行税收协定的法律问题

按照国际惯例，税收协定在执行中可以超越国内税法，但不能代替国内税法，两者之间是彼此联系和相互补充的关系。税收协定通常只是做出某些原则规定，这就需要有国内税法的具体规定相配合才能贯彻执行。特别是在税收协定的实际执行中会有一些问题需要具体地加以明确，这些问题都需要通过国内税收法规加以补充，使税收协定的原则规定具体化，否则就很难保障税收协定能够准确而有效地贯彻执行。因此，在税收协定的执行和管理过程中，必须认真处理好税收协定与国内税法的关系，重点要注意以下几个方面的问题：对税收协定所确定的原则和所做出的规定，缔约国应当严格遵守，不能用国内税法的规定加以改变或否定，不能以本国法律规定为由拒绝履行缔约国本身所应承担的涉外义务；税收协定不能干预缔约国制定、补充和修改国内税法，但是缔约国双方主管当局应将各自税法做出的实质变动，按照税收协定的规定通知对方；处理税收协定与国内税法不相一致的问题时，税收协定应处于优先地位，以不违反协定的规定为准；在遇到双方国家的民法和商法相互冲突或不一致的问题时，应当考虑并注意解决好适用对方国家法律的必要性与可能性的问题；对执行协定所发生的困难和疑义，缔约国主管当局之间应当直接联系或进行磋商，以便尽快解决问题；税收协定以居民为适用人的范围，只有为缔约国居民的人才能享受税收协定的待遇等。

（二）税收协定的适用范围

参照国际通常作法，我国对外税收协定的适用范围是从两个方面限定的。一是适用于人的范围，限于缔约国居民。对居民的认定，原则上遵从缔约国的法律规定。除了税收无差别待遇、税收情报交换和政府职员等个别条款以外，不是缔约国居民的人，不能享受协定待遇。判定法人居民的标准，我国以注册地或实际管理机构所在地为准。二是适用的税种，主要是所得税。由于我国还没有实行全面性的财产税制，所以列入协定的税种是企业所得税和个人所得税，没有列入财产税；但并不排除对方国家开征有财产税并对其居民境外财产征税的情况下，列入财产税为协定的适用税种。在我国对外签订的税收协定中，大部分协定的税种范围只包括所得税，只有中德协定等少数协定中包括财产税。

此外，我国在对外签订税收协定涉及地理概念时，一般都明确是指实施税收法律的所有领土，包括领海，以及根据国际法，拥有勘探和开发海底、底土资源以及海底以上水域资源的主权权利的领海以外的区域。我国对外签订的税收协定，不适用于我国的香港、澳门地区，即便是收回主权，也不会自动适用。

（三）外国居民享受税收协定待遇的程序规则

如上所述，税收协定适用于缔约国一方或者同时为双方居民的人。所以，能够享受中外税收协定待遇者，应为我国居民和缔约国对方的居民。外国居民在我国享受协定待遇，一般多体现在投资所得的降低税率征税照顾上。当外国居民在取得来源于我国境内的股息、利息和特许权使用费等投资所得时，即可按规定向我国申请享受税收协定待遇。因此，我国税务机关首先面临的问题是认定纳税人是否为对方国家居民。

按照我国税收行政法规的规定，对于在实际执行中如何认定纳税人是否为对方国家居民的问题，一般对于公司、企业和其他经济组织判断其是否为对方国家居民，可以暂凭其办理税务登记时所填报的企业总机构或实际管理机构和办理工商登记时由该企业所在国的有关当局出具的法人证书（副本）等进行判断。对来华从事工作、提供劳务的外籍人员，判定其是否属于协定对方国家的居民，可以区别情况处理。（1）由其自报在对方国家的住所或居所，受雇或从事业务的情况及其所负的纳税义务，并相应查阅交验其所持有关本人身份的证件、护照和派其来华的公司企业等单位所开具的证明。根据自报和验证情况进行判断，一般可暂予承认，再视需要，有选择、有重点地进行查证或通过情报交换进行了解。（2）对个别情况不清，或者来自第三国或本身为第三国人，确实无从判断，而又需要享受协定待遇的，可以要求其提供对方国家税务当局开具的负有居民纳税义务的证明；不能提供证明的，不得享受协定待遇。（3）对同时为缔约国双方居民的个人，在我国对外所签订的税收协定中，有的列有判断归属于哪一方居民的规则；有的只明确缔约国双方主管当局应当通过协商，确定该人为本协定中缔约国一方的居民。在执行税收协定的实际工作中，如遇有同时为双方居民的个人，缔约国双方都要对该个人的境内境外所得进行征税时，应将该个人的职业、住所或居所，以及其在对方国家所负纳税义务等详细情况上报国家税务总局，以便由国家税务总局按照税收协定的规定与对方国家主管当局进行协商解决。

（四）我国居民享受税收协定待遇的有关事项

对我国个人、企业以及其他经济组织取得来源于中国境外的投资所得，如果所得来源国已与我国签订避免双重征税协定，需要在对方国家申请享受税收协定待遇，且对方税务当局索取居民证明时，可由我国个人、企业等所在地的市县级及其以上税务机关签署填发“中国居民身份证明”，以便我国居民在对方国家享受有关税收协定的待遇。该证明共有3项，申请者应逐项填写；一式两份，一份交纳税人（申请证明者），一份由当地税务机关留存备查。

主要参考文献

[1] 郝如玉，曹静韬. 当代税收理论研究［M］. 北京，中国财政经济出版社，2008.

[2] 黄桦主编. 税收学（第三版）［M］. 北京：中国人民大学出版社，2014.

[3] 王雍君. 公共经济学（第二版）［M］. 北京：高等教育出版社，2016.

[4] 大卫·李嘉图. 郭大力，王亚南译. 经济学及赋税之原理［M］. 上海：上海社会科学院出版社，2016.

[5] 唐腾翔. 比较税制［M］. 北京：中国财政经济出版社，1990.

[6] 李炳军. 中国居民赴俄罗斯投资税收指南［M］. 北京：中国税务出版社，2016.

[7] 中华人民共和国商务部，中华人民共和国国家统计局，国家外汇管理局. 2016 年度中国对外直接投资统计公报［M］. 北京：中国统计出版社，2017.

[8] 威廉·配第. 赋税论［M］. 北京：商务印书馆，1978.

[9] 亚当·斯密. 国民财富性质和原因的研究（下册）［M］. 北京：商务印书馆，1974.

[10] 西斯蒙第. 政治经济学新原理：或论财富同人口的关系［M］. 北京：商务印书馆，2017.

[11] 西蒙·戴维斯，克里斯托弗·诺布斯. 税收经济学［M］. 北京：中国财政经济出版社，1988.

[12] 曹静韬. 从庇古税的有效性看我国环境保护的费改税［J］. 税务研究，2016（4）.

[13] 刘生旺. 论 OECD 国家税收改革成效及其政策有效性［J］. 现代财经（天津财经大学学报），2010，30（5）.

[14] 余大庆，彭骥鸣. 中英传统税收文化比较［J］. 西安财经学院学报，2003（1）.

[15] 辛玉，张爱华．美国的社会保障制度［J］．国际经贸研究，1996（4）．

[16] 方子文．税捐厘赋及其征收管理［J］．上海财税，1995（5）．

[17] 赵辛年．日本的现行税收制度（一）［J］．国外法学，1985（1）．

[18] 南冰．我国工商税制改革的方针步骤办法问题［J］．财政，1956（2）．

[19] 孙开，沈昱池．大数据——构建现代税收征管体系的推进器［J］．税务研究，2015（1）．

[20] 胡洪曙，王宝顺．我国税制结构优化研究——基于间接税与直接税选择的视角［J］．税务研究，2017（8）．

[21] 李淑红．我国现行个人所得税存在的问题及解决措施［J］．经贸实践，2017（3）．

[22] 郑晓瑛．对我国个人所得税改革的思考［J］．当代经济，2017（11）．

[23] 朱丹阳．论我国个人所得税法实施过程中存在的问题及相应对策［J］．知识经济，2017（1）．

[24] 吴亚炳，梁嘉怡，梁毅．个人所得税改革探析［J］．当代会计，2017（3）．

[25] 常世旺，韩仁月．经济增长视角下的税制结构优化［J］．税务研究，2015（1）．

[26] 王树锋，徐晗．我国个人所得税税制存在的问题与改革建议［J］．商业会计，2017（3）．

[27] 袁建国，胡明生，陶伟．国外个人所得税改革趋势及借鉴［J］．税务研究，2017（7）．

[28] 刘馨．我国纳税服务存在的问题与优化建议［J］．凯里学院学报，2015，33（2）．

[29] 梁季．我国税收管理信息化建设问题探讨［J］．税务研究，2007（11）．

[30] 陈林峰．我国现行激励企业技术创新税收政策评析［J］．税务研究，2017（3）．

[31] 李建军．现代财政制度下的税收职能探析［J］．税务研究，2016（1）．

[32] 田效先，鲍洋．新常态下中国税制结构优化的路径选择——基于国际比较视角［J］．税务与经济，2016（5）．

[33] 甘功仁. 我国税收立法现状评析 [J]. 税务研究, 2003 (1).

[34] 汤贡亮. 合理划分税收立法权与税收管理权 [J]. 法学杂志, 2005 (3).

[35] 王乔, 伍红. 后营改增时代完善我国增值税制度的思考 [J]. 国际税收, 2017 (7).

[36] 王力. 深化增值税改革 促进稳增长调结构 [J]. 国际税收, 2017 (7).

[37] 胡怡建. 继续深化改革 构建现代增值税制度体系 [J]. 国际税收, 2017 (7).

[38] 孙开, 金哲. 论环境保护视角下消费税改革的再次深化 [J]. 财经问题研究, 2013 (1).

[39] 李钢, 叶欣. 新形势下中国关税水平和关税结构的合理性探讨 [J]. 国际贸易问题, 2017 (7).

[40] 赵红兵, 郑亮. 马来西亚税收政策及 GST 简介 [J]. 商, 2015 (18).

[41] 刘磊, 赵德芳. 企业境外所得税收抵免制度研究 [J]. 涉外税务, 2011 (7).

[42] 李润青. 西方财产税法律制度的历史源流 [D]. 华东政法大学, 2014.

[43] 余平. 中财委与新中国初期经济秩序的确立 [D]. 中共中央党校, 2013.

[44] 王金霞. 可持续发展与绿色税收制度问题研究 [D]. 吉林大学, 2004.

[45] 梁志霞. “营改增”背最下优化税收征管模式对策研究 [D]. 山东财经大学, 2016.

[46] 张楠. 试论税收征管改革中的体制完善 [D]. 云南财经大学, 2016.

[47] 李睿. 大数据时代下税收征管体系研究 [D]. 天津工业大学, 2017.

[48] 燕方方. 中国个人所得税改革的收入再分配效应研究 [D]. 山东大学, 2017.

[49] 赵建华. 消除重复征税 中国已与 106 个国家和地区签署税收协定 [EB/OL]. www. chinanews. com/cj/2017/04 - 14/8199648. shtml, 2017 - 04 - 14.

[50] 国家税务总局. 我国签订的避免双重征税协定一览表 [EB/OL]. http: //www.chinatax.gov.cn/n810341/n810770/index.html, 2017-06-30.

[51] 山东省地方税务局. 西班牙税制 [EB/OL]. http: //www.sdds.gov.cn/art/2016/8/24/art_21317_1955296.html, 2016-08-24.